Gundula Rosenow

Subjektorientierte Religionspädagogik konkret

Praxisbausteine für Schule und Gemeinde

calwer materialien

Meinen Studierenden, die mir inzwischen zu KollegInnen geworden sind.

Bestandteil dieses Buches sind Übersichten und Arbeitsblätter zum Download. Somit können Sie diese beliebig vervielfältigen und in vielen verschiedenen unterrichtlichen Settings verwenden.

Download unter: (bitte Groß- und Kleinschreibung beachten)
http://www.calwer.com/cwv/download/Subjektorientierte_RP_konkret
Code: **GR4559LK01**

ISBN 978–3–7668–4559–7

Satz und Herstellung: Karin Class, Calwer Verlag
Umschlagentwurf: Karin Sauerbier, Stuttgart
Druck und Verarbeitung: Mazowieckie Centrum Poligrafii –
05-270 Marki (Polen) – ul. Słoneczna 3C – www.buecherdrucken24.de

E-Mail: info@calwer.com
Internet: www.calwer.com

Inhalt

Vorwort ... 7

Theorieteil ... 9

1. Was ist Religion? – Eine notwendige Verständigung ... 9

1.1 Die gesellschaftliche Situation ... 9
1.2 Ein Perspektivwechsel ... 10
1.3 Die neue Kategorie des Gefühls ... 10
1.4 Das individuelle Symbolisieren ... 11
1.5 Denken und Handeln ... 11
1.6 Gott als das mitgesetzte Andere ... 12
1.7 Die Verortung im religionspädagogischen Alltag ... 14

2. Prinzipien einer subjektorientierten Didaktik ... 16

2.1 Grundprinzipien ... 16
2.1.1 Individuelle Symbolisationen im Unterricht ... 17
2.1.2 Wechsel von der theologischen zur religionshermeneutischen Sprache ... 18
2.1.3 Dialog statt Unterrichtsgespräch ... 19

2.2 Bedingungen für Begegnungen mit Traditionen und Texten schaffen ... 19
2.2.1 Erklärungen auf Grundlage des naturwissenschaftlichen Weltbildes ... 20
2.2.2 Multiperspektivische Zugänge zur Erkenntnis ... 20
2.2.3 Nontheistische Gottesbeschreibungen ... 21
2.2.4 Funktionalität von Ritus, Mythos und Symbol ... 21

2.3 Begegnungen mit Texten und Traditionen initiieren ... 21
2.3.1 Direkte Begegnungen mit dem Text ... 22
2.3.2 Rückübersetzungen ... 22
2.3.3 Elementarisierungen ... 22
2.3.4 Übertragungen ... 23
2.3.5 Wirkungsgeschichte ... 23

2.4 Anforderungen an Lehrende ... 23
2.5 Didaktik der Potentialität ... 23

Praxisteil: Unterrichtsbausteine 25

Gebrauchsanweisung für Methodenseiten 26

1. Methoden individuellen Symbolisierens

Lebens-Lob-Psalm .... (jede Altersstufe) 27
Kinderbilderraten .... (jede Altersstufe) 28
Scham und Schuld .... (Kl. 7–12, Konfi, Jugend) 29
Verborgene Identität .... (Kl. 7/8, Konfi) 31
Angst-Schrei .... (Kl. 7/8, Konfi) 32
Von einem, der wusste, was er sollte ... . (Kl. 7/8, Konfi) 33
Reden und Verstehen .... (Kl. 8–12, Konfi, Jugend) 34
Befreiung und Erlösung .... (Kl. 8–12, Konfi, Jugend) 36
Gottesvorstellungen .... (Kl. 9–12, Konfi, Jugend) 37
Krankheit und Heilung .... (Kl. 9–12, Konfi, Jugend) 40
Tod und Auferstehung .... (Kl. 9–12, Konfi, Jugend) 41
Wunderbare Wunder .... (Kl. 9–12, Konfi, Jugend) 43
Angst in der Tasche .... (Kl. 9–12, Konfi, Jugend) 44
Ergriffen werden wider Willen .... (Kl. 9–12, Konfi, Jugend) 45
Existentielle Erfahrungen .... (Kl. 11/12, Jugend) 46
Freiheit und Verantwortung .... (Kl. 11/12, Jugend) 51
Schuld und Sünde .... (Kl. 11/12, Jugend) 52
Über den Tiefen des Seins .... (Kl. 11/12, Jugend) 57
Über die Leere schweigen .... (Kl. 11/12, Jugend) 59
Text als Textilie .... (Kl. 11/12, Jugend) 60

2. Rückübersetzungen

Vier Mann – vier Ecken .... (Kl. 8–12, Konfi, Jugend) 62
Tagebuch der Maria Magdalena .... (Kl. 9–12, Konfi, Jugend) 63
Männersache – Frauenkram .... (Kl. 11/12, Jugend) 64
Berührungen .... (Kl. 11/12, Jugend) 70
Jesus und die Frauen .... (Kl. 11/12, Jugend) 74

3. Elementarisierungen

Adam und Eva und die Schuld .... (Kl. 7/8, Konfi) 76
Jona persönlich .... (Kl. 7–12, Konfi, Jugend) 77
Exodus-Blog .... (Kl. 9–12, Konfi, Jugend) 79
Passionsprozess .... (Kl. 9–12, Konfi, Jugend) 81
Verlassen .... (Kl. 11/12, Jugend) 83
Roter Faden Sinn .... (Kl. 11/12, Jugend) 85
Menschenwürde .... (Kl. 11/12, Jugend) 87

4. Wirkungsgeschichtliche Methoden

Blickwinkel, Perspektiven, Wahrheiten .... (Kl. 8–12, Konfi, Jugend) 90
Bekennen und Bekenntnisse .... (Kl. 9–12, Konfi, Jugend) 93
Messiastraditionen .... (Kl. 9–12, Konfi, Jugend) 94

Ontologie und Metaphysik . . . . (Kl. 11/12, Jugend) 96
Philosophische Schulen . . . . (Kl. 11/12, Jugend) 100
Einstieg in die historisch-kritische Methode . . . . (Kl. 11/12, Jugend) 103
Das mythische Weltbild . . . . (Kl. 11/12, Jugend) 104
Mahl-Traditionen . . . . (Kl. 11/12, Jugend) 107
Sohn Gottes – eine Mittelmeerkreuzfahrt . . . . . (Kl. 11/12, Jugend) 110
Die Entstehung der Auferstehungstexte . . . . (Kl. 11/12, Jugend) 116

5. Übertragungen
Übertragung Psalm 22 . . . . (Kl. 9–12, Konfi, Jugend) 120
Übertragung eines Gleichnisses . . . . (Kl. 9–12, Konfi, Jugend) 122
Schöpfungsmythen . . . . (Kl. 11/12, Jugend) 126
Modernes Glaubensbekenntnis . . . . (Kl. 11/12, Jugend) 130
Das Evangelium nach Mandy . . . . (Kl. 11/12, Jugend) 132

Segen 137
Segen für Religionspädagogen 138

Bibelstellenregister 139
Stichwort- und Autorenregister 139
Literatur 141
Bildnachweise 142

Vorwort

„Schreiben Sie doch mal ein Buch, wie's ganz konkret gemacht wird!" Dieser Satz fällt oft in Gesprächen nach Seminaren oder Vorträgen über den didaktischen Ansatz des Individuellen Symbolisierens. Und so ist dieses Buch „aus der Schublade gearbeitet". Die vorgestellten Methoden stammen ausschließlich aus eigenen Stunden- und Seminarentwürfen, wurden zum Teil bereits jahrelang praktiziert, mit und von SchülerInnen, Studierenden und ReferendarInnen ausprobiert oder von KollegInnen übernommen. Eingeflossen sind drei Jahrzehnte eigene religionspädagogische Erfahrung in Kirchgemeinde, Schule und Universität.

Das Buch richtet sich an Studierende der Religions- oder Gemeindepädagogik, an ReferendarInnen und VikarInnen, ReligionslehrerInnen, GemeindepädagogInnen und PastorInnen – kurz: an alle religionspädagogisch Tätigen, denen es wichtig ist, die ihnen anvertrauten Menschen in ihren Fragen und Sehnsüchten ernst zu nehmen und ihnen Deutungsmöglichkeiten für ihr Leben anzubieten. Im letzten Jahrzehnt haben sich die gesellschaftlichen Bedingungen radikal verändert. Immer mehr Kinder wachsen nicht religiös sozialisiert auf. Christliche Tradition ist für sie deshalb nicht selbstverständlich, sondern eine Begegnung mit Fremdem – wenn nicht gar mit Befremdlichem –, dessen Relevanz für die Reflexion des eigenen Lebens sich ihnen nicht erschließt. Gleichzeitig lässt sich jedoch auch eine gegenläufige Tendenz beobachten: das Bedürfnis nach Deutung existentieller Erfahrungen, Fragen und Orientierungen wächst.

Der Ansatz des individuellen Symbolisierens stellt die in Sprache gefassten Erfahrungen von Kindern und Jugendlichen an den Beginn des gemeinsamen Nachdenkens und bietet erst nach den Reflexionen eigener Sprachversuche Begegnungen mit tradierten Erfahrungen an. Deren religiöse Deutungen können dann als Angebot wahrgenommen werden und weiten damit den eigenen Horizont sich lebenslang fortsetzender Interpretationsprozesse.

Den vielfältigen Methoden vorgeschaltet ist ein religionshermeneutisches sowie ein prinzipielles didaktisches Kapitel, so dass sich sowohl die zu Grunde gelegten Prinzipien der liberalen Theologie als auch der daraus resultierende didaktische Ansatz verständlich erschließen. In der Gestaltung der Methodenseiten wird versucht, der Zeitknappheit der oben aufgeführten Berufe Rechnung zu tragen. Die formulierten Erwartungsbilder stellen einen Querschnitt aus jahrelang gesammelten Ergebnissen dar und sind flexibel auf die jeweiligen Lerngruppen zu beziehen. Gelegentlich differieren die Altersangaben, etwa zwischen den aufgeführten schulischen Jahrgängen und denen der Konfirmanden. Das ist darauf zurückzuführen, dass die Planungen des schulischen Religionsunterrichtes auf weniger Voraussetzungen basieren müssen – besonders dort, wo ein hoher Anteil an nicht religiös sozialisierten Lernenden vorzufinden ist. Dieser Tatbestand ist für die hier veröffentlichten Entwürfe zugrunde gelegt. Die vorgestellten Bausteine haben sich in den vergangenen Jahren in Unterrichtsprozessen mit Lerngruppen bewährt, deren Anteil an Konfessionslosen zwischen 70 und 90 Prozent lag. Auch die veröffentlichten Arbeitsergebnisse stammen aus diesen Kontexten und sind zumeist von Lernenden verfasst, die sich selbst als Atheisten verstehen.

Der Bausteincharakter ist im Ansatz selbst begründet. Aus der konsequenten Subjektorientierung resultiert die flexible Planung für die jeweilige Lerngruppe. Fertig gestaltete Stundenentwürfe verbieten sich daher von selbst. Wer schon beim Durchblättern das Gefühl hat: „So ähnlich arbeite ich doch ohnehin schon", sei besonders herzlich begrüßt. Bitte tun Sie das ohne Zweifel bezüglich der theologischen Richtigkeit auch weiterhin. Ohnehin werden Sie als PraktikerIn das Prinzip schnell erfassen und eigene Ideen entwickeln. Sie werden merken, dass es sich so leichter unterrichtet, denn das Konzept folgt der intrinsischen Motivation eines Subjektes, sich zu bilden: Das subjektive Erleben wird in Worte gefasst, mit anderen kommuniziert, eingeordnet und reflektiert. Auf diese Weise geschieht religiöse Bildung, indem vom Subjekt her und nicht auf es hin unterrichtet wird.

Sellin auf Rügen, im Mai 2021 *Gundula Rosenow*

1. Was ist Religion? – Eine notwendige Verständigung

Sie lächeln müde, wenn die Rede auf das Thema Religion kommt. Wer ist schon so naiv? Besonders die Gebildeten unter ihnen machen deutlich, dass sie dieses Denken überwunden haben. Sie fühlen sich der Aufklärung verpflichtet. Selbstverständlich pflegt man eine atheistische Weltsicht. Das Ich steht im Zentrum aller Diskussionen. Dieses Ich bestimmt nicht nur die Erkenntnisfähigkeit des Einzelnen, sondern seine Existenz schlechthin. Im Übrigen lässt sich alles rational erklären. Die Diskussionen sind längst aus dem Bereich der Kirche ausgewandert. Sie finden in privaten Kreisen, philosophischen Zirkeln und literarischen Diskussionsrunden statt. Das verächtliche Lächeln über die Religion schwingt permanent und subtil in den hochintellektuellen Gesprächen mit.

Ein junger Theologe – selbst Teil der Szene – hat das dringende Gefühl, hier etwas richtig stellen zu müssen. Basiert ihre Ablehnung doch nach seiner Auffassung auf einem völlig falschen Religionsverständnis. Außerdem geht das Wesen des Menschen nicht ausschließlich in seinem Wissen und Handeln auf, im rationalen Durchdringen der Welt, die ihn umgibt. Kommt es nicht vielmehr auf ein emotional gefärbtes Weltverhältnis an – auf eine universale Ehrfurcht allem Sein gegenüber? Der Theologe beschließt, eine engagierte Schrift herauszugeben. Er adressiert sie dezidiert an die Gebildeten unter den Verächtern der Religion. Wir schreiben das Jahr 1799. Der Theologe heißt Friedrich Schleiermacher.[1] Was er zu sagen hat, schlägt theologisch Wellen bis heute.

1.1 Die gesellschaftliche Situation

Die Tatsache, dass Schleiermachers theologisches Denken auch heute noch so aussagekräftig ist, hängt zuerst mit der Situation zusammen, in die sie hineingesprochen wurde. Die Analogien zu heutigen Gesellschaftsbeschreibungen sind offensichtlich. Bei der Lektüre seiner „Reden" kommt das Gefühl auf, solche „Gebildeten unter den Verächtern der Religion" persönlich zu kennen. Und wie viele verschiedene und oftmals unreflektierte Religionsverständnisse lassen sich auch heute noch beobachten: Da ist die Dominanz des Rationalen, die Glaube und Religion in den Bereich des Unerklärbaren schiebt, der sich durch die jeweils neuen naturwissenschaftlichen Erkenntnisse früher oder später ganz auflösen wird. Es gibt die Auffassung, Religion bestünde gerade darin, an nicht Erklärbarem festzuhalten – gegen naturwissenschaftliche Erkenntnisse. Religion sei die Zugehörigkeit zu einer Gemeinschaft, meinen manche und verwechseln Religion mit Sozialisation. Andere hingegen sind der Meinung, diese Gemeinschaft nicht mehr zu benötigen und selbstständig religiös sein zu können. Sie sparen dann außer der Kirchensteuer auch die Auseinandersetzung mit den konservativen Inhalten dieser Gemeinschaft.[2] Dem gedankenlosen Verbleib in der Kirche und dem unhinterfragten Gebrauch dogmatischer Formulierungen steht die Gedankenlosigkeit eines habitualisierten Atheismus gegenüber, der selbstverständlich hinnimmt, dass bereits vorangegangene Generationen aus der Kirche ausgetreten sind. Er ist oft verbunden mit der Auffassung, dass Religion rückständig und fortschrittsfeindlich sei. Diese Aufzählung ließe sich beliebig verlängern. Wer in Schule und Gemeinde, Seelsorge und Weiterbildung mit Menschen ins Gespräch kommt, wird unweigerlich noch weiteren unreflektierten Religionsverständnissen begegnen und ihnen mit Schleiermacher zurufen wollen: „Sagt mir doch also, Ihr Teuersten, woher habt Ihr diese Begriffe von der Religion, die Gegenstand eurer Verachtung sind?"[3]

Das Ich steht weiterhin – wenn auch anders als zur Zeit Schleiermachers – im Mittelpunkt des menschlichen Denkens. Für mein Leben bin ich selbst verantwortlich. Dieser Satz birgt große Freiheit in sich – und einen ebenso großen Leistungsdruck. Wer sich selbst verwirklicht, möchte dies dann auch noch auf besondere Weise tun – singulär eben, selbstverständlich erfolgreich und digital dokumentiert.[4] Was aber, wenn das nicht gelingt? Dann liegt die Last des Scheiterns auf den Schultern des Individuums. Wer in der religionspädagogischen Arbeit mit Jugendlichen ins Gespräch kommt, weiß, wie schwer es ist, mit ihnen ein Bewusstsein dafür zu entwickeln, dass nicht alles machbar ist, dass sich das Leben nicht in Plan- und Erklärbarkeit erschöpft. Das Empfinden dafür, dass das Entscheidende im Leben immer Geschenk ist – Leben, Liebe, Gelassenheit, Vertrauen –, muss erst sensibilisiert und mit religionspädagogischem Fingerspitzengefühl behutsam gebildet werden.

Spätestens an den existentiellen Einbrüchen des Lebens, wenn das Machbare in sich zusammenfällt, zeigt sich, dass die alleinige Verantwortung für das eigene Leben allzu schwer wiegt. Die Frage nach dem Sinn quält und sucht nach Antwort und Gesprächsmöglichkeit. Doch Diskussionen über diese Themen sind längst aus der Kirche ausgewandert.[5] Sie finden – wenn überhaupt – in privaten Kreisen, philosophischen Zirkeln und literarischen Gesprächen statt.

1 Schleiermacher, Friedrich, Über die Religion. Reden an die Gebildeten unter ihren Verächtern, Berlin 1799. Dieser Abschnitt enthält gelegentliche Reminiszenzen an Schleiermachers Schreibstil, der den Leser persönlich anspricht.

2 EKD, Kirche im Umbruch. Zwischen demografischem Wandel und nachlassender Kirchenverbundenheit. Eine langfristige Projektion der Kirchenmitglieder und des Kirchensteueraufkommens der Universität Freiburg in Verbindung mit der EKD, Hannover 2019. Die Studie konstatiert, dass nicht nur der demografische Wandel zu einem Rückgang der Kirchenmitgliedschaft führt, sondern vor allem das Austrittsverhalten der jungen Berufstätigen zwischen 25 und 35 Jahren. 30% der getauften Männer und 22% der getauften Frauen treten aus der Kirche aus, um Kirchensteuern zu sparen. Diese jungen Familien lassen später ihre Kinder nicht mehr taufen.

3 Schleiermacher, Reden, 22.

4 Reckwitz, Andreas, Die Gesellschaft der Singularitäten. Zum Strukturwandel der Moderne, Berlin 2017.

5 EKD, Engagement und Indifferenz. Kirchenmitgliedschaft als soziale Praxis. V. EKD-Erhebung über Kirchenmitgliedschaft, Hannover 2014, 25–31.

1.2 Ein Perspektivwechsel

Die Aktualität der Theologie Schleiermachers begründet sich zudem in einem von ihm vorgenommenen Perspektivwechsel, mit dem er innerhalb der Theologie eine ähnliche Rolle spielt wie Immanuel Kant in der Philosophie. Dessen „kopernikanische Wende" bestand darin, nicht mehr das Objekt in den Mittelpunkt zu stellen, sondern das Subjekt, das dieses Objekt betrachtet. Eine Erkenntnis des Objekts – so Kant – ist immer nur auf subjektive Weise möglich. Die eigenen Voraussetzungen bestimmen dabei jeweils die Bedingungen der Erkenntnis. Es ist uns Menschen daher nicht möglich, das Objekt an sich vollständig und unabhängig zu erkennen. Einen ähnlichen Perspektivwechsel vollzieht Schleiermacher, indem er Religion vom Subjekt aus, also aus einer anthropologischen Perspektive heraus beschreibt.

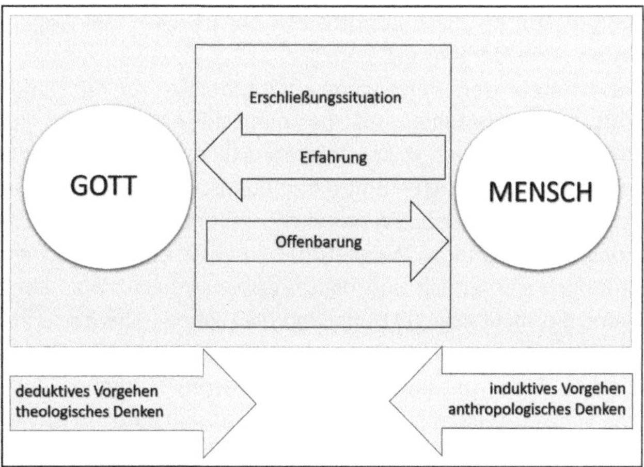

Er tut dies, indem er vom Menschen ausgeht und Erfahrungen beschreibt, die Fragen nach einem großen Zusammenhang aufwerfen. Dabei handelt es sich um ein induktives Vorgehen. Diese Methode geht von der Einzelerfahrung aus und verallgemeinert auf deren Grundlage. Wichtig ist dabei, dass dieses anthropologische Vorgehen grundsätzlich alle Menschen im Blick hat – nicht nur diejenigen, die sich als religiös bezeichnen. Der Mensch als handelndes Subjekt stellt auf Grund seiner Erfahrungen Fragen nach etwas Größerem, nach einem Sinnzusammenhang, den man Gott nennen kann. Das klassische theologische Vorgehen war bis dahin und ist es auch heute meist, von Gott her zu denken. Er offenbart sich dem Menschen in einer bestimmten Situation – einer Gotteserfahrung. In diesem Falle ist Gott das Subjekt, der Mensch das Objekt göttlichen Handelns. Durch den von Schleiermacher vorgenommene Perspektivwechsel gelingt es, die Verstehensprozesse des Menschen aus Sicht des Menschen selbst zu beschreiben. Diese Vorgehensweise firmiert in der Fachliteratur unter dem Begriff der Religionshermeneutik. Sie geht mit einem Wechsel im Sprachgebrauch einher, der im Folgenden noch näher beschrieben wird.

1.3 Die neue Kategorie des Gefühls

„Darum ist es Zeit," schreibt Schleiermacher „die Sache einmal am andern Ende zu ergreifen" – das haben wir bereits besprochen – „und mit dem schneidenden Gegensatz anzuheben, in welchem sich die Religion gegen Moral und Metaphysik befindet."[6] Mit diesem schneidenden Gegensatz grenzt sich Schleiermacher ausgerechnet von dem Mann ab, mit dem er – Ironie der Geschichte – oft verglichen wird: Immanuel Kant. Dieser hatte sechs Jahre zuvor sein Werk „Die Religion in den Grenzen der bloßen Vernunft" veröffentlicht, in dessen Vorwort er die bekannte These formuliert: „Moral führt also unumgänglich zur Religion".[7] Hier wird sein berühmter moralischer Gottesbeweis ausgeführt: Die Notwendigkeit einer übermenschlichen moralischen Autoritätsperson macht es unerlässlich, sich einen Gott zu denken, dem sich die Menschen dann freiwillig unterstellen. Schleiermacher polemisiert heftig gegen dieses kognitive Vorgehen und setzt sein Religionsverständnis dagegen: „Ihr Wesen ist weder Denken noch Handeln, sondern Anschauung und Gefühl."[8] Außer der Abgrenzung setzt er hier – und darin besteht seine Innovation – eine völlig neue Kategorie: das Gefühl. Gemeint ist aber nicht eine momentane Stimmung. Wir würden heute eher von Intuition oder Resonanz[9] sprechen; also nicht Kognition, sondern Intuition. Gemeint ist damit ein Sich-Einschwingen auf seine Umwelt oder seine Mitmenschen, die wir oft mit der Redewendung „auf einer Wellenlänge liegen" zu erfassen versuchen. Das intuitive Gefühl von Zusammengehörigkeit, Teilhaftigkeit und Geborgenheit lässt sich rational nicht umfassend beschreiben. Schleiermacher wehrt sich gegen einen oft vorgenommenen Kategoriefehler: die Denk- und Reflexionssysteme der Religion, wie z.B. Ethik und Dogmatik, sind nicht mit der Religion selbst zu verwechseln, die wir ab jetzt begrifflich als Religiosität fassen wollen.

Metaphysik	Moral	Gefühl
theoretische Denkfiguren	Verhaltensnormen erfordern Autoritäten	**Intuition innere Berührung Resonanz**
Dogmatik	Ethik	
Kant 1793: Religion innerhalb der Grenzen der bloßen Vernunft „Moral also führt unumgänglich zur Religion."		**„Eins-Sein mit dem Universum" „unmittelbare Erfahrung"**

6 Schleiermacher, Reden, 50.

7 Kant, Immanuel, Die Religion in den Grenzen der bloßen Vernunft, Königsberg 1793, AX.

8 Schleiermacher, Reden, 50. Ausführliche Erläuterung mit detaillierten Quellennachweisen zu finden in: Rosenow, Gundula, Individuelles Symbolisieren. Zugänge zu Religion in konfessionslosem Kontext, Leipzig ²2018, 77–82.

9 Zwei Konzepte stellen das Resonanzverständnis ins Zentrum: Gerd Theißen entwickelt sein Religionsverständnis zwischen den Polen Resonanz und Absurdität. Theißen, Gerd, Argumente für einen kritischen Glauben oder: Was hält der Religionskritik stand? München ²1978. Hartmut Rosa entwickelte von diesem Begriff ausgehend eine Soziologie der Weltbeziehung. Rosa, Hartmut, Resonanz. Eine Soziologie der Weltbeziehung, Berlin ⁴2016.

Wer sich aufmerksam und ehrlich in der schulischen Religionspädagogik umschaut, wird diesen Kategoriefehlern auch heute noch begegnen. Besonders in der Oberstufe werden im Bestreben nach substantiellen Lerninhalten Gottesbeweise intellektuell seziert und dogmatische Texte auf ihre Grundaussagen hin untersucht. Währenddessen fragen sich allerdings die Lesenden zunehmend, was das denn nun mit ihnen zu tun haben könnte. Auch wird in jüngeren Jahrgängen oft der Eindruck erweckt, wirklich gut religiös sei jemand, der sich moralisch einwandfrei verhalte. Und nicht nur den Lehrenden, die einen hohen Anteil an nicht religiösen Lernenden in ihren Klassen haben, ist klar: Die Reflexion über Religion ersetzt dieselbe nicht. Vielmehr kann umgekehrt nicht über Religion reflektiert werden, wenn gar keine Erfahrungsbezüge da sind. Spätestens hier entsteht die dringende Frage: Wie kann man diese neue Kategorie des Gefühls religionspädagogisch fruchtbar gestalten?
Zuvor muss jedoch deutlicher werden, worum genau es Schleiermacher geht. Er fährt fort: „Anschauen will sie das Universum, in seinen eigenen Darstellungen und Handlungen will sie es andächtig belauschen, von seinen unmittelbaren Einflüssen will sie sich in kindlicher Passivität ergreifen und erfüllen lassen."[10] Wenn Schleiermacher hier von Universum spricht, meint er die Gesamtheit aller Lebens-, Welt- und Naturbezüge überhaupt. Es geht ihm um die Passivität des Belauschens, darum, dass die Wirklichkeit Spuren in uns hinterlassen darf: der Wind im Surfsegel, die Röte des Sonnenuntergangs, Marienkäferbeinchen auf der Haut und das Jauchzen eines Kindes. Die Wirklichkeit affiziert uns. Sie tut das auf eine Weise, dass uns die Worte fehlen. Der Moment, den Schleiermacher Religion nennt, ergibt sich exakt an der Stelle, an der Anschauung und Gefühl noch eins sind. Er ist sehr kurz und müsste für eine Analyse sozusagen zerlegt und in Zeitlupe transponiert werden. Stellen Sie sich vor, Sie kommen an einem arbeitsreichen Tag nach Hause und richten, kurz bevor sie ihre Haustür aufschließen, noch einen Blick Richtung Himmel. Was für ein Sternenmeer! Für einen winzigen Augenblick können Sie nichts sagen oder denken. Sie fühlen nur. Und Sie fühlen sich als Teil dieser Welt – als kleiner zumeist. Ihre Probleme von eben sind plötzlich nichtig. Sie fühlen nur. Sie werden ergriffen. Es berührt Sie tief. Dieser Augenblick entzieht sich der verbalen Erfassung. Im ersten Augenblick sind wir sprachlos. Bestenfalls – so sagen es Oberstufenschüler immer wieder – können wir ein „wow" stammeln.
Wer dem Gedanken weiter nachhängt, spürt sehr deutlich, dass sich diese Augenblicke der menschlichen Machbarkeit entziehen. Man kann sie dagegen mit perfekten Planungen, geräuschintensiven Kopfhörern und möglichst witzigen Selfies regelrecht blockieren. – Diese Augenblicke sind unverfügbar. „Vorgängige Empfänglichkeit" wird Schleiermacher solche Erfahrungen in seiner 40 Jahre später erscheinenden Glaubenslehre nennen.[11] Das bedeutet: zuallererst werden wir von etwas unmittelbar ergriffen. Dieses Ergriffen-worden-Sein ist – anthropologisch betrachtet und religionshermeneutisch formuliert – eine prägende passive Erfahrung für uns. Aus theologischer Perspektive hingegen könnten wir für die gleiche Situation von einer Offenbarung Gottes oder von einem Widerfahrnis sprechen.

1.4 Das individuelle Symbolisieren

Erst nach dieser intensiven Erfahrung kommt die Suche nach Formen, die das Erlebte ausdrücken könnten. Worte bleiben unzulänglich, wenn sie diese universalen Gefühle, das Eins-Sein mit der Welt ausdrücken wollen. Diesen verbalen Vorgang nennt Schleiermacher in seinen Vorlesungen zur philosophischen Ethik das individuelle Symbolisieren.[12] Die von uns letztendlich ausgewählten Wörter und Metaphern fungieren wie ein Symbol: sie stehen für etwas, das wir nicht vollständig erfassen können. Wir haben es in der Gesellschaft mit verschiedenen Formen der Sprache zu tun: mit juristischen Formulierungen, wissenschaftlichen Definitionen und Begriffen oder verbindlichen Texten, die das gesellschaftliche Leben organisieren. Einzig für unsere eigenen Erfahrungen suchen wir auch nach eigenen Ausdrücken. Und außerdem ist uns wichtig, zu steuern, wem wir diese individuellen Symbolisationen zugänglich machen. Deshalb reden wir darüber nur in freiwillig gebildeten Gesprächskreisen, wir organisieren uns private Geselligkeit. Nicht umsonst verortet Schleiermacher diese Ausdrucksform in den Gebieten von Religion und Kunst. Der größte Teil wird allerdings im privaten Gespräch verbleiben und nur hier können wir dann auch die beglückende Erfahrung des gegenseitigen Verstehens machen. Unsere individuell ausgewählten Symbolisationen affizieren den Zuhörer. Ja, ähnliches habe er auch bereits erlebt, so das Gegenüber. Er erzählt dann seine Erfahrungen in seinen Worten, die wir wiederum zu verstehen glauben. Dieser Prozess des gegenseitigen Verstehens kann allerdings nie vollständig gelingen. Bereits die eigenen Worte können ja das individuelle Erleben nicht umfassend wiedergeben. Ein weiterer Verlust geschieht durch den Verstehensprozess des Gegenübers. In ihm lösen unsere individuellen Symbolisationen eigene, von den unsrigen verschiedene Erfahrungen und Bilder aus, die auch er wieder nur unzulänglich ausdrücken kann. Trotzdem – und das wird jeder bestätigen – ist das Gefühl des gegenseitigen Verstehens ungeheuer beglückend. Schleiermacher benutzt deshalb solche Begriffe wie „ahnen", „glauben" und „offenbaren" für diesen hermeneutischen Prozess und spricht von „veräußerlichten Gedanken". Je stärker die emotionale Erfahrung, desto stärker das Bedürfnis, anderen Gleichgesinnten davon zu erzählen.

1.5 Denken und Handeln

Und jetzt, nach der Verbalisierung des Erlebten, haben auch Denken und Handeln, haben „Metaphysik und Moral" ihren Platz. Schleiermacher negiert diese Kategorien nicht, er hält sie aber für sekundär. Dogmatik und Ethik sind Reflexionsinstanzen, die unverzichtbar sind. Sie helfen, eigene Erfahrungen innerhalb des intersubjektiven Dialoges einzuordnen, indem sie begrifflich differenziert werden. Moralisches Handeln jedoch ist nur dort intrinsisch motiviert,

10 Schleiermacher, Reden, 50.

11 Schleiermacher, Friedrich, Der christliche Glaube, auf Grund der zweiten Auflage 1931 hrsg. von Martin Redeker, Berlin [7]1960, enthalten in: KGA I, 13/1, 35.

12 Rosenow, Symbolisieren, 62–77. Hier ist eine ausführliche Erläuterung mit detaillierten Quellennachweisen zu finden.

wo es einer Affektion entspringt. Wer die umhüllende Stille eines Berggipfels um sich spürte, wird nach diesem Gefühl des Eins-Seins mit der Welt den starken Appell spüren, diese Welt zu beschützen. Wer das eigene Leben bewusst und als Geschenk wahrnimmt, wird in jedem seinen Nächsten sehen, dem es zu helfen gilt. Natürlich kann man Regelsysteme anerziehen. Es besteht jedoch die Gefahr, dass man damit im unreflektierten Man-macht-das-So stecken bleibt. Gleiches gilt für die Dogmatik. Werden innerhalb eines Verstehensprozesses Begriffe als Bezeichnungen für ähnliche Erfahrungen aufgefasst, können sie als beglückende Zeichen der Gemeinschaft fungieren. Werden sie jedoch von außen vorgegeben, unreflektiert und ohne Bezug auf eigene Erfahrung benutzt, bleiben sie hohl und ohne Leben.

Jeder Denk- und Deutungsprozess ist nach Schleiermacher ebenso wie der Akt der Versprachlichung oder der des Verstehens als Handlung zu verstehen. Grundsätzlich knüpft jede Handlung an eine vorherige an. Hermeneutisch ausgedrückt: jedes Verstehen erfolgt auf dem Stand des jeweiligen Vorverständnisses. Das ist insofern interessant, als wir es aktuell mit einem Abriss der Weitergabe kulturellen und religiösen Gutes zu tun haben. Werden Traditionen unterbrochen, reißen auch Versprachlichungs- und Verstehensprozesse ab. Deshalb fehlt in solchen Fällen die Selbstverständlichkeit im Umgang mit tradierten Begriffen, Symbolen und Ritualen – und das Interesse daran, sie sich zu erschließen. Der Rückgriff auf tradierte religiöse Sprache fällt dann komplett aus. Das heißt aber nicht, dass die individuelle Symbolisation existentiellen Erlebens ausfällt. Sie ist, wie wir gesehen haben, eine anthropologische Grundkonstante. Es ist deshalb gerade notwendig, eine eigene Symbolsprache zu finden, die aber oft von theologischem Fachpersonal nicht als solche erkannt wird, weil sie ohne traditionell-christliche Begriffe auskommt. Hier sind mehr Sensibilität und sprachliche Kompetenz gefragt.

In Jahrhunderten hat sich eine hochkomplexe theologische Fachsprache mit elaborierten Sprachspielen herausgebildet, die die präzise Verständigung unter Fachleuten gewährleistet. Sie ist jedoch für die religionspädagogische Praxis nicht geeignet – weder für das Verständnis individueller Symbolisationen noch für Erklärungen religiöser Sachverhalte. Haben Sie schon einmal in einem Krankenhausbett gelegen, während einige Ärzte an Ihrem Fußende über Ihren Krankheitsverlauf redeten – und Sie absolut nichts verstanden? Können Sie sich noch erinnern, wie hilflos Sie sich gefühlt haben? So fühlen sich Laien, wenn sich Theologen unterhalten. Deshalb müssen PfarrerInnen, GemeindepädagogInnen und ReligionslehrerInnen ÜbersetzerInnen von theologischer in religionshermeneutische Sprache sein. Dazu müssen sie einen Perspektivwechsel vornehmen von der theologischen in die anthropologische Perspektive und versuchen, dogmatische Begrifflichkeiten so weit wie möglich in verständliche Alltagssprache zu übersetzen.[13]

13 Diese Übersetzung kann nie vollständig und adäquat gelingen. Die elaborierte theologische Fachsprache verdankt ihre Existenz ja dem dringenden Erfordernis, das Unsagbare so differenziert wie möglich zu erfassen. Im Sinne einer didaktischen Reduktion ist hier allerdings zu fragen, ob ein Verlust der Präzision um des Verständnisses willen in Kauf genommen werden sollte.

1.6 Gott als das mitgesetzte Andere

Bisher lag das Hauptaugenmerk innerhalb der Kategorie des Gefühls auf den menschlichen Erfahrungen und Affektionen. Immer wieder ist Schleiermachers Religionsverständnis in den letzten 200 Jahren mit der Bemerkung vom Tisch gewischt worden, es handele sich um eine rein subjektive Beschreibung von Religion. Es ginge dabei nur um das Gefühl des Menschen und nicht um Gott. Dieser Vorwurf greift zu kurz, denn er lässt den Aspekt der Empfänglichkeit außer Acht. „Anschauen des Universums, ich bitte, befreundet euch mit diesem Begriff, ist die Angel meiner Rede, es ist die allgemeinste und höchste Formel der Religion [...] woraus sich ihr Wesen und ihre Grenzen bestimmen lassen. Alles Anschauen geht aus von einem Einfluß des Angeschauten auf den Anschauenden, von einem ursprünglichen und unabhängigen Handeln des ersteren, welches dann vom letzteren seiner Natur gemäß aufgenommen, zusammengefasst und begriffen wird. [...] das Universum [...] offenbart sich jeden Augenblick."[14] Dem passiven Charakter der Erfahrung wohnt ja immer auch die Frage inne, woher mir das Empfangene kommt. Sehr viel deutlicher wird das, wenn wir uns noch einmal Schleiermachers Spätwerk, dem „Christlichen Glauben" zuwenden.[15] Hier hat er in dem berühmten §4 detailliert ausgeführt, was er schon in seinem Frühwerk mit Vehemenz beschrieb.

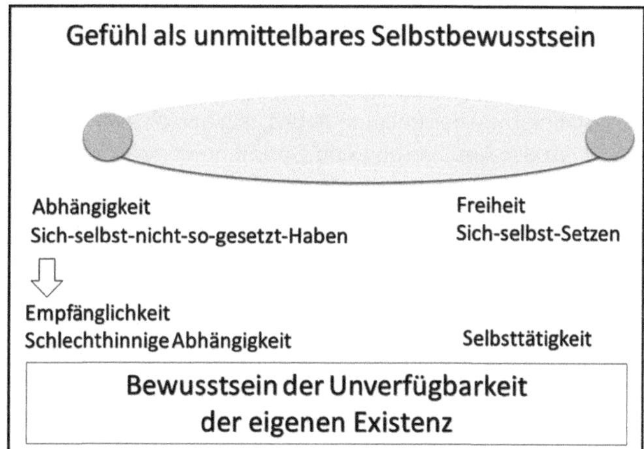

Den missverständlichen Ausdruck des Gefühls ersetzt Schleiermacher jetzt durch den des unmittelbaren Selbstbewusstseins. Wieder dürfen wir nicht von unserem umgangssprachlichen Gebrauch ausgehen; Selbstbewusstsein ist hier als Bewusstsein unserer selbst zu verstehen. Es handelt sich um ein reflektierendes Bewusstsein, dessen Gegenstand das Selbst ist. Das *unmittelbare* Selbstbewusstsein hingegen, das mit der von Schleiermacher früher als Gefühl benannten Kategorie identisch ist, ist *nicht* gegenstandsbezogen oder reflexiv. Man kann es auch als „unmittelbares Existentialverhältnis" bezeichnen, wie Schleiermacher selbst dies tut. Es handelt sich um eine Wahrnehmung, die die eigene Person in ihrer Ganzheit betrifft. Das Subjekt wird auf intuitive Weise der ungeteilten Gänze seines Daseins inne. Die Gänze des menschlichen Daseins erschöpft sich ja nicht in der Körperlichkeit des jeweiligen Menschen. Sie konstituiert sich vielmehr von außen her – durch Personen,

14 Schleiermacher, Reden, 55–56.

15 Rosenow, Symbolisieren, 82–94.

Situationen, Weltverhältnisse und nicht zuletzt durch das, was uns passiv ergreift und berührt. Der Mensch ist also nicht nur er selbst, sondern gleichzeitig auch das Außer-ihm-Selbst. Deshalb setzt jede Form von Innerlichkeit und Empfänglichkeit eine Affektion von außen voraus.

Das Selbstbewusstsein beschreibt Schleiermacher dialektisch als Bewegung zwischen den zwei Polen Abhängigkeit und Freiheit. Abhängigkeit, weil wir durch anderes geworden sind, Freiheit, weil anderes durch uns bestimmt wird. Man könnte es auch Sich-selbst-nicht-so-gesetzt-Haben und Sich-selbst-Setzen nennen. Jeder Mensch – und Schleiermacher geht hier ebenfalls von einer anthropologischen Grundkonstante aus – ist sich in seinem Leben sowohl der eigenen Selbstwirksamkeit als auch der Unverfügbarkeit seines Daseins bewusst. Selbst bei Menschen, denen dieses Gefühl verloren gegangen zu sein scheint, drängt es sich durch die Erfahrungen von Geburt und Tod wieder ins Bewusstsein, so Schleiermacher. Das Gefühl absoluter Freiheit kann es im Leben eines Menschen nicht geben, ist doch unser Leben von Faktoren abhängig, die wir nicht beeinflussen können. Heidegger formuliert diese Erfahrung drastisch, wenn er vom menschlichen Leben als der „Geworfenheit ins Dasein" spricht. Die Abhängigkeit des Menschen ist in jedem Fall das Vorgängige und bereits durch unsere Geburt gegeben.

Deshalb nennt Schleiermacher diese vorgängige Empfänglichkeit schlechthinnige Abhängigkeit. Diese Schlechthinnigkeit ist parallel zur Unmittelbarkeit des Selbstbewusstseins in der Ganzheit des Menschen zu verorten. Sie steht der Selbsttätigkeit gegenüber. Wir würden heute vielleicht so formulieren: Der Mensch ist sich intuitiv der Unverfügbarkeit seiner Existenz bewusst. Die Erfahrung des Geschenkcharakters des eigenen Lebens trägt uns und wird uns in intensiven, oft existentiellen Augenblicken besonders bewusst. Im Empfinden eines Geschenkcharakters enthalten ist nun aber die Frage nach dem „Woher" des Geschenks. Stellen Sie sich vor, sie hätten heute Morgen ein Geschenk vor Ihrer Wohnungstür gefunden. Es lag mit Ihrem Namen beschriftet auf der Fußmatte. Wie werden Ihre ersten Gedanken gewesen sein?

Es ist dem Menschen scheinbar nicht möglich, ein Geschenk zu bekommen, ohne nach dem Geber zu fragen. Jede Passiverfahrung drängt in unserem durch Kausalität geprägten Denken auf die Frage nach der Ursache des als passiv Empfundenen. Die Erfahrung der Unverfügbarkeit der eigenen Existenz trägt die Frage nach dem „Woher" in sich – so Schleiermacher. Schauen wir uns diesen Aspekt noch einmal näher an: Ein Abhängigkeits- oder Unverfügbarkeitsgefühl ist generell nicht allein in der Selbstbefindlichkeit des Subjektes zu denken. Es ragt durch das mitgedachte Andere über sie hinaus. Illustrieren wir wieder durch ein Beispiel: Ein Kind ist, biologisch gesehen, das Resultat eines Zeugungsaktes. Trotzdem werden Eltern, die ihr Neugeborenes zum ersten Mal im Arm halten, ein „Mehr" verspüren, eine Ehrfurcht, in der die Unverfügbarkeit Raum gewinnt: dass dieses ihr Kind lebt, geht über ihr eigenes Vermögen hinaus. Was aus diesem Kind wird, wer es wird, bleibt ihrem Zutun letztlich entzogen. All das wird in einer so existentiellen Situation wie der Geburt erfahren und durchlebt, ohne es in Worte fassen zu können. Und allein meine Schilderung hier berührt auch Sie. Sie verstehen, weil Sie selbst affiziert werden.

Damit haben wir alle Elemente des Schleiermacherschen Religionsbegriffes beieinander: „Die Relation der Externität, die Unmittelbarkeit des Selbstbewusstseins, das Genus der Empfänglichkeit sowie die fundamentale Bedeutung für alle Lebensmomente."[16] Schleiermachers Religionsbegriff in der Glaubenslehre lautet daher: „Religion ist das Bewusstsein der schlechthinnigen Abhängigkeit." Wieder in den heutigen Sprachgebrauch übertragen könnte es lauten: Religiosität ist das Bewusstsein der Unverfügbarkeit der eigenen Existenz. Damit ist gleichzeitig die Frage beantwortet, wann eine individuelle Symbolisation als religiös einzustufen ist: Wenn sie aus der subjektiven Perspektive heraus vorgenommen wird und in der Wahrnehmung der passiven Elemente des Erlebens ein Woher des Empfangenen mit thematisiert. Das ist bei erstaunlich vielen Äußerungen der Fall.[17]

Bis hierher ist Folgendes deutlich geworden: Was Schleiermacher hier als „Religion" beschreibt, ist nach heutigem Sprachgebrach eher als „persönliche Religiosität" zu erfassen. Es beschreibt *nicht* Formen institutioneller oder konfessioneller Gebundenheit, *nicht* Phänomene religiösen Vollzugs (wie Gottesdienst und Ritual) und *nicht* religiöse Manifestationen im gesellschaftlichen Alltag (wie den Einsatz religiöser Symbolik in Werbung und Popkultur). Es beschreibt ebenfalls *nicht* Religion im Sinne unterschiedlicher Weltreligionen. Theologisch – oder präziser formuliert: religionshermeneutisch – beschreibt der Begriff „Religion" hier eine von der individuellen Erfahrung ausgehende Suchbewegung des Menschen, sein Verhalten zum Unverfügbaren als anthropologische Grundkonstante. Schleiermacher geht also davon aus, dass diese Beschreibungen grundsätzlich für jeden Menschen zutreffen.

Das hat religionspädagogisch eine enorme Relevanz: Wenn grundsätzlich jeder Mensch das Gefühl der schlechthinnigen Abhängigkeit kennt und auf seine Weise individuell symbolisiert, haben wir genau hier eine gemeinsame Basis für einen Religionsunterricht, der christlich sozialisierte und religiös kaum affizierte Lernende ins Gespräch bringen kann. Grundlage sind dann die altersadäquaten individuellen Symbolisationen, die in diesem Unterricht didaktisch fruchtbar gemacht werden müssten. Das Gleiche gilt für eine offene Arbeit in den Kirchgemeinden mit Angehörigen aller Altersgruppen. Verstehensprozesse können wir dann auslösen, wenn ein Austausch über ähnliche Erfahrungen ermöglicht wird.

Aufmerksamen Lesern dürfte nicht entgangen sein, dass bis jetzt noch immer nicht die Rede von Gott war. Das entspricht ganz der Tendenz Schleiermachers. Wenn Religion die von der Erfahrung der schlechthinnigen Abhängigkeit bestimmte Suchbewegung des Menschen ist, ist das Woher der Passivität immer mitgesetzt. Die Vokabel „Gott" ist deshalb für die Beschreibung dieser Bewegung gar nicht notwendig. Eine Religion ohne Gott, so Schleiermacher bereits 1799, kann besser sein als eine andere mit Gott.[18] In welcher Weise aber setzt Schleiermacher das „Wort Gott" ein? „Das

16 Ebeling, Gerhard, Beobachtungen zu Schleiermachers Wirklichkeitsverständnis, in: Wort und Glaube, Band 3, Tübingen 1975, 96–115, hier 105.

17 Rosenow, Symbolisieren, 176–229. Hier wird die Untersuchung individueller Symbolisationen von Oberstufenschülern auf ihre religiösen Potentiale hin beschrieben.

18 Schleiermacher, Reden, 126.

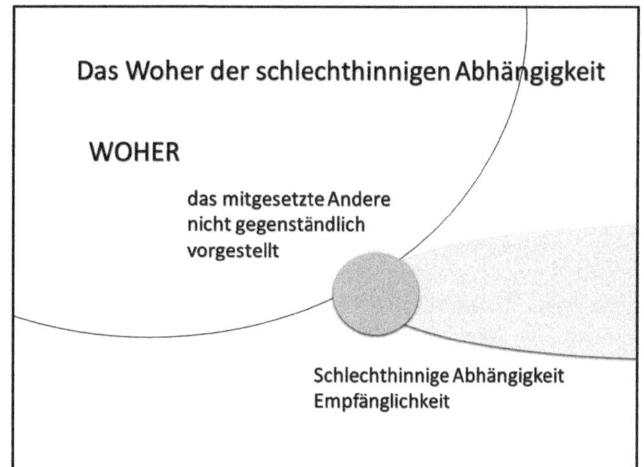

Wort Gott wird hier dargestellt als in unserem Sprachgebiet nichts anderes bedeutend, als das in dem ursprünglichen, schlechthinnigen Abhängigkeitsgefühl Mitgesetzte."[19] Das Andere, ungegenständlich Mitempfundene kann also mit der Vokabel Gott bezeichnet werden. Gleiches gilt für das „Woher" der schlechthinnigen Abhängigkeit. Schleiermacher setzt es in Analogie zu Gott. Gott manifestiert sich für den Menschen in der seinem Dasein auferlegten Notwendigkeit, in der Spannung zwischen Abhängigkeit und Freiheit zu existieren. Von dieser Selbstmanifestation muss Gott zwar unterschieden, darf jedoch nicht als davon getrennt gedacht werden. Deshalb: das, was wir Gott nennen können (aber nicht müssen!), wird in unseren Lebensvollzügen erfahrbar. „Gott" ist dann die Kurzformel für unsere Erfahrung der Unverfügbarkeit, für eine besondere Perspektive, aus der wir unser Leben sehen, für die Bereitschaft, konkrete Vollzüge im Horizont des mitgesetzten Anderen zu betrachten. Das bedeutet: die Frage nach dem „Woher des Anderen" entsteht immer. Ob dieses Woher aber mit der Vokabel „Gott" bezeichnet wird oder nicht, hängt von der Einstellung des Einzelnen ab und ist nicht so bedeutsam wie angenommen. Es macht vielmehr deutlich darauf aufmerksam, dass sich das, was wir Gott nennen können, ohnehin nicht erfassen lässt. Erfahrungsgemäß haben besonders Menschen, die sich als Atheisten bezeichnen, Schwierigkeiten mit dieser Benennung. Dann kann die Stelle auch leer gelassen werden. Denn: auch wenn wir nicht von „Gott" reden, reden wir von Gott. Eine „Religion ohne Gott" stellt nicht die Frage in den Mittelpunkt, wie Gott zu denken ist, sondern warum Menschen dazu kommen, nach Gott zu fragen – oder dieses nicht zu tun. Im Kern ist sie deshalb die Beschreibung des Empfindens von Erfahrungen, die das Sagbare überschreiten.[20]

1.7 Die Verortung im religionspädagogischen Alltag

In Anlehnung an Schleiermacher haben wir uns jetzt auf so hohem Allgemeinheitsgrad mit den Fragestelllungen um Religiosität und Gott beschäftigt, dass leicht die Frage auftauchen kann, was denn das spezifisch Christliche an dieser Denkweise sei. Es geht Schleiermacher nicht darum, eine gleichsam neutrale religiöse Anlage und einen allgemeinen Begriff von Gott zu beschreiben. Vielmehr strukturiert er aus dem Christentum heraus allgemeine Prinzipien.[21] Wie Schleiermacher stehen auch wir heute in einem christlichen Traditionsstrom, der selbst dort zum Tragen kommt, wo Traditionen abgebrochen scheinen. Unsere Gesellschaft bleibt durch das Christentum geprägt. Das gilt für alle Formen der Kunst und besonders für die Ethik. Deshalb bleibt auch in diesem Konzept die christliche Religion das korrelative Gegenüber. Für christlich sozialisierte Lernende erschließt es die Tradition, in der sie beheimatet sind. Wo Blockaden, Unverständnis und Ablehnung entstanden sind, kann wirkungsgeschichtliches Vorgehen Traditionsbildungen nachvollziehbar verständlich machen. Ist bei Lernenden dagegen christliche Sozialisation abgerissen oder versandet, kann mit Hilfe des vorliegenden Konzeptes für deren allgemeingültige Fragestellungen und die historische Relativität tradierter Antwortversuche sensibilisiert werden.[22] Lernende, die religiöse Inhalte für sich selbst ablehnen, berichten dann oft von gewachsener Toleranz und vertieftem Verständnis gegenüber Angehörigen von Religionen.

Kehren wir zurück zur aktuellen gesellschaftlichen Situation, die durch Leistungs- und Steigerungsdenken geprägt und durch scheinbare Machbarkeit gekennzeichnet ist. Passivitätserfahrungen sind in diesem Denken nicht vorgesehen. Entweder, weil ihnen durch perfekte Eventplanung kein Raum gelassen wird oder weil sie als Schwäche gelten. Warum müssen uns Soziologen auf diesen Tatbestand aufmerksam machen, dass wirkliche Resonanz – Schleiermacher würde vom Eins-Sein mit dem Universum sprechen – nur aus der Akzeptanz des Unverfügbaren entsteht?[23] Handelt es sich hier nicht um ein theologisches Zentralthema? Hat nicht gerade die christliche Religion ein übervolles Angebot an lebensweisen religiösen Erfahrungen zu bieten?

ReligionspädagogInnen haben „von Angesicht zu Angesicht" intensiv mit den nachwachsenden Generationen zu tun. Fragt man Studierende der Religionspädagogik nach dem Beweggrund ihres Studiums, ist die häufigste Antwort: „Weil ich in Bezug auf Religion das weitergeben möchte, was mir selbst unheimlich wichtig ist." Damit dies geschehen kann, muss religiöse Bildung zukünftig zuerst darin bestehen, sensibel Religiosität zu bilden. Das kann stattfinden, wenn wir den Lernenden und ihren individuellen Symbolisationen aufmerksam zuhören. Dazu müssen wir Wege finden, ihre Erfahrungen so in den Unterricht einzubeziehen, dass diese in geschütztem Rahmen bleiben und gleichzeitig zu individuellen Denkprozessen anregen. Des Weiteren sind Gelegenheiten zum gemeinsamen Gespräch einzuräumen, in denen der Austausch unter den Lernenden im Mittelpunkt steht. Als dritter und letzter Schritt sollen dann Begegnungen mit tradierten religiösen Erfahrungen ermöglicht werden, die ihrerseits das Verhalten zum Unverfügbaren

19 Schleiermacher, Glaube in: KGA1, 13/1, 38 FN.

20 Weiterführend zu diesem Thema: Rosenow, Symbolisieren, 346–358. Dalferth, Ingolf U., Die Wirklichkeit des Möglichen, Tübingen 2003, 466–478.

21 Slenczka, Notger, Schleiermacher heute – ein Plädoyer, in: Grosse, Sven, Schleiermacher kontrovers, Leipzig 2019, 15–39. Hier 20.

22 Vgl. Domsgen, Michael, RU in konfessionsloser Mehrheitsgesellschaft – didaktische Herausforderungen und Ansätze, in: Theo Web 12/2013 Heft 1, 150–163.

23 Rosa, Hartmut, Unverfügbarkeit, Wien-Salzburg [3]2019.

in Worte fassen. Religiöse Lernprozesse können dann in großer Offenheit wachsen, denn das, was sie auslösen und lebenslang bewirken, ist letztendlich ebenfalls unverfügbar. „Liberale Theologie lebt als erstes und zunächst von einer großen religiösen Einsicht, dass der Grund unseres Daseins und das Geheimnis des Lebens mehr ist, als wir Menschen jemals erfassen und sagen können."[24] Es sei der liberalen Theologie immer wieder vorgeworfen worden, dass sie in genau diesem Punkt zu ungenau, zu „schwammig" sei, so Jörg Lauster. Er formuliert den Anspruch „konkreter, präziser zu werden in dem, wo wir meinen, das Geheimnis des Lebens aufspüren zu können."[25] Der jetzt zu erläuternde Ansatz einer subjektorientierten Didaktik stellt sich dieser Aufgabe und bemüht sich besonders durch die Methode des individuellen Symbolisierens, konkrete Lebenserfahrungen in diesen Reflexionsprozess einzubinden.

24 Lauster, Jörg, Interview mit dem Deutschlandfunk, 1.11.2018. https://www.deutschlandfunk.de/liberale-theologie-und-kirche-nicht-fuer-wellness-zustaendig.886.de.html?dram:article_id=430920.

25 Ebd.

2. Prinzipien einer subjektorientierten Didaktik

Fragen wir uns jetzt, wie sich die oben entfalteten Aussagen auch für nicht religiös sozialisierte Lernende didaktisch umsetzen lassen.[1] Grundsätzlich gilt: jede didaktische Intention muss sich auf ihre theologische Begründung hin hinterfragen lassen. Das Verständnis von unverdienter Gnade, das sich im Rechtfertigungsparadigma manifestiert hat, wird sich beispielsweise nicht durch leistungsorientierte Methodik entfalten lassen. Wir stehen also vor der Aufgabe, die von Schleiermacher neu gefasste Kategorie des Gefühls, der Intuition oder Berührung in religionspädagogische Bildungsprozesse umzusetzen. Dazu müssen wir seine „anthropologische Wende" konsequent nachvollziehen.

Von diesem Wechsel der Blickrichtung ist auch in der kürzlich erschienenen Stellungnahme der EKD zur religiösen Bildung im Kontext von Konfessionslosigkeit die Rede. „Um die Begegnung und Auseinandersetzung mit konfessionslosen Menschen zu ermöglichen, kann und soll nicht mit einer primär institutionellen, nicht mit einer primär traditionsorientierten, nicht mit einer primär ergebnisorientierten Brille auf das Gegenüber geschaut werden."[2] Und nicht nur für den Umgang mit konfessionslosen Lernenden gilt, dass „ein erheblicher Teil der hermeneutischen und theologisch-interpretativen Kompetenzen von Multiplikatoren [...] darauf zu verwenden [ist], die (verbalen und nonverbalen) Äußerungen der Lernenden als existentiell oder theologisch bedeutsame Äußerungen zu begreifen."[3] Dieser Zielstellung hat sich der vorliegende Ansatz verschrieben. Es ist an dieser Stelle wichtig anzumerken, dass sich die ReligionspädagogInnen seit Jahrzehnten intensiv um das Subjekt bemühen. Symbol- und bibeldidaktisch, performativ und ästhetisch, elementarisierend und konstruktivistisch arbeiten sie methodisch vielfältig und wertschätzend auf das Subjekt *hin* – sie kommen jedoch zumeist nicht vom Subjekt *her*, indem sie es selbst zur Sprache kommen lassen.

2.1 Grundprinzipien

Eine konsequent subjektorientierte Didaktik ist eine Didaktik unter anderem Vorzeichen: es wird nichts Anderes, sondern anders unterrichtet. Lehrpläne müssen deshalb nicht geändert werden; sie werden nur „gedreht". Wo vorher vom Thema her das Subjekt angesprochen werden sollte, wird jetzt aus den Erfahrungen und Fragen des Subjekts ein Zugang zum Thema entwickelt. Der Perspektivwechsel weg von Thema und Tradition hin zu den Erfahrungen der Lernenden ist ein Wechsel weg von der Erklärung, der kognitiven Erfassung oder Erschließung bestimmter Inhalte hin zu emotionalem Angesprochen-Sein und der Befähigung der Deutung des eigenen Lebens.

Konsequent subjektorientierte Religionspädagogik vollzieht sich deshalb dort, wo das Subjekt selbst zur Sprache kommt – nicht da, wo wir zu wissen meinen, was das Subjekt interessiert. Lehrende stehen vor der Aufgabe, zuerst zu fragen und aufmerksam zuzuhören. Auch Lehrende mit langjähriger Praxis machen dann gelegentlich die überraschende Entdeckung, dass Lernende ganz andere Auffassungen zur Sprache bringen, als zuvor vermutet. Wirkliche Affektion im Sinne des Schleiermacherschen Religionsbegriffs erfolgt immer da, wo Symboldidaktik zur Symbolisationsdidaktik geöffnet wird, d.h. das Subjekt in die eigene Suche nach Ausdrucksmöglichkeiten gebracht wird. Existentielle Erfahrung und ihre Versprachlichung sind allgemein menschlich und bieten damit eine gemeinsame Ausgangslage für alle Lernenden einer Gruppe – eine Differenzierung in Konfessionslose, Distanzierte, kirchlich Engagierte, fundamentalistisch Geprägte usw. kann also unterbleiben. Das oft sehr unterschiedliche Vorwissen bezüglich religiöser Themen spielt keine Rolle mehr. Die immer schon mitgesetzten, die Lernenden ohnehin untergründig beschäftigenden existentiellen Erfahrungen gilt es wahrzunehmen und methodisch zur Sprache zu bringen.

Unbedingt in die Überlegungen mit einzubeziehen ist die Tatsache, dass Kindern und Jugendlichen deduktives Denken schwerfällt. Ursprüngliche Lernprozesse erfolgen erfahrungsbasiert, oft auch nach dem Prinzip „Versuch und Irrtum". Das Kind probiert aus, macht eine Erfahrung, zieht eine Schlussfolgerung und verallgemeinert sie dann. Auch naturwissenschaftliche Methodik basiert auf diesem induktiven Grundsatz. Aus empirischen Daten werden Prinzipien und Naturgesetze abgeleitet. Lernende haben dieses Prinzip nach ausreichender schulischer Übung bald internalisiert. Sie denken deshalb im Wesentlichen jetzt nach dem Muster: Nur aus einer empirisch bewiesenen Ursache können Schlussfolgerungen und Wirkungen abgeleitet werden. Nun arbeitet die Theologie als Geisteswissenschaft jedoch deduktiv. Sie nimmt – erkenntnistheoretisch ausgedrückt – axiomatische Setzungen vor, die sich keinesfalls empirisch belegen lassen. „Gott" ist so ein Axiom, ein der Beweisbarkeit weder fähiger noch bedürftiger Ausgangssatz, der als Grundlage weitreichender Wirkungen und Schlussfolgerungen dienen kann. Diverse Gottesbeweise in der Geschichte gehen auf diese Weise logisch vor. Theologisch sprechen wir nicht von einer axiomatischen Setzung, sondern vom Glauben und meinen – religionshermeneutisch ausgedrückt – das grundlegende Vertrauen in eine uns tragende Wirklichkeit, die sich nur dann wahrnehmen lässt, wenn wir sie für möglich halten. Es ist offensichtlich, dass Lernende mit dem oben beschriebenen Denkmuster dieses Vorgehen nicht nachvollziehen können. Bevor man Gott als Ursache zu Grunde lege – so ihre Auffassung – müsse man ihn erst empirisch beweisen. Da dies nicht möglich sei, wären theologische Schlussfolgerungen hinfällig. Das hört sich in der Praxis so an: „Warum soll ich mich mit Gott beschäftigen, wenn es ihn doch gar nicht gibt?" Hier liegt ein weiterer

---

1 Das religionspädagogische Konzept einer konsequenten Subjektorientierung, das diesen Anspruch und den damit verbundenen Perspektivwechsel ernst nimmt, liegt vor mit: Kunstmann, Joachim, Subjektorientierte Religionspädagogik, Plädoyer für eine zeitgemäße religiöse Bildung, Stuttgart, 2018.

2 EKD, Religiöse Bildung angesichts von Konfessionslosigkeit. Ein Grundlagentext der Kammer der EKD für Bildung und Erziehung, Kinder und Jugend, Leipzig 2020, 106.

3 Ebd. 136.

Grund, warum thematisch strukturierte Angebote Lernende wenig berühren. Um diese methodische Kollision zu umgehen, muss sie zuerst einmal den Lehrenden selbst bewusst sein. In der Oberstufe lässt sich dieses Problem dann sehr gut thematisieren und wird besonders von analytisch Denkenden und naturwissenschaftlich Begabten als sehr hilfreich empfunden. In den jüngeren Jahrgängen ist auf die entwicklungspsychologischen Gegebenheiten Rücksicht zu nehmen. Hier bleibt nur der Zugang über die individuelle Symbolisation und der Wechsel in die religionshermeneutische Sprache.

2.1.1 Individuelle Symbolisationen im Unterricht
Existentielle Erfahrungen werden meist außerhalb von Unterricht und Gemeindeveranstaltung gemacht. Sie können aber verbal in diese Lernorte eingebracht werden. Jedes in Worte gefasste Erlebnis wird – allein schon durch die Wortwahl – interpretiert und damit zur Erfahrung. Um den Prozesscharakter dieses Vorgangs zu erfassen, kann von erinnernd eingebrachtem Erleben gesprochen werden. Es gibt vielfältige Möglichkeiten, diesem Erleben Raum zu gewähren. Das Kapitel „Methoden individuellen Symbolisierens" zeigt verschiedene Spielarten auf. Die Bausteine sind immer nach dem gleichen Prinzip strukturiert: Lernende verbalisieren zu entsprechenden Erfahrungsfeldern ihr eigenes Erleben. Das kann in unterschiedlicher Intensität geschehen. Es lassen sich ebenso ganze Episoden einbringen wie Assoziationen, Begebenheiten, Beobachtungen oder Auffassungen. Methoden und Umgang mit den Symbolisationen richten sich nach der Intensität des Themas und der Dynamik der Gruppe. Grundsätzlich gilt, dass eine Atmosphäre des Vertrauens herrschen muss. Das erfordert Beziehungsarbeit, die auf der unbedingten Wertschätzung der Lernenden basiert. Erfahrene Kolleginnen und Kollegen gehen oft sehr souverän und warmherzig mit solchen Situationen um. Es hat sich im Verlauf der Arbeit aber auch gezeigt, dass SchülerInnen erstaunlich offen gegenüber ihnen unbekannten Studierenden oder ReferendarInnen reagieren. Wichtig ist, dass die Aufgabenstellung vor der Ausführung vollständig bekannt ist und die Lernenden über die Verfahren zur Anonymisierung informiert sind (z.B. Blockschrift schreiben, verdeckt und durchmischt einsammeln lassen, nur für sich selbst aufschreiben, dann zukleben etc.). Minimale Unterschiede in den Formulierungen der Aufgabenstellung können weitreichende Folgen auslösen. Deshalb ist es wichtig, die beschriebenen Aufgabenstellungen präzise zu übernehmen – oder Änderungen genau zu durchdenken. Bei sehr sensiblen Themen wie Schuld, Scham oder Angst ist es unrealistisch, öffentliche Äußerungen von Lernenden selbst zu erwarten. Sinnvoller können dann für gemeinsame Gesprächsrunden allgemeine Aufgabenstellungen formuliert werden, die zwar die Möglichkeit der eigenen Äußerung bieten – genauso gut aber den Rückzug in Beobachtungen mit allgemeinem Charakter (z.B. die Methode „Schuld und Sünde"). Eine andere Möglichkeit ist es, dass Lernende nur für sich schreiben, das Geschriebene jedoch nicht eingesammelt wird (z.B. „Angst in der Tasche"). Ebenso geeignet sind stellvertretende Motive, in die die eigenen Symbolisationen eingetragen werden. (z.B. „Angst-Schrei", „Jona persönlich").
Autobiografische Erinnerungen werden grundsätzlich umfassend abgespeichert, einschließlich der damaligen emotionalen Reaktionen.[4] Das erinnernd eingebrachte Erleben verfolgt nun das Ziel, Lernende durch die Erinnerung an diese Erfahrungen zu affizieren. Diese Affektion löst eine intrinsische Motivation zur Beschäftigung mit der Erfahrung aus. Haben andere Ähnliches erlebt? Verstehen sie mich – verstehe ich sie? Wie sind sie mit diesen Erfahrungen umgegangen? Nicht umsonst sind die meisten individuellen Symbolisationen in der Motivationsphase zur jeweiligen Lerneinheit angesiedelt. Ist eine intrinsische Motivation erst einmal entzündet, reicht sie sogar über mehrere Stunden. Die Zeichen emotionaler Affektion sind leicht zu erkennen: Lächeln, aufmerksame Ruhe und Blickkontakt, leuchtende Augen, gelegentlich auch spontanes Redebedürfnis mit dem Nachbarn (dann nicht zur Ruhe ermahnen).
Die eigene Suche nach verbalen Ausdrucksmöglichkeiten sensibilisiert das Verständnis für die Ausdrucksformen anderer. Das kann die Symbolisationen der Mitschülerinnen und Mitschüler betreffen, die zum eigenen Erstaunen sogar dann verstanden werden, wenn keine ähnlichen eigenen Erfahrungen vorliegen. Ein analoger Effekt tritt auch bei älteren Symbolisationen ein, wie sie in tradierten Texten auftreten. Ausgehend von der eigenen Affektion kann es hier zu erstaunlichen Lerneffekten kommen. Dabei wird auch deutlich, welcher Unterschied zwischen Symbol- und Symbolisierungsdidaktik besteht. Symboldidaktisch geht es um das Erschließen tradierter Symbolik. Vorhandene gemeinschaftliche Symbole beginnen dann für den Einzelnen zu leben, wenn sie mit eigenen Assoziationen und Bedeutungen gefüllt werden können. Unterbleibt dieser Prozess jedoch auf Grund abgerissener religiöser Sprachfähigkeit oder Sozialisation, werden Symbolbezeichnungen zu leeren Worthülsen. Vor diesem Hintergrund ist auch der didaktische Warnhinweis Schleiermachers zu verstehen, dass jeder begrifflichen Erörterung die eigene Erfahrung vorausgehen sollte, denn „aus heiler Haut ihnen die Begriffe beibringen, könnte nur totes Wesen veranlassen."[5] Von einer religiösen Symbolkunde, bei der Symbole ohne Erleben gelehrt würden, ist deshalb dringend abzuraten. Eigene Symbolisationen hingegen sind prall gefüllt mit Assoziationen, Bedeutungen und Emotionen. Aus dem prozessualen Geschehen des Verbalisierens heraus ist die Strukturanalogie zu tradierten Symbolisationen für die Lernenden offensichtlich: auch hier hat jemand nach passendem Ausdruck für Erlebtes gesucht. Er hat Worte gewählt, die mir fremd erscheinen. Aber ich kann seine Suche nach passenden Metaphern nachvollziehen – und deshalb seine Erfahrung verstehen.[6]
Einmal abgelegte autobiografische Erinnerungen können beliebig oft abgerufen und in Beziehung zu einem nicht zum Selbst gehörenden Objekt gesetzt werden. Durch diese Modifikationen entstehen Veränderungen im autobiografischen Selbst, die als Reifeprozesse bezeichnet werden.[7] Dieser Gedanke könnte sich religionsdidaktisch als fruchtbar erweisen: demnach reichen einmalig ermöglichte Symbolisations- und Verstehensprozesse bereits aus, um das

4 Damasio, Antonio R., Ich fühle, also bin ich. Die Entschlüsselung des Bewusstseins, [10]2013, 180.
5 Schleiermacher, Texte zur Pädagogik, Bd. 1, hg. von Michael Winkler und Jens Brachmann, Frankfurt/Main 2000, 264.
6 Weiterführend zu „Symbolische Deutung und Symbolisierung": Kunstmann, Religionspädagogik, 101–109.
7 Damasio, Entschlüsselung, 271.

Erfahrung, die symbolisiert werden kann	Verständnis	Thema
Körperliche Symptome bei Schuldgefühlen (z.B. Blick niederschlagen, sich nackt fühlen) Verzeihung der Eltern abends am Bett des Kindes	Unwohlsein bewusst machen Sehnsucht nach Erleichterung/Erlösung nachvollziehen	Schuld Gnade Erlösung
Erfahrung des Geschenkcharakters des eigenen Lebens (geboren worden sein ohne eigenes Zutun), Lebensfreude	Schöpfung als Weise der Wirklichkeitswahrnehmung (emotional statt rational), die Welt positiv auf sich beziehen	Schöpfung
Tägliches Vertrauen ist eigentlich irrational. Es könnte so viel passieren, wir vertrauen trotzdem.	Glaube als vertrauendes Ins-Leben-Gehen, nicht als Gegensatz zu Wissen	Glauben
Glückwünsche sind immer positiv überhöht – trotzdem werden sie als tröstlich, beruhigend empfunden (alles Gute, nur das Beste). „Alles ist gut" (Redewendung) ist unmöglich	Trostworte, die über das menschlich Machbare hinausgehen, wirken stärker; trösten, obwohl sie unrealistisch sind	Seligpreisungen
Die eigene Verhaltensänderung an einem Tag, an dem ich „gut drauf" und offen bin, bewirkt, dass Menschen auch mir offener begegnen.	Wer Wirklichkeit als (mögliches) Geschenk wahrnimmt, wird eigenes Verhalten verändern.	Reich Gottes
„Gänsehauterlebnis", „Wow-Effekt" für Momente, die mich tief berühren	Religion als menschliche Grundkonstante, Resonanzerfahrung	Religion
eigene Kindheitsepisoden erzählt bekommen, die schon damals jetzigen Charakter erkennen ließen	überhöhte Kindheitslegenden mit theol. Aussagen (Messiasbekenntnisse)	Weihnachten
überraschende Durchbrechung der eigenen (oft festgelegten) Vorstellungen und Erwartungen	Wunder als emotionale Interpretation, nicht als Naturgesetzdurchbrechung	Wunder
Versuche, Gefühle zu beschreiben, führen immer zu symbolischer Ausdrucksweise (Liebe gestehen)	Akzeptanz unbekannter Symbolisationen als Ausdruck von Erfahrungen	Symbol
Schuld lähmt (sozial, emotional, körperlich), macht blind, taub, stumm	Metaphorik der Heilungen erkennen; Heilungen als Befreiung	Heilung Schuld

Subjekt lebenslang für entsprechende Wahrnehmungen und sich immer wieder neu ergebende Deutungen zu sensibilisieren. Das gilt auch für die eventuelle Einordnung in religiöse Kontexte.
Nun macht es die Unterrichtsplanung oft notwendig, das Erfahrungsfeld individueller Symbolisationen etwas einzugrenzen und vorzuorientieren. Als praktische Hilfe sind oben in der Tabelle Beispiele für Erfahrungsfelder angezeigt, aus denen subjektorientierte Einstiege in Themen der christlichen Tradition gestaltet werden können.

2.1.2 Wechsel von der theologischen zur religionshermeneutischen Sprache

Theologische (Fach-)Sprache kann in ihrer Begrifflichkeit und in ihren Denkfiguren heute weniger denn je als bekannt und verständlich vorausgesetzt werden. Und hier ist nicht die kognitive Brillanz theologischer Fachliteratur gemeint, sondern das in Unterricht und Gottesdienstvollzug unhinterfragt gebrauchte Vokabular. Bereits der Wechsel des „Sprachspiels" von der theologischen zur religionshermeneutischen Sprache hilft, Inhalte zu erschließen, und ermöglicht deren Verständnis. Eine solche Sprache kommt ohne dogmatische Begriffe aus und bedient sich der Alltagssprache, ohne jedoch an Tiefe zu verlieren. Wer Predigten von Paul Tillich liest, spürt deutlich, was gemeint ist.[8] Diese Übersetzungsleistung erfordert jahrelange Übung – sowohl im Hören auf die individuellen Symbolisationen als auch im Suchen nach eigenen Sprachmustern. Sie benötigt außerdem dringend die Beschäftigung mit der systematischen Theologie. Wer die komplexen rationalen Denkfiguren der Theologie nicht verstanden hat, kann sie nicht adäquat übertragen. Der unreflektierte und nicht aus seinem Entstehungskontext heraus erklärte Gebrauch dogmatischer Fachbegriffe wie z.B. „Jungfrauengeburt", „Sohn Gottes", „Heiliger Geist", „Trinität" usw. kann in der Religionspädagogik fatale – auch entwicklungspsychologisch bedingte – Folgen nach sich ziehen. Dualistisches Denken, wörtliches Verständnis und die noch unzureichende Abstraktionsfähigkeit von Kindern können dann zu Vorstellungen führen, die weitere Verstehensprozesse blockieren.
Was bietet sich an? Grundsätzlich ist jede unumgänglich nötige dogmatische Rede zu übertragen. Denkfiguren wie „Sohn Gottes" oder „Jungfrauengeburt" können altersadäquat historisch-kritisch aus ihrem Entstehungskontext heraus erklärt, relationale Beschreibungen wie „Segen", „Reich Gottes" oder „die Stimme Gottes hören" in Analogie zu allgemein menschlichen Erfahrungen gesetzt oder individuellen Erfahrungen gegenübergestellt werden (s.a. Tabelle oben). Der theologische Satz „Gott sprach zu Mose"

8 „Der Name dieser unendlichen Tiefe und dieses unerschöpflichen Grundes alles Seins ist Gott. Jene Tiefe ist es, die mit dem Wort Gott gemeint ist. Und wenn das Wort für euch nicht viel Bedeutung besitzt, so übersetzt es und sprecht von der Tiefe in eurem Leben, vom Ursprung eures Seins, von dem, was ihr ohne Vorbehalte ernst nehmt. Wenn ihr das tut, werdet ihr vielleicht einiges, was ihr über Gott gelernt habt, vergessen müssen, vielleicht sogar das Wort selbst. Denn wenn ihr erkannt habt, daß Gott die Tiefe bedeutet, so wißt ihr viel von ihm." Tillich, Paul, In der Tiefe, in: In der Tiefe ist Wahrheit, Stuttgart [7]1978, 55.

kann religionshermeneutisch dann so klingen: „Mose nahm in seinem Inneren etwas wahr, das er als Stimme Gottes verstand". Der theologische Begriff der „Gnade Gottes" beispielsweise wird auf der Suche nach einer religionshermeneutischen Ausdruckweise zur „Erfahrung des unverdienten Geschenkcharakters des Lebens". Hoheitstitel oder Benennungen werden als solche sprachlich deutlich gemacht: „Jesus, den sie den Christus nannten" oder „das, was wir Gott nennen können". Im Kapitel „Wirkungsgeschichtliche Methoden" lassen sich dazu Anregungen finden.

In der Praxis hat sich gezeigt, dass jahrelang gefestigte Begriffsverständnisse auch dann untergründig erhalten bleiben, wenn das kognitive Verständnis von theologischen Begriffen durchaus vorausgesetzt werden kann – beispielsweise nach einem unterrichtlichen Erarbeitungsprozess. Eine Rückfrage an die Lernenden mit der Bitte um eigene Begriffsbildungen ergab dann immer nichttheologische Wortfindungen mit ähnlichem Sinn. So wurde etwa „Auferstehung" durch „Grenzerfahrung" ausgetauscht oder „Religion" im individuellen Sinne als „emotionaler Urgrund" bezeichnet. Diese Beobachtungen zeigen, dass langfristige Bedeutungsverschiebungen nicht allein durch kognitive Klärungen herbeigeführt werden können.

Innerhalb dieses sprachlichen Suchprozesses wird deutlich, dass sich dogmatische Denkfiguren möglichen Erfahrungsfeldern zuordnen lassen, aus denen sie sich ursprünglich gespeist haben mögen.[9] Macht man sich diese Erfahrungsfelder deutlich, fällt das Übersetzen leichter. Wir erinnern uns dazu daran, dass Schleiermacher den Moment der intuitiven Berührung als Religion bezeichnete. Um diese intuitiv-auslösenden Erfahrungen geht es hier. Sie können als Initial für rationale Denkfiguren gelten, ersetzen diese aber nicht.

Erfahrungsfeld	Theologische Begriffe/Denkfiguren
Geschenkcharakter des Lebens	Auferweckung, Heilung, Heil, Reich Gottes, Paradies, Gnade, Rechtfertigung, Vergebung, Wunder, Freiheit, Schöpfung, ewiges Leben, Segen
Bewusstsein der Mangelhaftigkeit des Daseins	Sünde, Schuld, Erlösung, Opfer, Gesetz, Hölle, Krankheit
Grenzerfahrung der Endlichkeit	Tod, Kreuz, Leid, Theodizee
Gemeinschaft und gelingende Kommunikation	Gemeinde, Kirche, Heiliger Geist, Bekenntnis, Gebet
Sehnsucht nach Gerechtigkeit	Apokalypse, Jüngstes Gericht, Prophetie

2.1.3 Dialog statt Unterrichtsgespräch

Herkömmliche Techniken des Unterrichtsgespräches basieren auf einem Machtgefälle zwischen Lehrendem und Lernendem. Der Lehrende hat fachlich und strukturell die Macht und ist an Lebenserfahrung überlegen. Diese Asymmetrie kann und soll auch nicht beseitigt werden, ist sie doch auch Orientierungshilfe und Maßstab für Lernende. Trotzdem ist sie zeitweise für eine symmetrische Kommunikation zu unterbrechen, die eine Begegnung auf Augenhöhe ermöglicht. Auf diese Weise entstehen „Berührungen" und intersubjektive Verstehensprozesse; nur so sind religiöse Lernprozesse in ganzheitlichem Sinne möglich. Dazu ist es nötig, dass Lehrende gelegentlich von sich selbst und ihren Überlegungen sprechen und „echte" Nachfragen stellen: Wie ist das bei euch? Habt ihr das auch schon erlebt, euch darüber schon einmal Gedanken gemacht? Wichtig ist die Grundstimmung von Vertrauen, Offenheit und wertschätzendem Interesse. Lernende entwickeln ein Gespür dafür, dass es hier nicht um richtig und falsch geht, sondern Meinungen und Deutungen frei formuliert und geäußert werden dürfen. Im Gespräch setzen die Lehrenden Impulse, arbeiten mit Gegenargumenten, regen zum Nachdenken an – kritische Nachfragen sind geradezu erwünscht; noch nicht fertig durchdachte Meinungen dürfen zur Sprache gebracht werden. Solche Gesprächsphasen wechseln sich mit anderen Unterrichtsphasen ab. Ihr Beginn kann selbst dort, wo eine frontale Sitzordnung schlecht aufgelöst werden kann, mit kleinen Signalen eingeleitet werden: Stuhl in den Gang rücken, bequem und ohne Konzept auf Augenhöhe setzen – keinesfalls hinter dem Lehrertisch oder an der Tafel stehen bleiben.

2.2 Bedingungen für Begegnungen mit Traditionen und Texten schaffen

Bei diesem subjektorientierten Ansatz können wir religionsdidaktisch nicht stehen bleiben. Bisher sind die eigenen Erfahrungen, Deutungen und Reflexionen der Lernenden zur Sprache gekommen. Lernprozesse ergeben sich jedoch immer erst aus der Begegnung mit Anderem, das ins Verhältnis zum bisherigen Verständnis gesetzt werden muss. Das ist Korrelation im besten Sinne.[10] Korrelationen können durch unmittelbares Angesprochen-Werden, Verstehens-Prozesse oder auch Befremdungen und Provokationen entstehen. Zwischen den zur Sprache gebrachten eigenen und den neu kennengelernten Erfahrungen, Deutungen und Reflexionen entsteht eine korrespondierende Beziehung, eine wechselseitige Bedingtheit. Damit diese Begegnungen stattfinden können und es nicht zu Ablehnungen oder gar Verstehensblockaden kommt, gilt es einige Grundsätze zu beachten.
Joachim Kunstmann charakterisiert das moderne Denken als genetisch, perspektivisch und psychologisch. Genetisch, weil alles historisch herleitbar ist und sich entsprechend erklären lässt, „perspektivisch, indem es von der subjektiven Bedingtheit aller Standpunkte und der grundsätzlichen Relativität von Sichtweisen ausgeht" und „psychologisch, insofern es ganz automatisch Motive und Interessen hinter allen Standpunkten, Erfahrungen und Aussagen mitbedenkt und diese als entsprechend bedingt erfährt."[11] Diese Art

9 Impulse setzen kann hier die Lektüre von: Theißen, Gerd, Erleben und Verhalten der ersten Christen. Eine Psychologie des Urchristentums, Gütersloh 2007.

10 „Die Methode der Korrelation erklärt die Inhalte des christlichen Glaubens durch existentielles Fragen und theologisches Antworten in wechselseitiger Abhängigkeit." Tillich, Paul, Systematische Theologie, Bd. 1, Stuttgart 1956, 74.

11 Kunstmann, Joachim, Religionsdistanz und religiöse Bildung, in: Thomas Heller (Hrsg.), Religion und Bildung interdisziplinär (StRB 17), Leipzig 2018, 461–473. Hier 468–469.

und Weise des Denkens hat auch die religionsdidaktischen Prozesse zu bestimmen. Deshalb müssen objektive Wahrheiten ausgeschlossen und multiperspektivisch individuelle Erfahrungen aufgenommen sowie wirkungsgeschichtliche Fragen nach Motiven und Dynamiken einer Traditionsbildung aufgeworfen werden.

2.2.1 Erklärungen auf Grundlage des naturwissenschaftlichen Weltbildes

Grundsätzlich müssen sich die Darstellung einer Religion, der Umgang mit den Texten der Tradition sowie dogmatisches Denken in das naturwissenschaftliche Weltbild der Lernenden einpassen. Erst nach einer rationalen Klärung, die sich des oben erwähnten genetischen Denkens bedient, ist es ihnen möglich, sich auf metaphorisches, transzendierendes oder mythologisches Denken einzulassen. Erfolgt diese Klärung nicht, entstehen Blockaden: Wer hält schon Heilungswunder für möglich oder den Seewandel Jesu? Das haben die Leute früher so geglaubt – aber mit mir hat das nichts zu tun. Dämonen als Krankheitsursachen beispielsweise haben im naturwissenschaftlichen Denken keinen Platz. Ist jedoch das für die Zeit Jesu vorauszusetzende mythische Weltbild bekannt, sowie durch erinnernd eingebrachtes Erleben die Erfahrung eigener Krankheit thematisiert worden, erschließt sich das mythische Element plausibel als Symbolisation der existentiellen Erfahrung des Ergriffenwerdens wider Willen. Unter diesen Voraussetzungen wird die Symbolisation „Dämon" dann doch als passende Beschreibung empfunden (s.a. Baustein „Ergriffen werden wider Willen").
So setzt sich innerhalb des Symbolisierungsprozesses um, was bereits Rudolf Bultmann forderte: „Mythos will nicht kosmologisch, sondern anthropologisch – besser: existential interpretiert werden."[12] Die Kenntnis des mythischen Weltbildes und seine Anwendung auf biblische und tradierte Texte muss deshalb zum Unterrichtsinhalt gehören – das ist in der unterrichtlichen Praxis momentan durchaus nicht selbstverständlich.
Wissenschaftliches Instrument dazu ist die historisch-kritische Exegese. Sie wird von Lernenden auch als solches verstanden und beseitigt Blockaden, die durch wörtliches Verständnis entstehen und deshalb mit dem naturwissenschaftlichen Denken kollidieren. Das oben charakterisierte moderne Denken und das stets unterschwellige induktive Vorgehen führen leider häufig dazu, dass Texte aller Gattungen zuerst als Tatsachenberichte verstanden werden. Dazu kommt, dass sich das historische Denken und die dadurch entstehende Relativierung erst in der Sekundarstufe ausprägen. Viel zu schnell werden deshalb tradierte Texte mit heutigen Maßstäben gemessen; außerdem besteht ohne Anleitung kaum Feingefühl für die unterschiedlichen Literaturgattungen.[13] Bereits durch diese Klärung können entscheidende Missverständnisse ausgeräumt werden. Diese im Sinne einer didaktischen Reduktion vorgenommene Rationalisierung mag zuerst kalt erscheinen, nimmt sie den Texten doch das, was in ihnen „zum Schwingen" kommen soll. Es ist jedoch zu bedenken, dass diese Einschränkung zielgerichtet eingesetzt werden soll. Indem sie im besten historisch-kritischen Sinne zwischen der symbolisierten Erfahrung und dem entsprechenden Zeitkolorit unterscheidet, räumt sie Missverständnisse aus und öffnet so den Weg zu einer Begegnung von individueller mit tradierter Erfahrung. Diese Einschränkung geht einher mit der Erkenntnis, dass die überlieferten Erfahrungen heute in andere Worte gefasst werden würden – und dadurch verständlicher wären. Im Kapitel „Übertragungen" finden sich hierzu von Lernenden verfasste Beispiele.
Dieses Problemfeld kann im praktischen Vollzug nicht hoch genug bewertet werden. Menschen, die sich als Atheisten bezeichnen, sind der Auffassung, Glaube sei das Fürwahrhalten von naturwissenschaftlich nicht Nachvollziehbarem. Kirchlich Sozialisierte leiden darunter, dass sie das Gefühl haben, genau auf diese Weise glauben zu müssen. Die geschilderten rationalen Erklärungen werden ihnen jedoch innerhalb ihrer Kirchgemeinde oft nicht angeboten. Hier obliegt religionspädagogisch Tätigen eine gesellschaftlich relevante Bildungsaufgabe. Von deren Bewältigung wird es abhängen, ob Religion und Kirche in der modernen Gesellschaft eine Zukunft haben.
Hilfe bieten dazu die in der Bibeldidaktik vielfältig ausgearbeiteten Zugänge und Methoden.[14] In diesem Buch enthalten die Kapitel „Wirkungsgeschichtliches Vorgehen", „Rückübersetzungen" und „Elementarisierungen" Beispiele für mögliche Vorgehensweisen in dieser Hinsicht.

2.2.2 Multiperspektivische Zugänge zur Erkenntnis

Multiperspektivische Zugänge der Erkenntnis sollten ebenso gleichrangig nebeneinander gestellt werden wie Weltdeutungen und -anschauungen. Dazu ist es nötig, das Verständnis von Wahrheit zu relativieren sowie die subjektive Bedingtheit aller Deutungen bewusst zu machen. In einem offenen Unterricht werden die Deutungskonstrukte der Lernenden als solche identifiziert und wertschätzend akzeptiert – insofern sie argumentativ begründet werden. Besonders anschaulich lässt sich die Auswirkung der Perspektive auf den Erkenntnisgegenstand darstellen, wenn unterschiedliche erkenntnistheoretische Ansätze thematisiert werden (s.a. „Blickwinkel, Perspektiven, Wahrheiten"; „Philosophische Schulen"). Ein Materialist beispielsweise kann die Existenz Gottes nur verneinen, während ein Konstruktivist zu anderen Schlussfolgerungen kommen muss. Ein breites Angebot an Deutungsmöglichkeiten verhilft den Lernenden zur eigenen Positionierung, die als jeweils aktuelles Denkkonstrukt akzeptiert wird. Inwiefern sich diese Deutungskonstrukte weiter entwickeln, auch über einen begleiteten religionspädagogischen Prozess hinaus, muss offen bleiben.

---

12 Bultmann, Rudolf, Neues Testament und Mythologie, in: Hans-Werner Bartsch (Hrsg.), Kerygma und Mythos, Bd. 1, Hamburg [3]1954, 15–48, hier 22.

13 Deshalb fordert Hubertus Halbfas eine religiöse Sprachlehre. Halbfas Hubertus, Religiöse Sprachlehre. Theorie und Praxis, Ostfildern 2012.

14 Exemplarisch: Dietrich Steinwede erzählt biblische Geschichten für Kinder, indem er historische Kontexte mit ihnen verwebt. Ingo Baldermann entwirft eine biblische Didaktik, die darauf beruht, dass jeder Textgattung bereits eine Didaktik innewohnt, der nur noch entsprochen werden muss. Baldermann, Ingo, Die Bibel – Buch des Lernens, Göttingen 1980. Gerd Theißen kristallisiert elementare Grundmotive der Bibel heraus, die allgemein-menschlicher Natur und sind. Theißen, Gerd, Zur Bibel motivieren, Gütersloh 2003.

2.2.3 Nontheistische Gottesbeschreibungen

Trotz des im laufenden Lernprozesses entwickelten Verständnisses für Symbolisationen entstehen bei der Symbolisation „Gott" oft erhebliche Schwierigkeiten. Deshalb ist der Bezug auf eine nontheistische Theologie unverzichtbar. Lernende, die sich selbst im umgangssprachlichen Sinne als Atheisten bezeichnen, können mit einer a-theistischen Theologie sehr viel besser umgehen als mit symbolischer Gottesrede. Durch die theologischen Ansätze Friedrich Schleiermachers, Paul Tillichs oder Dorothee Sölles öffnen sich neue Verstehenshorizonte. Die Formulierungen von dem „Einssein mit dem Universum", der „Tiefe des Seins", der „Sehnsucht nach einem erfüllten Leben" regen Lernende eher zum Nachdenken an, als anthropomorphe Gottesbilder, die sich für sie zu schnell mit der Ablehnung ehemals kindlicher Vorstellungen verbinden (siehe dazu Bausteine „Gottesvorstellungen"; „Über den Tiefen des Seins"; „Über die Leere schweigen").

Diese Beobachtung wäre für die Didaktik endlich viel stärker als bisher fruchtbar zu machen. Es setzt – übrigens auch bei kirchlich Sozialisierten – ein geradezu erleichterter und befreiender Denkprozess ein, der in einen hohen Abstraktionsgrad übergehen kann. Als hilfreicher Zugang hat sich außerdem die Formulierung „das, was man Gott nennen kann" erwiesen. Lernende, die sich als Atheisten verstehen, fühlen sich so in ihrem Bestreben akzeptiert, das Wort „Gott" nicht benutzen zu wollen und stattdessen diese Stelle leer zu lassen. Auf diese Weise werden die oben angesprochenen Blockaden vermieden.[15]

2.2.4 Funktionalität von Ritus, Mythos und Symbol

Das genetische Vorgehen bietet sich auch für die Erklärung der Entstehung von Traditionen und Ritualen an, die letztlich symbolische Darstellungen sind. Das Bedürfnis, Resonanzerfahrungen zu wiederholen, sich zu erinnern oder sich rückzuversichern, sowie das Bestreben, Absurditätserfahrungen zu verarbeiten,[16] lassen die Traditionsbildungen innerhalb einer Religion auch psychologisch plausibel erscheinen. Diese Sichtweise erschließt sich sofort und in Anknüpfung an eigene Erfahrungen. Dass der ereignishafte Charakter von Ritualen durchaus auch neue Erfahrungen generieren kann, kann dann im anschließenden Gespräch entwickelt werden. Für die Arbeit in der Gemeinde ist natürlich ein größeres performatives Arbeitsfeld gegeben. Im Gegensatz zum schulischen Unterricht kann Ritual hier miterlebt und nachvollzogen werden.

Nach dem Konzept Schleiermachers sowie der von Gerd Theißen entwickelten religions-psychologischen Theorie, dass die Formen Mythos, Ritus und Ethos als offene sich wechselseitig bedingende Tradierungsformen urgemeindlicher Erfahrungen zu verstehen sind,[17] müssen Dogmatik und Ethik innerhalb eines Unterrichtsprozesses als Folgeoperationen konzipiert werden.

Dogmatische Denkfiguren können als rational erfasste Reflexionen von Erfahrungen gelten; Ethik ist die Konsequenz einer veränderten Beziehungsqualität, die aus Erfahrungen des geschenkten Daseins resultiert.

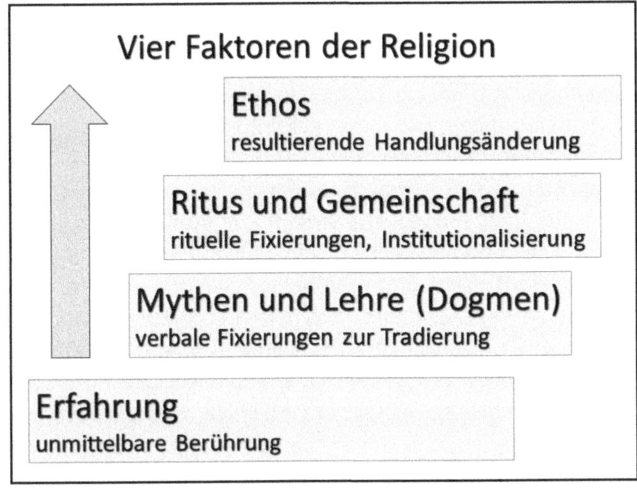

2.3 Begegnungen mit Texten und Traditionen initiieren

Jedes didaktische Vorgehen basiert auf einer didaktischen Reduktion. Aus einem komplexen Thema wird ein Aspekt herausgelöst und in einem Verstehensprozess erarbeitet. Dabei muss es zwangsläufig zu Vereinfachungen, Schematisierungen und Elementarisierungen – didaktischen Reduktionen eben – kommen. Lehrende müssen sich dieser mangelnden Komplexität gegenüber dem fachwissenschaftlichen Inhalt bewusst sein und damit verantwortlich und altersadäquat umgehen. Lernprozesse leben von diesen Reduktionen, die die Grundlage für spätere Vernetzungen mit neu erworbenem Wissen bilden. Die Überforderung der Lernenden durch zu komplexe Darstellungen ist ein fachdidaktischer Kardinalfehler. Er führt dazu, dass Lernende gar nichts verstehen, blockieren oder demotiviert werden.

Der nun folgende Prozess der Korrelation mit tradierten Inhalten lässt sich als entgegenkommende didaktische Bewegung erfassen. Die bisher beschriebene subjektorientierte Didaktik kann grundsätzlich mit jeder Didaktik und mit jedem Inhalt korreliert werden. Hier eignen sich performative Elemente ebenso wie interreligiöse, ästhetische oder biblische Zugänge.

Am Beispiel letzterer soll der Prozess schematisch erläutert werden. Sind die individuellen Symbolisationen der Lernen-

15 Das Phänomen der „leeren Transzendenz": Rosenow, Symbolisieren, 346–358.

16 Mit Bezug auf: Theißen, Gerd, Argumente für einen kritischen Glauben, Gütersloh ³1988.

17 Gerd Theißen, Erleben und Verhalten der ersten Christen, Gütersloh 2007.

den verbalisiert und im Unterricht zur Sprache gekommen, ist in einem gemeinsamen Gespräch gegenseitiges Verstehen gewachsen, kann sich ein biblischer Text plausibel erschließen. Dazu wird davon ausgegangen, dass sich der tradierte Text selbst als Symbolisation auffassen lässt.[18] Diese wird für den Unterrichtsprozess historisch-kritisch so aufgearbeitet, dass herkunftszeitbedingte Faktoren verständlich gemacht werden – beispielsweise die mythische Vorstellung einer Unterwelt. Sind diese Irritationen beseitigt, können die Symbolisationen als solche wahrgenommen werden. Es findet eine Begegnung zwischen eigener und tradierter Symbolisierung statt. Auf Grund der eigenen Erfahrung können Lernende jetzt Analogieschlüsse ziehen. Wie mag es dem ergangen sein, der diese Worte für sein Erleben gefunden hat? Auf welchem Weg mag jemand zu diesen Denkresultaten gekommen sein? Möglich ist dann die Erkenntnis: Es handelt sich um Erfahrungen, wie wir sie auch kennen. Die Elementarisierung jenseits des Zeitkolorits ermöglicht das Verstehen: Menschen zu allen Zeiten erging es ähnlich. Sie suchten nach Antworten, nach einem Ausdruck für ihre Gefühle und nach Möglichkeiten, diese für die Nachwelt zu erhalten. Ist so eine Begegnung auf der Erfahrungsebene möglich, erschließt sich der biblische Text nicht nur plausibel, er berührt auch persönlich und bringt dazu, eigene Deutungsmuster zu überdenken.

2.3.1 Direkte Begegnungen mit dem Text

Für eine direkte Begegnung mit der Tradition auf der Ebene der Symbolisationen eignen sich Texte, die eine starke Metaphorik aufweisen. Hier bieten sich besonders die Psalmen an, einige Passagen des Hohen Liedes oder auch prophetische Texte. Oft entsteht sofort die Frage: Was hat der Schreibende erlebt? Kann ich ihn verstehen? Kenne ich ähnliche Situationen?[19]

Direkte Begegnungen tragen immer ästhetischen Charakter und beziehen sich deshalb auf die Wahrnehmung durch alle Sinne. Bezugnehmend auf die oben aufgeführten bibeldidaktischen Ansätze können deshalb Psalmen gesprochen, Briefe verschickt, prophetische Reden gehalten, Weisheitssprüche für Personen ausgewählt, Chroniken geschrieben, Gesetze verkündet werden usw. Ästhetische Zugänge haben auch immer einen produktiven Aspekt, der beim Nachvollziehen der Inhalte hilft. Theater- und Rollenspiele, gefeierte Feste und Mahlgemeinschaften, selbstgebastelte Schriftrollen und erdachte Schöpfungsmythen generieren im Vollzug eine Erfahrungsebene, die eine Berührung mit dem zuvor thematisierten erinnerten Erleben ermöglicht.

2.3.2 Rückübersetzungen

Geht man davon aus, dass sich erinnernd eingebrachtes Erleben in individuellen Symbolisationen verbalisieren lässt, kann im Rückschluss formuliert werden: Auch tradierten Symbolisationen können subjektive Erfahrungen und Emotionen zu Grunde liegen. So entsteht der didaktisch reizvolle Gedanke einer möglichen Rückübersetzung, durch die sich ebenfalls eine Begegnung auf der Erfahrungsebene inszenieren lässt. Was mag Maria Magdalena für ein Wechselbad der Gefühle durchlebt haben? Wie mag Mose empfunden haben, wenn später von einem brennenden Dornbusch erzählt wird? Was denken vier Männer, bevor sie ihren gelähmten Freund zu Jesus bringen? Im Kapitel „Rückübersetzungen" finden sich Methoden, die das Ziel verfolgen, durch die Rückübersetzung der Metaphern in mögliche Gefühle auf eben diese Erfahrungsebene zu gelangen, die die Lernenden selbst kennen. Auch wenn es sich dabei immer nur um Vermutungen handeln kann, sind Brückenschläge des Verstehens ebenso möglich wie das Nachvollziehen von Erfahrungen, die Lernende noch nicht selbst gemacht haben, oder gar Identifizierungen mit den handelnden Personen. Die Selbstzweifel des Jeremia, die Minderwertigkeitskomplexe Moses, die Vermeidungsstrategien Jonas oder die Stimmungsschwankungen Elias machen Lernenden vor allem eins deutlich: Hier sprechen Menschen wie du und ich. Gerade weil ihre Erfahrungen genereller menschlicher Natur sind, wurden sie über lange Zeit überliefert und konnten Menschen immer neu ansprechen. Dass sie in für uns ungewöhnlicher Metaphorik formuliert wurden, lässt sich jetzt nachvollziehen. „Indem ich nämlich – und darauf kommt es an – den Gegenstand wieder in seinen Werdensprozeß auflöse, schaffe ich ihm gegenüber wieder die ursprüngliche menschliche Situation, aus der er einst hervorgegangen ist. Obwohl er unter Umständen inzwischen in eine akademische Ferne und Lebensunberührtheit entrückt ist, die diesen Ausgangspunkt gar nicht mehr wahr haben will, wird er durch diese pädagogische Rückführung in die Originalsituation wieder das, was er einst war: Frage, Problem, Not, Schaffenslust."[20] Dieser methodische Vorschlag Heinrich Roths aus dem Jahre 1949 gelingt in seinen praktischen Umsetzungen deshalb, weil er das oben angesprochene genetische Denken anspricht. Hier wird der Anfangsgrund gesucht, das Initial für die bis heute tradierten Texte. In der Praxis sind bei Rückübersetzungen gelegentlich Hilfestellungen nötig, weil der geforderte Denkprozess eine ungewohnte Richtung nimmt. Die gemeinsamen Überlegungen mit der Lehrperson erweisen sich dann jedoch als sehr erhellend, für manche Lernenden geradezu als Überschreitung einer entscheidenden Erkenntnisschwelle: Initial einer religiösen Äußerung ist immer die subjektive Affektion, ihre Verbalisierung kann nur in symbolischer Sprache geschehen.

2.3.3 Elementarisierungen

Eine ähnliche Nähe zur eigenen Erfahrung ermöglichen Elementarisierungen. Bei ihnen erfolgt eine Fokussierung auf die elementare überzeitliche Grundstruktur; auf die zeitliche oder situationsbedingte Einordnung wird verzichtet. Auch hier liegt wieder eine didaktische Reduktion vor. Der Hörer oder Leser erkennt Strukturanalogien zu seinen eigenen Erfahrungen und identifiziert sich mit dem Text. Er füllt die vorgegebene Elementarisierung sozusagen mit seinen eigenen Erfahrungen aus. Didaktisch reizvolle Effekte und Affektionen entstehen da, wo solche Texte durch die Lehrenden vorbereitet und in Unterricht, Gemeindeveranstaltung oder auch in der Predigt eingesetzt werden. Eine Elementarisierung spricht immer subjektiv an – und zwar vor dem Hintergrund der je eigenen Lebenserfahrung. Beispielsweise ist Exodus ein elementares Thema. Wird es so

18 Schleiermacher bezeichnet jedes durch Sprache veräußerlichte Denken und Fühlen als Symbolisation. Rosenow, 72.

19 Wegweisend sind hier Ingo Baldermanns Arbeiten mit Kindern zu den Psalmen.

20 Roth, Heinrich, Zum pädagogischen Problem der Methode, in: Nohl, Hermann (Hrsg.), Die Sammlung 4 (1949), 102–109.

elementarisiert wie im „Exodus-Blog“ in Kapitel „Elementarisierungen“, wird der gehörte Text je nach Alter unterschiedlich mit eigenen Erfahrungen aufgefüllt. Während ein Schulkind evtl. an einen Umzug denkt, fiebert der Abiturient der eigenen Wohnung entgegen. Erwachsene thematisieren möglicherweise die Ehescheidung und den Auszug aus dem gemeinsamen Haus. Deshalb müssen Elementarisierungen allgemein angelegt, bzw. auf die wahrscheinlichen Erfahrungsfelder der Zielgruppe hin gearbeitet sein. Das jeweils persönliche Verständnis kann offen thematisiert werden (z.B. „Jona persönlich“). Dann ist besonders die Unterschiedlichkeit der Erfahrungen erstaunlich und übersteigt bei weitem den Horizont der eigenen Vorstellungsmöglichkeiten. Gleichzeitig ist in der Gruppe die Erfahrung des gegenseitigen Verstehens beglückend. Werden die subjektiven Vorstellungen innerhalb der Elementarisierung nicht offen thematisiert (z.B. „Adam + Eva + die Schuld“), laufen didaktische Prozesse auf zwei Ebenen ab: In der Gruppe wird mit der Elementarisierung gearbeitet, gleichzeitig vollzieht jeder für sich selbst einen individuellen hermeneutischen Prozess, der jedoch (zum Schutz des Lernenden) nicht zur Sprache gebracht wird.

2.3.4 Übertragungen

Übertragungen sind Resultate von Verarbeitungsprozessen. Sie spielen mit der Möglichkeit des Ausdrucks in der heutigen Zeit. Ist ein direkter Textzugang möglich oder wurden tradierte Symbolisierungen rückübersetzt, drängt sich der Ausdruck in heutiger Sprache geradezu auf. Dabei wird unweigerlich die Erfahrung gemacht, dass Metaphorik unverzichtbar ist. Wie sonst soll die Angst ausgedrückt werden, die Befremdung oder das Befreiungsgefühl? Wieder und wieder taucht hier wie schon in anderen Unterrichtsphasen die Erkenntnis auf: Religiöse Sprache ist symbolische Sprache. Dieser zentrale Lerneffekt benötigt die mehrmalige Betonung aus unterschiedlichen Perspektiven, damit er nachhaltig wirken kann. Das liegt an dem oben erläuterten naturwissenschaftlich dominierten Denken. Im Kapitel „Übertragungen“ sind jeweils die Voraussetzungen angegeben, die vor einer solchen Erarbeitung gegeben sein müssen. In Arbeitsprozessen dieser Art ist immer wieder mit Erstaunen zu beobachten, mit welcher Motivation und Fertigkeit Lernende dann mit Literaturgattungen umgehen. Der „Schöpfungsmythos eines Atheisten“ legt davon ebenso Zeugnis ab wie das „Evangelium nach Mandy“, moderne Glaubensbekenntnisse, Klagepsalmen oder Gleichnisse. Übertragungen sind altbewährte didaktische Mittel, die hier neu in einem religiösen Lernprozess positioniert werden.

2.3.5 Wirkungsgeschichte

Ist ausreichend deutlich geworden, dass das Initial eines Tradierungsprozesses religiös interpretierte Erfahrung ist, lassen sich diese Prozesse logisch und im Modus des modernen genetischen Denkens nachvollziehen. Innerhalb eines wirkungsgeschichtlichen Vorgehens sind begriffs- oder traditionsgeschichtliche Elemente der jeweiligen Kulturen einzubeziehen, die zur Erschließung nötig sind, so z.B. das „Sohn-Gottes-Verständnis“ der alten Ägypter, der Gilgamesch-Epos im Zusammenhang mit der Sintflutgeschichte oder der Sühneopferkult im Jerusalemer Tempel. Das erfordert entsprechendes exegetisches und historisches Fachwissen der Lehrenden und anregend aufgearbeitetes Material.[21] Hier liegen weniger im schulischen als mehr noch im gemeindlichen Arbeitsfeld Reserven. Das wirkungsgeschichtliche Vorgehen entspricht dem genetischen Denken, setzt historisch-kritisches Arbeiten um und erschließt Denkfiguren für Lernende nachvollziehbar. Es ist deshalb auch in der Gemeinde ein wichtiger Zugang. Nur was sich nachvollziehen lässt, findet Eingang in individuelle Deutungen. Das Kapitel „Wirkungsgeschichtliche Methoden“ bietet dazu verschiedene Anregungen, die sowohl im Unterrichtsvollzug selbst eingesetzt werden können, als auch als „Hintergrundmatrix“ für Lehrende fungieren können, die selbst nicht in der Oberstufe unterrichten.

2.4 Anforderungen an Lehrende

Es ist bereits deutlich geworden, dass sich bestimmte Anforderungen an die Lehrenden ergeben. Beziehungsfähigkeit und Empathie, die nicht mit mangelnder Distanzierungsfähigkeit und Negierung der Lehrerolle verwechselt werden dürfen, sind unbedingt zu Grunde zu legen. Nur auf dieser Basis sind beiderseitig offene Äußerungen möglich, denn auch die Lehrenden dürfen sich in ihren persönlichen Vorlieben und Fragen zu erkennen geben.
Die subjektorientierte Religionsdidaktik erfordert weiterhin eigene Reflektionsfähigkeit, sowohl das Unterrichtsgeschehen und die individuellen Symbolisierungen der Lernenden betreffend, als auch die eigenen Erfahrungs- und Sinnfindungsprozesse, die niemals abgeschlossen sein können. Dazu verhilft eine verarbeitete Theologie, die die Grundlage für den souveränen Umgang mit Texten ebenso wie für verantwortliche didaktische Reduktionen darstellt. Ohne dieses Fachwissen ist keine religionspädagogisch verantwortliche Arbeit möglich. Je mehr Reduktion erforderlich ist, desto mehr geklärtes Wissen muss zu Grunde liegen. Dazu kommt die unbedingte Leidenschaft für das eigene Fach, die über die Spiegelneuronen immer ansteckend wirkt und im besten Fall ein Resonanzfeld im Unterricht erzeugt.

2.5 Didaktik der Potentialität

Es bleibt nur noch, das Gesagte kurz zusammenzufassen. Die subjektorientierte Didaktik speist sich aus den außerschulischen oder außergemeindlichen Erfahrungen der Lernenden. Werden diese erinnerten Erfahrungen sensibel wahrgenommen und dürfen sie in Unterricht und Gemeindeveranstaltung zur Sprache kommen, bilden sie ein reiches Ausgangspotential. Voraussetzung für diese Wahrnehmung ist ein Perspektivwechsel vom theologischen zum religionshermeneutischen Verständnis. Religion wird so als allen Menschen zuzurechnende Fragebewegung

21 Als Fundus für die Erarbeitung von Schülermaterial eignen sich durch ihre kompakte und klare Darstellung z.B.: Halbfas, Hubertus, Der Glaube, Ostfildern 2010. Ders. Das Welthaus. Ein religionsgeschichtliches Lehrbuch, Düsseldorf 1983. Küng, Hans, Credo. Das Apostolische Glaubensbekenntnis – Zeitgenossen erklärt. München [4]1992. Rienecker, Fritz (Hrsg.), Lexikon zur Bibel, Wuppertal [3]1992. Deutsche Bibelgesellschaft. Stuttgarter Erklärungsbibel, Stuttgart 1992. (Alle Bücher auch in anderen Auflagen.)

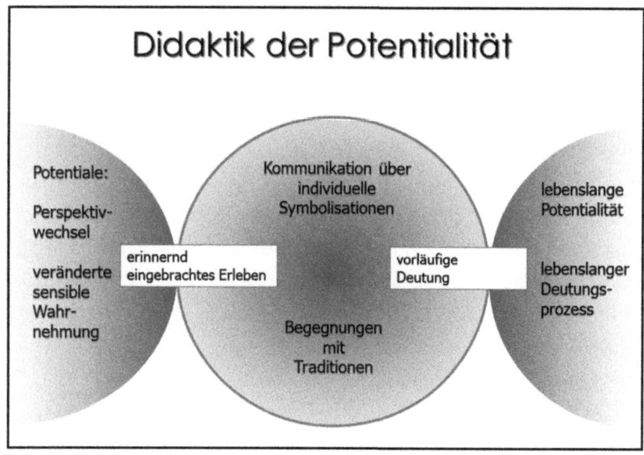

gesehen. Das erinnernd eingebrachte Erleben fungiert als Brückenschlag in die Unterrichtssituation hinein, die als Schutzraum zu verstehen ist. Hier begegnen sich die jeweiligen individuellen Symbolisationen innerhalb eines Kommunikationsprozesses der Lernenden. Die Begegnung mit den tradierten Symbolisationen, also den Texten, Traditionen, Riten oder Dogmen erfolgt fachlich vorbereitet, didaktisch reduziert und methodisch durchdacht. Ziel ist es, die Erkenntnis aufleuchten zu lassen, dass am Anfang dieser Tradition symbolisierte Erfahrungen stehen, die den eigenen verbalisierten Erinnerungen ähnlich sind. Diese Entdeckung ist dann nicht nur ein kognitiver Analogieschluss, sondern eine emotionale Berührung, die einen völlig neuen Zugang zur Tradition darstellt. Resultat dieser Korrelation ist eine vorläufige Deutung. Deutungsprozesse sind lebenslang virulent. Neue kognitive oder emotionale Reize lösen erneute Deutungskonstruktionen aus. Auf diese Weise stellt die anfängliche individuelle Symbolisation das Initial zu lebenslangen Deutungsprozessen dar, die weit über die in Schule oder Gemeinde begleitetet Lebensphase hinausgehen. Den durch die sensible Wahrnehmung der vorunterrichtlichen Situation entstandenen Potentialen steht im Ausgang aus dem religionspädagogischen Prozess deshalb eine lebenslange Potentialität gegenüber. Diese Potentialität der Deutungen lässt sich nicht evaluieren oder in Kompetenzrastern erfassen. Die Offenheit dieser Didaktik nimmt vielmehr die Unverfügbarkeit ernst, aus denen sich die beiden Disziplinen der Religionspädagogik speisen: der Theologie ebenso wie der Pädagogik.

Praxisteil: Unterrichtsbausteine

Gebrauchsanleitung für Methodenseiten

Viele Materialien befinden sich zusätzlich im Internet:

- alle Powerpoint-Dokumente in Farbe
- Materialien-Seiten, die kopiert oder ausgedruckt werden können
- weitere, ergänzende Medien

Phase: empfohlene Stundenphase

Methode: Bezeichnung; Details lassen sich recherchieren

Material: Sämtliches bereitzuhaltendes Material ist aufgeführt.

Erfahrungsfeld: Hier wird beschrieben, welche generellen Erfahrungsbereiche individuell symbolisiert oder durch Korrelation angesprochen werden können.

Voraussetzung: Gelegentlich erfordern bestimmte Methoden Grundkenntnisse oder spezielle Motivationen, die dann hier aufgeführt werden.

Zielstellung: Das formulierte Ziel gilt für die angegebenen Stundenphase und die Methode.

Aufgabe: Die ausformulierte Aufgabenstellung kann wörtlich übernommen werden.

Ablauf: Es folgt eine episodenhafte Beschreibung des Ablaufs der Methode. Gelegentlich sind Varianten angegeben, vorbeugende Hinweise verzeichnet oder Tipps zur Anleitung. Alle Methoden sind seit mehreren Jahren in verschiedenen Lerngruppen ausprobiert und verfeinert worden und haben sich im Unterrichtsalltag bewährt.

Erwartung:

Zu jeder Unterrichtsplanung gehört ein Erwartungsbild. Wer neue Methoden ausprobiert, kann oft schwer das zu erwartende Ergebnis abschätzen. Deshalb sind in diesen Rahmen Erwartungshorizonte zusammengestellt, die aus tatsächlichen Äußerungen der Lernenden vergangener Jahre bestehen. Sie entstammen einem Fundus sehr guter kreativer Schülerarbeiten und spontan abfotografierter Tafelbilder, eingesammelter Assoziationen und anonym verfasster individueller Symbolisationen.
Weil sie aus konkreten Lerngruppen der eigenen Unterrichtspraxis kommen, werden sie selbstverständlich in der Praxis je nach Lerngruppe variieren – sie stellen jedoch eine Orientierung dar.

Hinweise: Diese Hinweise ergaben sich aus der eigenen langjährigen Unterrichtserfahrung. Sie reflektieren kurz didaktische Hintergründe, geben Tipps z.B. zur Anonymisierung, zu Gesprächsführung und möglichen Risiken oder zur Anpassung auf Lerngruppen besonderer Prägung.

Anschluss: „Und wie kann ich jetzt weitermachen?" Die Antwort auf diese Frage ist hier zu finden. Anschlussthemen oder Querverweise auf andere in diesem Buch enthaltene Methoden ergänzen den Baustein. Fußnoten enthalten Literaturangaben. Schwer zu erlangende Texte oder eigene Erläuterungen und Moderationen befinden sich auf den folgenden Materialseiten.

Lebens-Lob-Psalm

jede Altersstufe

Phase: Motivation / Anwendung

Methode: Erinnernd eingebrachtes Erleben

Material: Papierstreifen

Erfahrungsfeld: Manchmal sind es Alltäglichkeiten, die das Leben schön machen. Sie zu entdecken und zu betonen, für sie offen zu sein und sie als Geschenk zu empfinden, verschiebt Prioritäten.

Zielstellung: Der Geschenkcharakter des Lebens soll bewusst wahrgenommen werden. Schöpfung erschließt sich als Art und Weise der Weltbetrachtung – nicht als einmaliges Ereignis.

Aufgabe: Notiere in einem Satz eine Situation, in der du dir gesagt hast: Das Leben ist schön!

Ablauf: Die Sätze werden auf Papiersteifen geschrieben und eingesammelt. (Alternativ mit großen Tonpapierstreifen arbeiten lassen und in derselben Stunde sortieren lassen.) Die Papierstreifen werden durch die Lehrkraft bis zur nächsten Stunde sortiert. Dazu die Sätze ohne große sprachliche Eingriffe aneinanderreihen, wenn nötig etwas anpassen. Doppelungen können wie in Psalmen als Parallelismen fungieren. a) Anschließend eine Anrede einfügen („Mein Gott, ich danke dir" o.ä.) und mit „Amen" abschließen. b) Die Anrede nicht einfügen. In beiden Fällen den fertigen Psalm ohne Erläuterungen in der nächsten Stunde als Einstieg vorlesen.

Erwartung:

Mein Gott.
Mein Leben ist ein Geschenk.
Wenn ich mit dem Rad fahre, den Wind in den Haaren, empfinde ich Zufriedenheit.
Ich fühle mich frei, wenn ich bei Sonnenschein an den Kornfeldern entlangfahre.
Mit meinem Pferd reite ich über die Wiesen und bin glücklich.
Ich liege mit meinem Freund am portugiesischen Strand und bin so zufrieden.
Bei einem Herbstspaziergang mit ihm kann ich genießen und mich fallenlassen.

Mein Gott.
Ich fühle mich geborgen.
Wenn ich zu Hause bei meiner Familie bin,
sorglos und in Gedanken an den Urlaub versunken im Bett liegend,
fühle ich mich geborgen und behütet.
Ich sitze mit Mutti auf dem Sofa und trinke Kakao.
Alle Sorgen sind abgearbeitet und das Leben läuft.
Es ist so schön, Freunde zu haben, die alles für einen wunderbaren Tag investieren.
Im Flugzeug in die zweite Heimat empfinde ich Glückseligkeit.
Ich weiß, dass ich angenommen und geliebt bin.
Es ist so schön, nach durchnässender Radtour einen warmen Hintern zu haben.

Mein Gott.
Das Leben ist schön.
Ich danke dir.
Amen

(von Studierenden verfasst)

Als ich gehört hab,
dass wir eine Katze kaufen,
habe ich mich gefreut.

Ich habe mich gefreut,
als ich meine kleine Schwester
zum ersten Mal gesehen habe.

Ich freute mich so sehr,
als ich meine Oma aus N. sah.

Ich habe mich total gefreut,
als wir umgezogen sind.

Ich habe mich so sehr gefreut,
als ich meinen kleinen Bruder
zum ersten Mal im Arm hatte.

Ich habe mich gefreut,
als ich mit dem Zug gefahren bin.

Ich freute mich,
als wir unseren Hund gekriegt haben.

(von Viertklässlern verfasst)

Hinweise: Der Text wird – bis es zum Verlesen der eigenen Zeile kommt – als unbekannt erlebt. Spätestens aber mit dem Aussprechen der eigenen Zeile wird klar, wie dieser Psalm entstanden ist, nämlich durch eine Sammlung aus der Lerngruppe. Erfahrungsgemäß wird Verwunderung über das Verständnis der anderen Symbolisationen, deren Metaphorik sich unmittelbar erschließt, angesprochen. Vor oder nach der Thematisierung der Funktion der Anrede, die diesem Gedicht einen religiösen Charakter verleiht und es zum Lobpsalm macht, kann mit einem biblischen Lobpsalm korreliert werden.

Anschluss: Psalm 139[1]; Schöpfungstexte; (Entstehung der) Schöpfungspsalmen[2]
Schöpfung als Weltverhältnis[3]; Modi der Weltbegegnung nach Baumert[4] (ab Kl. 11)
Korrelation mit: Heinz Kahlau, Kein Gott, 1973 (im Internet verfügbar)

1 Kursbuch Religion Elementar 1, Stuttgart/Braunschweig 2016, 12.
2 Kursbuch Religion Elementar 1, Stuttgart/Braunschweig 2016, 108.
3 Kursbuch Religion Sek. II, Stuttgar/Braunschweigt 2014, 39.
4 Ortswechsel 11 „Spiegelungen", München 2013, 16.

Kinderbilderraten

jede Altersstufe

Phase: Motivation

Methode: Erinnernd eingebrachtes Erleben

Material: eigene Baby- oder Kinderbilder

Erfahrungsfeld: Die wiederholte Erinnerung an Baby- oder Kindheitsgeschichten gilt immer der eigenen Rückversicherung: Ich bin ein geliebtes Kind. Ich bin gewollt.

Zielstellung: Über einen emotionalen Zugang zur eigenen Geschichte des Werdens und Wachsens kann ein Brückenschlag zum emotionalen Aspekt der Schöpfung geschehen. Es wird deutlich, dass sich naturwissenschaftliche und emotionale Sichtweisen keineswegs ausschließen.

Aufgabe: Bringe ein eigenes Baby- oder Kinderbild mit. (HA)

Ablauf: Die Bilder werden mit der Rückseite nach oben ausgelegt oder angebracht. Die Sitzordnung ist so zu verändern, dass alle gut sehen können. Jemand deckt ein beliebiges Bild auf. Alle raten, welche der anwesenden Personen das sein könnte. Ist die Lösung gefunden, darf (nicht muss) die Person etwas von sich erzählen, evtl. in welcher Situation das Bild entstanden ist.
Nach der Rate- und Erzählrunde, bei der immer eine sehr angenehme und berührende Atmosphäre entsteht, werden die Lernenden mit dem Bericht des Arztes[1] konfrontiert. In einem zweiten Gesprächsgang werden die unterschiedlichen Perspektiven und ihre Gründe thematisiert.

Erwartung:

Ich bin mitten in der Nacht geboren.

Mutti hat erzählt, dass ich sofort getrunken habe.

Ich habe viel geweint am Anfang.

Damit ich einschlafen konnte, hat mich Papa mit dem Auto umhergefahren.

Man konnte gleich sehen, dass ich eine Nase wie Oma habe.

Das Neugeborene ist 53 cm lang, sieben Pfund und einhundert Gramm schwer. – Die Atmung der Lungen ist einwandfrei. Die Fontanellen sind richtig ausgebildet, alle Körperöffnungen in Ordnung. Leber und Milz, Geschlechtsorgane, Hüftgelenke und Füße sind normal entwickelt. Es handelt sich um einen gesunden Körper mit durchschnittlicher Lebenserwartung.

(aus einem Arztbericht)

Hinweise: Im Allgemeinen löst dieser Impuls bei allen Beteiligten ein starkes Redebedürfnis aus. Die Kindheitsgeschichten affizieren sofort. Das gilt auch für Erwachsenengruppen. Es ist daher dem Gespräch viel Raum zu geben. Die individuellen Symbolisationen der Kindheitsepisoden sind selbstverständlich Interpretationen, die gezielt ausgewählt werden. Es kann aber auch sein, dass jemand keine Geschichten einer bewahrten Kindheit erzählen kann oder will. Kinder, denen Eltern erzählen, dass sie nicht gewollt sind und sie das auch spüren lassen, werden bei solchen Gesprächsrunden verständlicherweise aggressiv. Auch wenn die Tatsache, dass diese Kinder geboren wurden, als Entscheidung der Eltern *für* ihr Kind gelten kann, sollten Lehrpersonen die Lerngruppen gut kennen, bevor sie diese Methode anwenden.

Anschluss:
Gen 2: der Garten als Schutzraum
Gen 1: die Geborgenheit Gottes auch im babylonischen Exil spüren; „Verlassen" S. 83
Psalm 104[2]: sich an Alltäglichem/Erklärbarem freuen können; „Lebens-Lob-Psalm" S. 27
Schöpfung als emotional-dankbare Sicht auf eine naturwissenschaftlich erklärbare Welt[3]
Modi der Welterklärung nach J. Baumert[4]
Wunderbar und einzigartig[5]

1 Lebenszeichen 5/6, Göttingen 1988, 18.
2 Kursbuch Religion Elementar 1, Stuttgart/Braunschweig 2016, 108.
3 Kursbuch Religion Oberstufe, Calwer/Diesterweg, Stuttgart/Braunschweig 2004, 26.
4 Ortswechsel 11 „Spiegelungen", München, 2013, 16.
5 Kursbuch Religion Elementar 1, Stuttgart/Braunschweig 2016, 12.

Scham und Schuld

Kl. 7–12, Konfi, Jugend

Phase: Motivation, Erarbeitung

Methode: Mindmap

Material: Tafel o.ä.; **M 1**

Erfahrungsfeld: Scham und Schuldgefühle gehören zu den Alltagserfahrungen jedes Kindes. Aber niemand gibt sie gern zu.

Zielstellung: Über eine stellvertretend eingesetzte Episode erfolgt eine Affektion. Eigene Erinnerungen werden in Richtung Körpererfahrung vertieft. Damit lässt sich symboldidaktisch eine Erschließung der Sündenfallgeschichte vorbereiten.

Aufgabe: Wie fühlen sich Menschen, wenn sie sich schämen?

Ablauf: Die Episode „Schokoladen-Scham" (**M 1**) wird nachdenklich und ausdrucksstark durch die Lehrperson vorgelesen. Die Geschichte danach bitte nicht besprechen oder erklären, sondern die Dynamik der emotionalen Berührung in die Fragestellung münden lassen. Die von den Lernenden eingebrachten Assoziationen in einer Mindmap zusammenfassen. Evtl. entsteht hier Gesprächsbedarf, dann diesem nachgeben. Nach einer Überleitung (Wie lange mag es diese Schuldgefühle wohl schon bei Menschen geben?) Gen 3,1–13.21–24 genauso nachdenklich und ausdrucksstark lesen wie die erste Geschichte.

Erwartung:

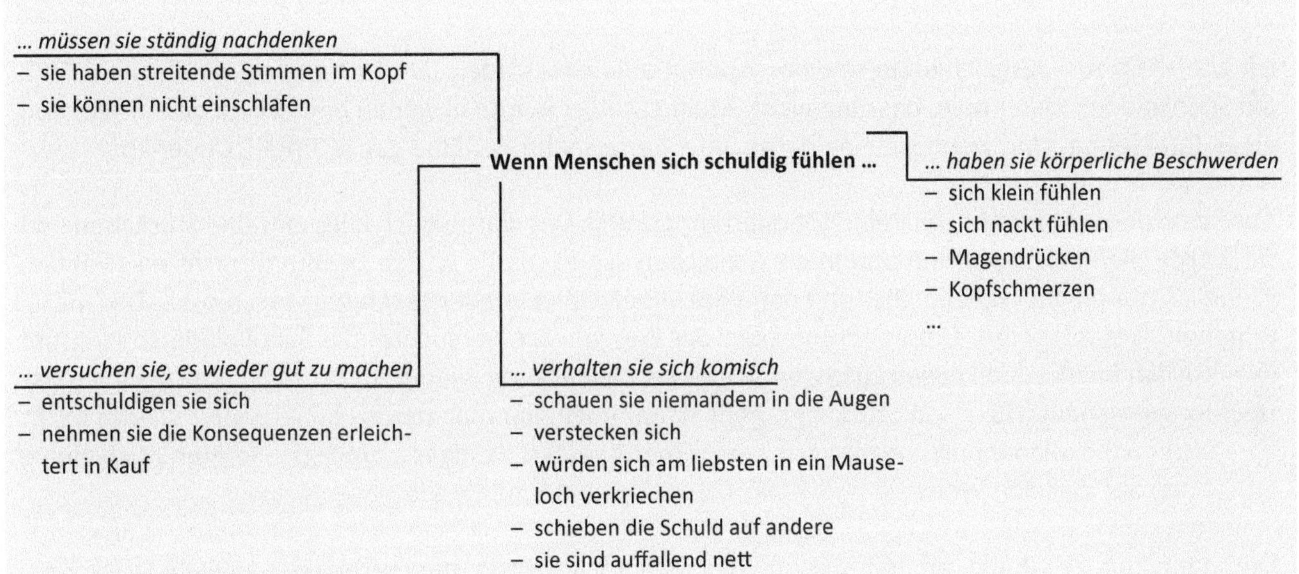

Hinweise: Hier ist es wichtig, nicht der Versuchung zu erliegen, alles kaputt zu erklären. Es besteht bereits bei jungen Kindern eine hohe Intuition für die mitschwingende Bedeutung der Symbolik.
Die Schokoladen-Episode ist ihrem Charakter nach eine individuelle Symbolisation, die stellvertretend eingesetzt wird. Ähnliche Begebenheiten gab es in jedem Kinderleben. Es ist daher davon auszugehen, dass sich Lernende automatisch mit der Ich-Figur identifizieren. Sie durchleben die Episode dann stellvertretend ebenso emotional wie ihre eigene Erfahrung, die sie jedoch im Rahmen der Lerngruppe vielleicht nicht so gern erzählen möchten.

Anschluss: Korrelation mit dem biblischen Befund „Adam und Eva und die Schuld" S. 76
Systematischer Zugang: „Schuld und Sünde" S. 52 (Kl. 11/12)

M 1 Schokoladen-Scham

Vorlesegeschichte

Vorlesegeschichten wirken noch besser, wenn es persönliche Erzählgeschichten sind. Sollten Sie selbst eine ähnliche Geschichte erlebt haben, dann nehmen Sie diese und erzählen Sie frei.

Schokoladen-Scham

Ich bin in der DDR groß geworden und man muss wissen, dass die Schokolade in der DDR nicht gut schmeckte. Aber unsere Familie bekam Pakete von Verwandten aus dem Westen Deutschlands, die immer auch Schokolade enthielten. Und diese verwahrte meine Mutter gut auf, um sie an Sonntagen oder zu besonderen Anlässen gerecht aufzuteilen. Die Schokolade lag immer in einem bestimmten Schrankfach. Und ich wusste genau, in welchem ...

Ich mag im vierten oder fünften Schuljahr gewesen sein, als folgende Episode passierte:

Ich war allein zu Hause. Ich hatte so einen Appetit auf Schokolade ... Und ich wusste, in welchem Fach die Schokolade ... Aber nein, das ging nicht. Meine Mutter würde es genau bemerken, dass etwas von einer Tafel fehlte. Und wenn ich eine ganze Tafel herausnahm? ... Eine ganze Tafel!? Undenkbar.

Aber eine der Schokoladen war eine Schogettenpackung. Das waren doch alles einzelne Stückchen und sie würde die Packung öffnen und in ein Schälchen schütten. Sie würde bestimmt nicht nachzählen. Wenn ich nur ein Stückchen nahm und dann das Silberpapier wieder sorgfältig verschloss ... Das müsste gehen. Gesagt, getan. Dieser Schmelz auf der Zunge ... ich versuchte, die Schokolade so langsam wie möglich im Mund zergehen zu lassen. Kaum lag die Packung wieder im Schrank, überfiel mich der Heißhunger erneut. Na, ... ein Stückchen geht schon noch. Ich machte das Silberpapier wieder exakt zu. ... Aber Schokoladenheißhunger wird immer mehr anstatt weniger ... und so ... folgten noch einige Stückchen auf dieselbe Weise ...

Und dann kam der Punkt, an dem mir unwiderruflich klar wurde: das waren jetzt zu viele Stückchen. Jetzt gibt es kein Zurück mehr.

Gundula Rosenow

Phase: Motivation

Methode: Assoziationen

Material: farbige Zettel, Stifte

Erfahrungsfeld: Wir haben Sonnen- und Schattenseiten. Letztere verdrängen wir gern – auch vor uns selbst.

Zielstellung: Die Sonnen- und Schattenseiten sollen für sich selbst bewusst thematisiert, gleichzeitig jedoch auch methodisch geschützt werden.

Aufgaben:
1. Sucht euch aus den Zetteln eure Lieblingsfarbe aus.
2. Tauscht die Zettel mit dem Nachbarn aus.
3. Zeichnet jeweils die Silhouette eures Nachbarn und gebt ihm seinen Zettel zurück.
4. Schreibt jetzt in eure Silhouette eure positiven Eigenschaften, die jeder sehen kann.
5. Schreibt mit einem schwachen Stift eure negativen Eigenschaften auf die Rückseite. (Achtet darauf, dass niemand etwas sehen kann.)
6. Bestreicht nun diese Seite mit Kleber und klebt eure Silhouette nach oben in euren Hefter.

Ablauf: Etwas Verwunderung löst der Arbeitsschritt der Silhouettenskizze aus. Hier ist zu thematisieren, dass der Mensch sich ohne Hilfsmittel nie von der Seite sehen kann. Diese Perspektive ist nur einem anderen möglich. (Weiterführende Fragen nach dem „Blick von außen" und seinen Situationen bieten sich an.) Es fällt leicht, die positiven Eigenschaften aufzuzählen, die jeder sehen soll. Schwieriger ist es, aufzuzählen, was gern verborgen bleiben soll. Das darf dann auch so schnell wie möglich zugeklebt werden – nachdem es bewusst gemacht wurde.

Erwartung:

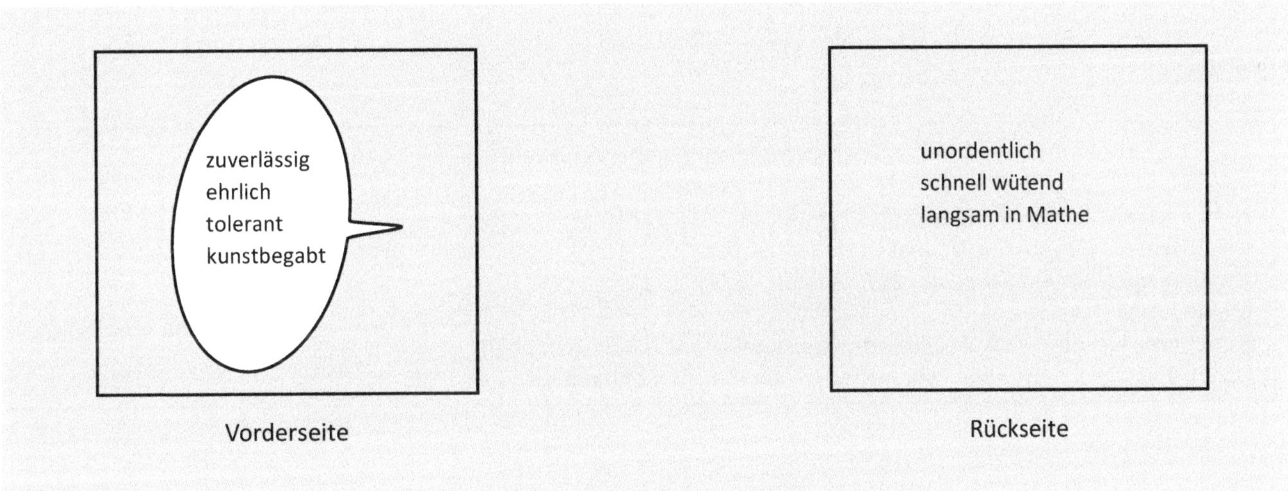

Hinweise: Es ist zu empfehlen, für die Auswahl der Zettel mit der Lieblingsfarbe bei allen Lernenden persönlich herumzugehen. Die Zuwendung der Lehrperson wird von den Lernenden mit erstaunlicher Dankbarkeit angenommen. Sie stellt ein Beziehungssignal dar: Du bist mir wichtig – auch wenn ich mit vielen Schülern Unterricht habe. Jetzt habe ich einen Moment Zeit nur für dich.
Eine intime Arbeitsatmosphäre für den Einzelnen wird erreicht, indem die Lehrende ankündigt, das Umhergehen zu unterlassen, wenn die negativen Eigenschaften notiert werden. Gleichzeitig dürfen die Lernenden sich von ihren Nachbarn abschotten.

Anschluss: Identität und Eindruck[1]; Fremdbild und Selbstbild[2]
Selbstzweifel Jeremias und sein Prophetentum[3], „Berührungen", S. 70

1 Ortswechsel 8 „Standpunkte", München 2010, 22–23.
2 Kursbuch Religion Elementar 2, Stuttgart/Braunschweig 2018, 14f.
3 Ortswechsel 8 „Standpunkte", München 2010, 24–35.

Phase: Motivation / Verarbeitung

Methode: Bildbetrachtung / grafische Gestaltung

Material: Edvard Munchs „Der Schrei“ als Farbbild, DIN A3-Kopien[1], farbige Fineliner

Erfahrungsfeld: Angsterfahrungen verändern die gesamte Wirklichkeitswahrnehmung. Sie werden zumeist in drastischen Metaphern ausgedrückt.

Zielstellung: Die wirklichkeitsverändernde Kraft der Angst soll visualisiert und metaphorisch ausgedrückt werden.

Aufgaben:
1. Beschreibe das Bild! Achte dabei auf die Körpersprache und die Art und Weise, wie sie sich in der Landschaft wiederholt!
2. Wie mag sich dieser Mensch fühlen?

****

3. Stelle dir vor, es handele sich bei der Person um eine/n Jugendliche/n deines Alters. Was würde sie/er sagen und schreien, um ihre/seine Angst auszudrücken? Schreibe die Sätze mit entsprechender Farbe in die Bewegungs-Linien des Bildes.

Ablauf: Begonnen wird mit einer ausführlichen gemeinsamen Betrachtung des Bildes in Farbe.

Es bietet sich als nächstes ein Element an, das Angst psychologisch betrachtet und relativiert.[2] Darauf werden Ausschnitte von Klagepsalmen zur Verfügung gestellt.[3] Im Gespräch werden die Situationen vermutet, aus denen heraus sie entstanden sein könnten. Die Lernenden erinnern sich an Situationen, in denen sie selbst Angst hatten. (Vorher deutlich sagen, dass über diese Angstsituation nicht gesprochen werden wird.)

Jetzt wird ihnen die DIN A3-Kopie übergeben mit Bitte um Erledigung der Aufgabe 3.

Erwartung:

Erwartete Beschriftungen innerhalb der vom Bild vorgegebenen Linien:

Zieht mich aus der Grube der Angst!
Ich ziehe einen Sack voller Traurigkeit hinter mir her.
Ich fühle mich wie ein Baum, der zu Brennholz verarbeitet ist.
Meine Angst steigt wie ein Thermometer in der Sonne.
Es zieht mich runter, als wäre eine schwere Kugel an mein Bein gebunden.
Da war eine Welle, ich weiß nicht woher. Ich kann nicht mehr auftauchen.

Hinweise: Das Thema Angst ist sehr sensibel, aber wichtig in der Identitätsbildung. Es ist darauf zu achten, dass die Lernenden in dem geschützt werden, was sie nicht aussprechen wollen. Es kann deshalb mit „Stellvertretern“ gearbeitet werden. In diesem Fall ist das die Person auf dem Bild, der eigene Sprachbilder „in den Mund gelegt“ werden. Auch Klagepsalmen können so einen Stellvertretercharakter haben. Es ist möglich, dass das gemeinsame Gespräch bis zu dieser Erkenntnis vordringen kann.

Anschluss: Klagepsalmen[4] – Lobpsalmen
„Angst in der Tasche“ S. 44
„Berührungen“ S. 70
Angst[5]

1 Munch, Edvard, Der Schrei in: Ortswechsel 7/8, München 2014, 41. Das Bild wird in Farbe betrachtet und als Schwarzweißkopie auf DIN A3 vergrößert, um in der Kopie zu arbeiten (außerdem im Internet verfügbar).
2 Ortswechsel 7/8, München 2014, 43.
3 Ebd. 44 oder eigene Auswahl.
4 Hoffnung lernen 5/6, Stuttgart 1999, 18–32.
5 Kursbuch Religion Elementar 2, Stuttgart/Braunschweig 2018, 95.

Phase: Motivation

Methode: Cluster

Material: zwei Blätter DIN A5, dicke Stifte

Erfahrungsfeld: Null-Bock-Stimmung in der Pubertät.

Zielstellung: Zur Sprache kommen die (generell menschlichen) aus der Null-Bock-Stimmung resultierenden Fluchtmechanismen, die unweigerlich weitere Konsequenzen nach sich ziehen.

Aufgaben:
1. „Ich weiß genau, was ich soll – aber ich habe keinen Bock drauf!" Notiere Tätigkeiten, auf die dieser Satz bei dir zutrifft.
2. „Was ich tue, um nicht tun zu müssen, was ich tun soll." Notiere Tätigkeiten, auf die dieser Satz bei dir zutrifft.

Ablauf: Jeder Lernende bereitet sich zwei DIN A5-Blätter für eine anonyme Umfrage in zwei Schritten vor. Geschrieben wird wegen der Anonymisierung ausschließlich in Blockbuchstaben. Nach der ersten Frage werden die Blätter mit den Rückseiten nach oben eingesammelt und geclustert. Bereits jetzt werden durch die Häufungen in den „Nestern" die gemeinsamen Problemfelder deutlich. Nach dem ersten Cluster erfolgt analog der zweite Durchgang mit den Fluchtmechanismen.

Erwartung:

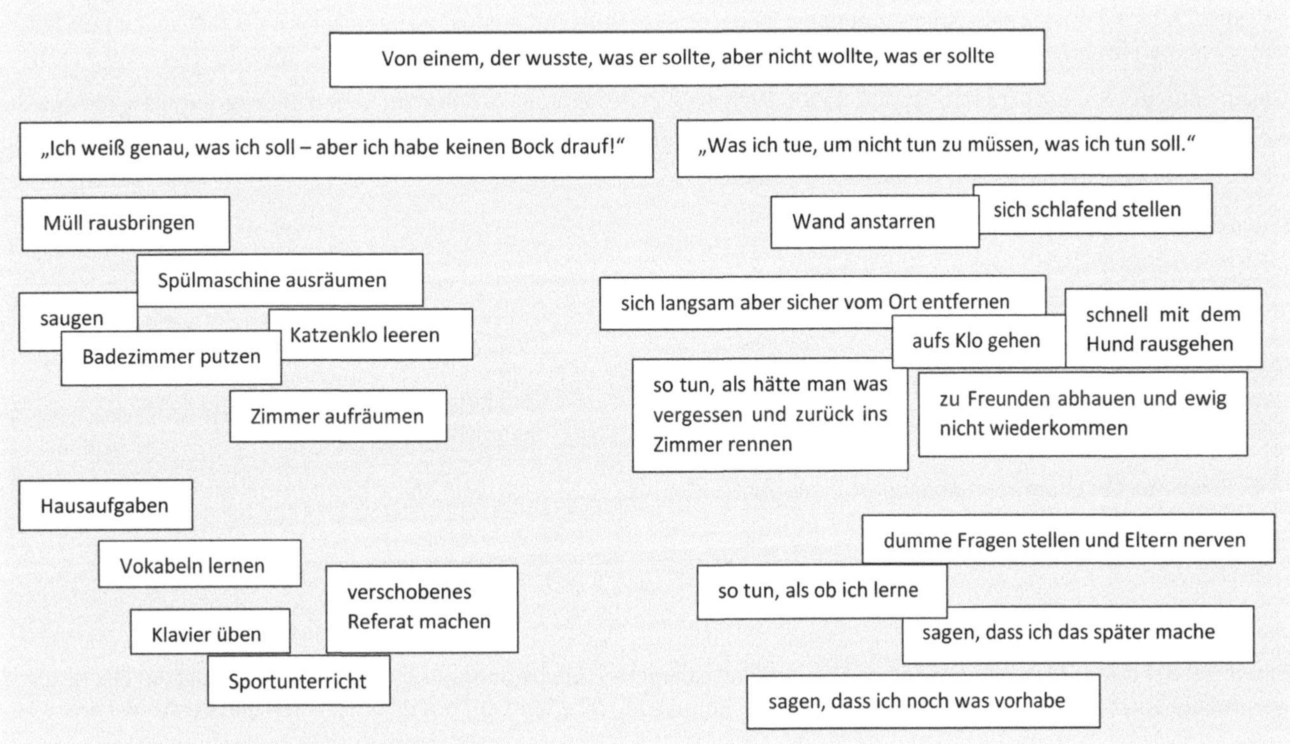

Hinweise: In der bereits durch das Clustern entstandenen aufmerksamen Heiterkeit lässt sich das Thema jetzt weiten: auch Erwachsene kennen unliebsame Erledigungen, die sie gern vor sich herschieben. Allgemein bekannt ist ebenfalls das Phänomen, weniger Unliebsames vorzuschieben, um deutlich Unliebsames zu vermeiden (z.B. das Zimmer aufzuräumen, um nicht für die Klausur lernen zu müssen). Von dieser Erkenntnis aus lässt sich der Bogen ebenso zum Propheten Jona schlagen (der wusste, was er sollte, aber nicht wollte, was er sollte) als auch zu der Literaturgattung, in der uns dieser Prophet begegnet: der Novelle.

Anschluss: Einführung des Propheten Jona als Novelle (auch als Ballade verfasst)[1]
„Jona persönlich" S. 77

1 Hertzsch, Klaus-Peter, Die Geschichte von Jona und der schönen Stadt Ninive, Stuttgart 2005, 50–63.

Reden und Verstehen[1]

Kl. 7/8, Konfi, Jugend

Phase: Rahmung: Motivation und Abschluss

Methode: persönliches Arbeitsblatt

Material: Janet Brooks-Gerloffs „Unterwegs nach Emmaus", Kopie Arbeitsblatt **M 1**

Erfahrungsfeld: Das Reden mit vertrauten Menschen führt oft zu neuen Einsichten und Lösungen.

Zielstellung: Erschließen, dass kommunizierte Inhalte im Gespräch manifest werden und zu neuer Einsicht, Sinneswandel und emotionalem Umschwung führen können.

Aufgaben:

1. Falte das Blatt so, dass nur die erste Spalte der Tabelle zu sehen ist! Beantworte die drei sichtbaren Fragen.
2. Falte nun das Blatt so, dass die ersten beiden Spalten der Tabelle zu sehen sind! Beantworte jetzt die drei neuen sichtbaren Fragen.
3. Lege nun das Blatt so weg, dass es nicht mehr zu lesen ist.

****

4. Falte nun das Blatt noch einmal ganz auf und beantworte die letzten noch verbleibenden Fragen in der dritten Spalte!

Ablauf: Die Methode beginnt mit den ersten drei Aufgabenstellungen laut Arbeitsblatt und involviert die Lernenden auf Grund der eigenen Erfahrungen in den Unterrichtsprozess.

Im weiteren Verlauf der Stunde wird die Erzählung von den Emmausjüngern (Lk 24,13–35) symboldidaktisch thematisiert. Dies geschieht sowohl mit dem Text, als auch mit einer Bildbetrachtung.[2] Betont wird dabei die Metapher des „brennenden Herzens", also die emotionale Ebene. Ziel dabei ist es, den „gespürten Christus" zu erschließen, der sich im gemeinsamen Gespräch manifestiert.

Gegen Ende der Stunde wird mit der 4. Aufgabe auch die eigene veränderte Situation in den Blick genommen, die aus Gesprächen mit vertrauten Menschen resultiert.

Erwartung:

mit meiner besten Freundin	total erleichtert	Ich konnte das Schwere abladen.
mit Freunden, die mir begegnen	noch toller	Ich habe die Freude geteilt und dadurch intensiviert.
evtl. mit meinen Eltern beim Abendbrot	normal/zu Hause	Ich weiß, dass ich immer alles erzählen könnte.

Hinweise: Bei dieser Methode handelt es sich um eine „Klammer". Sie beginnt mit einem subjektorientierten Einstieg und wendet die durch die Korrelation entstandenen Erkenntnisse abschließend auf das eigene Fühlen und Verstehen an.

Anschluss: Emmaus[3]
Weitere Auferstehungsgeschichten[4]
Wundergeschichten als Auferstehungsbekenntnisse der Urgemeinde[5]
„Die Entstehung der Auferstehungstexte" S. 116

1 Nach einer Idee von Linda de Artiagoitia.
2 „Unterwegs nach Emmaus" von Janet Brooks-Gerloff, Ölgemälde 1992 (im Internet verfügbar).
3 Kursbuch Religion Elementar 2, Stuttgart/Braunschweig 2018, 107.
4 Kursbuch Religion Elementar 2, Stuttgart/Braunschweig 2018, 106.
5 Schauß, Religion, 167–183.

M 1

Kopiervorlage: Persönliches Arbeitsblatt

Reden und Verstehen

Dieses Arbeitsblatt ist nur für dich bestimmt. Achte darauf, dass das Blatt während des Arbeitsprozesses und danach nur von Menschen eingesehen werden kann, die du selbst auswählst.

↓	↓	
Stelle dir vor, dass es dir richtig schlecht geht und dich etwas Schlimmes sehr bedrückt. Mit wem redest du als erstes?	Nachdem du der Person alles Schlechte erzählt hast – wie fühlst du dich danach?	Warum fühlst du dich dann so?
Stelle dir vor, dass es dir super geht und du gerade etwas Tolles erlebt hast. Mit wem redest du als erstes?	Nachdem du der Person alles Tolle erzählt hast – wie fühlst du dich danach?	Warum fühlst du dich dann so?
Stelle dir vor, dass du einen ganz normalen Tag hast, an dem nicht Besonderes geschah.	Nachdem du der Person von deinem Tag erzählt hast – wie fühlst du dich danach?	Warum fühlst du dich dann so?

Phase: Motivation

Methode: Erinnernd eingebrachtes Erleben

Material: Papierstreifen, kleiner Beutel

Erfahrungsfeld: Als belastend erlebte Lebenssituationen variieren, werden aber immer – altersadäquat – mit der Hoffnung auf die Erlösung davon verbunden.

Zielstellung: Der Symbolisation des eigenen Erlösungswunsches und seiner Einordnung in einen intersubjektiven Kontext folgt die Erkenntnis, dass Erlösungssehnsüchte als generell menschlich vorausgesetzt werden können.

Aufgabe:
Wovon wäre ich gern erlöst?

Ablauf: Die Lernenden bekommen je einen Papierstreifen, auf den sie schreiben, wovon sie erlöst werden möchten. Dabei müssen die Arbeitsbedingungen so beschaffen sein, dass Nachbarn nicht einsehen können. Nach der Beschriftung wird der Streifen wie ein Los zusammengerollt und in den Beutel getan, der die Runde macht. Die Lehrperson schüttelt den Beutel gründlich. Bevor er wieder in die Runde gegeben wird, damit jeder ein gerolltes Los zieht, macht sie auf zwei Regeln aufmerksam:

1. Beim Verlesen der Sätze dürfen keinerlei wertende Äußerungen vorgenommen werden, auch nicht nonverbal (z.B. Augenrollen, Stöhnen).
2. Sollte jemand zufällig seinen eigenen Satz ziehen, gibt er das nicht zu erkennen (Poker-Face).

Der Beutel macht nun die Runde, jeder Lernende zieht einen Streifen. Erst wenn jeder gezogen hat, beginnt die nächste Runde. Reihum werden die Sätze vorgelesen, ohne sie zwischendurch zu kommentieren. Es folgt ein erneutes – schweigendes – Herumgehen des Beutels, in den jetzt alle Streifen getan werden, damit anschließender Missbrauch nicht möglich ist.

Erwartung:

Je nach Alter differieren die Anliegen:

Geschwisterstreit schlechte Klausurnote Albträume Krankheit usw.	Prüfungsdruck Liebeskummer Streit mit der Freundin Trauer um den Großvater Scheidung der Eltern	Verantwortung für das eigene Leben berufliche Entscheidungen treffen Konfliktsituation aushalten mit eigenen Grenzen umgehen Verantwortung für andere tragen

Hinweise: Es ist unbedingt notwendig, zu Beginn die gesamte Aufgabenstellung zu erläutern. Am Aufgabenzuschnitt entscheidet sich, wieviel Offenheit Lernende zeigen und ab wann sie sich selbst schützen. Bei älteren Kindern ist immer ein Selbstschutzreflex vorauszusetzen. Sie steuern selbst, wieviel sie von sich zeigen, z.B. durch Ausweichen in Banalitäten oder witzige Bemerkungen. Es ist auch möglich, dass manch einem gar nichts einfällt – oder er nichts schreiben will. Die Lehrperson kann das dann ruhig abnicken und so einen leeren Papierstreifen erlauben. In der Leserunde wird derjenige, der diese Streifen gezogen hat, sagen, dass hier nichts steht. Dem gelassenen Umgang mit diesen individuellen Entscheidungen steht gleichzeitig das Signal der Lehrperson gegenüber: ich interessiere mich für euch, wir alle interessieren uns füreinander. Diese Methode ist nicht geeignet für Gruppen, in denen gegenseitige Wertschätzung erst noch geübt werden muss.

Anschluss: nomadisches Sündenbock-Ritual /Opferkult im Tempel erklären
Erlösermythen in Filmen analysieren
Ablasshandel thematisieren
moderne Vergebungsrituale besprechen (Täter-Opfer-Ausgleich; Gnadengesuch)
religionspsychologisch: Erlösungssehnsucht und wirkungsgeschichtlich: Christologie (Kl. 11/12)

Phase: Motivation

Methode: Clustern

Material: weiße Blätter / dicke Farbstifte

Erfahrungsfeld: Subjektive Gottesvorstellungen differieren. Auch Menschen, die eine Existenz Gottes ablehnen, haben eine (abgelehnte) Gottesvorstellung.

Zielstellung: Thematisiert werden analog zu den Beobachtungen an der Methode a) die Subjektivität der Gottesvorstellung, b) die Multiperspektivität der diversen Äußerungen, c) die Unmöglichkeit, zu vollständigen objektiven Aussagen zu kommen.

Aufgaben:
1. Beschrifte dein Papierstück mit einer Metapher, die dein persönliches Gottesbild erfasst! (evtl. in deiner Lieblingsfarbe)
2. Setzt die Teile sinnvoll zusammen.

Ablauf: Handgroße dreieckige Teile von zerschnittenen Blättern werden verteilt. Sie werden zuvor so zugeschnitten, dass Abfall entsteht, d.h. dass ein vollständiges lückenloses Zusammensetzen unmöglich ist. Jeder Abschnitt wird nun von einer Einzelperson mit seiner persönlichen Metapher beschriftet. Anschließend wird alles verdeckt und gut durchmischt (also anonymisiert) in der Gruppe eingesammelt. Im Anschluss soll alles sinnvoll zusammengefügt werden. Das kann an der Tafel mit Hilfe von Magneten geschehen oder in einer Sitzkreis-Mitte. Danach (!) werden die Äußerungen laut vorgelesen. Die umständlichen Kopfdrehungen während des Lesens gehören ebenso zur Methode wie die Ratlosigkeit der Lernenden, die feststellen, dass sich keine konkrete Figur ergibt. Es entsteht eine lückenhafte, nach außen offene aus Dreiecken zusammengefügte Figur.

Erwartung:

Beobachtung anhand der Methode	Erkenntnis/Analogieschluss zu Gottesvorstellungen
Jedes Dreieck ist inhaltlich, in Schrift und Farbe anders gestaltet.	Gottesvorstellungen sind grundsätzlich subjektiver Natur und können daher nur gleichwertig, auch widersprüchlich nebeneinanderstehen.
Beim Lesen muss ständig die Kopf- und Blickrichtung geändert werden, manche Äußerungen stehen ganz auf dem Kopf. Oben und unten lassen sich nicht festlegen.	Die jeweilige Perspektive bestimmt das Gottesverständnis. Ein Betrachtungsgegenstand kann aus verschiedenen Perspektiven sehr unterschiedlich wahrgenommen werden.
Die Figur weist Lücken auf, ihre Ränder sind nicht abgeschlossen, man könnte unendlich weitere beschriftete Dreiecke anfügen.	Eine objektive, vollständige Erkenntnis ist unmöglich. Auch die Leerstellen, Unvollständigkeiten, das Nichts kann als Gottesmetapher gelten.

Hinweise: Das anschließende Gespräch thematisiert die Beobachtungen anhand der Methode und leitet dann zu den angegebenen Analogieschlüssen über, die sich Lernenden erfahrungsgemäß plausibel erschließen. Unbedingt wertgeschätzt werden sollten auch die ausgewählten persönlichen Metaphern, weil sich durch ihre Differenzierung weitere Ansatzpunkte für die Begegnungen mit Texten und Traditionen anbieten. Oft sind Anthropomorphismen („schützende Hand", „Vater") ebenso vorzufinden wie Abstraktionen („Präsenz, die alles umgibt", „Sinnkonstrukt"), Negationen („Nichts"), Ambivalenzen („unreale Person"), Rationalisierungen („das vergebliche, nie enden wollende Streben nach Erkenntnis") usw. Hier ist die flexible Reaktion der Lehrenden auf die angebotenen individuellen Symbolisationen der Lernenden wichtig.

Anschluss: Paulus: Spiegelscherben 1. Kor 13,11+12[1]
Gottesvorstellungen Jugendlicher[2]
Tillich: Symbolische und nichtsymbolische Rede von Gott[3] (**M 1**) ab Kl. 11/12
Tillich: Gott über Gott und der Mut zum Sein[4] (**M 2**) ab Kl. 11/12
Multiperspektivität von Gotteserfahrungen: Texte von Luther, Kant, James etc.[5]

1 Ortswechsel 11 „Spiegelungen", München 2013, 10–13.
2 Rosenow, Symbolisieren, 226–229. Kursbuch Religion Elementar 3, Stuttgart/Braunschweig 2020, 104–107.
3 Tillich, Paul, Die Sprache der Religion, in: Tillich, Paul, Die verlorene Dimension, Berlin 1969, 39–55.
4 Tillich, Paul, Der Mut zum Sein, Stuttgart 1968, 184–188.
5 Englert, Rudolf, Religion gibt zu denken, München 2013, 171–196.

M 1 | **Tillich: Symbolische und nichtsymbolische Rede von Gott**

Paul Tillich (1886–1965)

Dieser Auszug stammt aus einem Aufsatz über die Sprache der Religion, in dem Tillich deutlich macht, dass religiöses Reden notwendig symbolisches Reden sein muss.
Immer dort, wo Menschen vor der Anforderung stehen, Empfindungen, Intuitionen oder seelische Wirklichkeiten in Worte zu fassen, bieten sich Symbole und Metaphern an, weil in ihnen eine Bedeutung mitschwingen kann, die sich nicht in Worte fassen lässt.

Symbolische und nichtsymbolische Rede von Gott

Wir können nicht einfach sagen, dass Gott ein Symbol ist, sondern wir müssen immer auf zweifache Weise von ihm reden – nichtsymbolisch und symbolisch.

Wenn wir nichtsymbolisch reden, sagen wir, dass er die letzte Wirklichkeit, das Sein-Selbst, der Grund des Seins, die Macht des Seins ist. Wenn wir symbolisch reden, nennen wir ihn das höchste Wesen, in dem alles Endliche in höchster Vollkommenheit vereinigt ist. Es ist wichtig, diese zwei Elemente im Gottesbegriff zu unterscheiden. Diese Unterscheidung würde die unfruchtbare Diskussion beenden, ob Gott Person ist oder nicht. Solche Diskussionen wirken religiös zerstörerisch durch falsche Interpretationen der religiösen Erfahrung. Wir können ihnen entgegenhalten: Sicherlich ist das Unbedingte an sich, was es ist, und man könnte es mit den Scholastikern das Sein-Selbst (esse qua esse, esse ipsum) nennen. Eine solche Aussage ist nichtsymbolisch.

Aber in unserer Beziehung zu ihm müssen wir symbolisch reden. Wir könnten nie in Kommunikation mit Gott treten, wenn er nur ‚das Sein-Selbst' wäre. In unserer Beziehung zu ihm begegnen wir ihm in der höchsten Stufe unseres Seins: als Person. Es wird also in der symbolischen Redeweise über Gott zweierlei ausgesagt: Er ist das, was unsere Erfahrung des Person-Seins unendlich transzendiert, und zugleich das, was unserm Person-Sein so adäquat ist, dass wir „Du" zu ihm sagen und zu ihm beten können. Beide Elemente müssen erhalten bleiben. Haben wir nur das Element des Unbedingten, so ist keine Beziehung zu Gott möglich. Bleibt nur die Ich-Du-Beziehung, wie wir heute sagen, so verlieren wir das Element des Göttlichen, des Unbedingten, welches Subjekt und Objekt und alle anderen Polaritäten transzendiert. […]

Wenn es uns nicht gelingt, den heutigen Menschen klarzumachen, dass wir symbolisch sprechen, wenn wir die oben angegebenen Ausdrücke benutzen, werden sie uns mit Recht ablehnen als Menschen, die noch in abergläubischen und absurden Vorstellungen leben.

Aus: Tillich, Paul, Die Sprache der Religion, in: Ders., Die verlorene Dimension der Tiefe. Not und Hoffnung unserer Zeit, Berlin 1969, 39–55.

Erklärungen:
esse qua esse, esse ipsum (lat): Sein des Seins, das Sein selbst
adäquat: entsprechend

M 2 Tillich: Gott über Gott und der Mut zum Sein

Paul Tillich (1886–1965)

Im letzten Kapitel seines Buches „Der Mut zum Sein" beschreibt Paul Tillich ein Gottesverständnis, das über die theistische (personähnliche) Gottesvorstellung hinausgeht und ohne symbolische Rede von Gott auskommt. Dieser „Gott über Gott" lässt sich eher erspüren als beschreiben – und zwar dort, wo Menschen emotional und existenziell tief betroffen oder berührt sind: in Angst, Verzweiflung, Zweifel, Sinnlosigkeit und tiefem Nachdenken. Wer den Mut hat, diese Situationen ehrlich auszuhalten, wird bemerken, dass jenseits symbolischer Vorstellungen ein Mut zum eigenen getragenen Dasein wächst.

Gott über Gott und der Mut zum Sein

Absoluter Glaube oder der Zustand des Ergriffenseins von dem Gott jenseits Gottes ist kein Zustand, der neben anderen Seelenzuständen erscheint. Er ist niemals etwas Getrenntes und Bestimmtes, ein Geschehnis, das isoliert und beschrieben werden könnte. Er ist immer eine Bewegung in, mit und unter anderen Seelenzuständen. Es ist die Situation auf der Grenze der menschlichen Möglichkeiten. Er ist diese Grenze. Deshalb ist er sowohl der Mut der Verzweiflung als auch der Mut in und über jedem Mut. Er ist kein Ort, an dem man leben kann, er ist ohne die Sicherheit von Worten und Begriffen, er ist ohne einen Namen, eine Kirche, einen Kult, eine Theologie. Aber er bewegt sich in der Tiefe von ihnen allen. Er ist die Macht des Seins, an dem sie partizipieren und von dem sie fragmentarische Ausdrucksformen sind.

Man kann seiner gewahr werden in der Angst des Schicksals und des Todes, wenn die traditionellen Symbole, die dem Menschen ermöglichen, die Wechselfälle des Schicksals und den Schrecken des Todes zu ertragen, ihre Macht verloren haben. Wenn die „Vorsehung" ein Aberglaube geworden ist und die „Unsterblichkeit" eine Imagination, dann kann das, was einmal die Macht in diesen Symbolen war, noch gegenwärtig sein und den Mut zum Sein erzeugen, trotz der Erfahrung einer chaotischen Welt und einer endlichen Existenz. [...]

Und man kann des Gottes über dem Gott des Theismus gewahr werden in der Angst der Schuld und der Verdammung, wenn die traditionellen Symbole, die es dem Menschen ermöglichten, die Angst der Schuld und der Verdammung auszuhalten, ihre Macht verloren haben. Wenn das „Gericht Gottes" als ein psychologischer Komplex interpretiert wird und die Vergebung als ein Überbleibsel des „Vaterbildes", dann kann, was einmal die Macht in diesen Symbolen war, noch gegenwärtig sein und den Mut zum Sein erzeugen, trotz der Erfahrung einer unendlichen Kluft zwischen dem, was wir sind, und dem, was wir sein sollen. [...]

Der Mut, die Angst der Sinnlosigkeit auf sich zu nehmen, ist die Grenzlinie, bis zu der der Mut zum Sein gehen kann. Jenseits dieser Linie ist reines Nichtsein. In ihm werden alle Formen des Mutes wiedergeboren aus der Macht des Gottes über dem Gott des Theismus. *Der Mut zum Sein wurzelt in dem Gott, der erscheint, wenn Gott in der Angst des Zweifels verschwunden ist.*

Aus: Tillich, Paul, Der Mut zum Sein, Stuttgart 1968, 186–187.

Phase: Motivation

Methode: stummer Dialog

Material: vier große Papierbögen, Stifte

Erfahrungsfeld: Zur Beschreibung emotionaler Zustände werden gern treffende Körpermetaphern benutzt. Emotionen lassen sich körperlich, im Extremfall auch krankhaft körperlich spüren.

Zielstellung: Heilungswunder Jesu können besser als umfassendes Heilsgeschehen verstanden werden, wenn die beschriebene Krankheitssymptomatik auch auf der symbolischen Ebene zur Entfaltung kommt.

Aufgabe: Bewege dich frei im Raum und schreibe deine spontanen Ideen oder Fragen auf die Blätter. Du kannst auch auf andere Äußerungen antworten.

Ablauf: Auf vier Tischen im Raum werden große Papierbögen so gespannt, dass die Tische jeweils frei stehen und von allen Seiten zu erreichen sind. Jeder Papierbogen wird mit einem anderen Wortpaar beschriftet.

- Lähmung + Angst
- Blindheit + Wegschauen
- Ausschlag + Ekel
- Stummsein + Verschweigen

Jedes Gruppenmitglied hat einen Stift zur Hand und kann jetzt Assoziationen, Fragen, Kommentare und Antworten dahin schreiben, wo es möchte. Es kann dazu mehrfach zwischen den Tischen wechseln. Auch die Lehrenden werden in diesen stummen Kommunikationsprozess mit einbezogen und können auf diese Weise zusätzlich Impulse setzen. Grundsätzlich gilt: es wird nicht gesprochen. Wertende Äußerungen – auch nonverbale – sind untersagt. Nach Abschluss der Methode bleiben diejenigen, die zuletzt an den Tischen standen, dort stehen und stellen den stummen Dialog des jeweiligen Tisches vor.

Erwartung:

starr sein Kraftlosigkeit Ohnmacht Hilflosigkeit Ich kann nicht für mich sorgen. Es geht nicht vorwärts. keine Ziele mehr alles unmöglich	nicht sehen wollen Zukunftslosigkeit außen vor nicht dabei sein können verleugnen bei Mobbing wegsehen Warum soll ich? die Konsequenzen nicht sehen wollen	nicht berührt werden keine Streicheleinheiten die Ablehnung spüren sich wegdrehen es schüttelt mich vor Ekel sich selbst dreckig fühlen auf das Aussehen reduziert werden hässlich	lieber die Klappe halten nichts zum Ausdruck bringen meine Gedanken kann ich nicht äußern das Verschwiegene wiegt schwer Geheimnisse bewahren unter Freunden

Hinweise: Hier werden eigene Erfahrungen, Vorkenntnisse und Fragen thematisiert. Für die Lehrperson liegt damit der Erfahrungshorizont der jeweiligen Gruppe offen. Die hier angebotenen Anknüpfungspunkte sollte sie deshalb im weiteren Verlauf des Unterrichtsprozesses unbedingt mit aufnehmen. Die Methode hat einen hohen Anonymitätsgrad, da nur im Augenblick des Schreibens erkannt werden kann, wer der Autor ist. Sie ebnet den Weg zum metaphorischen Verständnis der Krankheitsbilder und ruft gleichzeitig eigene metaphorisch deutbare Krankheitserinnerungen ab.

Anschluss: jeweils passende neutestamentliche Heilungswunder[1]
Interpretation von Heilungswundern (psychosomatisch, symbolisch, sozialpsychologisch)
Krankheitsverständnis z.Zt. Jesu
„Vier Mann vier Ecken" S. 62
„Männersache – Frauenkram" S. 64

1 Zimmermann, Ruben (Hg.), Kompendium der frühchristlichen Wundererzählungen, Bd. 1, Gütersloh 2013. Kurze Aufsätze mit exegetischen Erörterungen, zeitkritischen Anmerkungen und Interpretationsansätzen.

Phase: Motivation

Methode: Think-Pair-Share

Material: Folienstreifen, Folienstifte o.ä., **M 1** (ggf. auf Folie kopiert und auseinandergeschnitten), Projektionsmöglichkeit

Erfahrungsfeld: Als ausweglos empfundene Lebenssituationen lösen sich manchmal in einer Weise, die zuvor nicht für möglich gehalten wurde.

Zielstellung: Erinnernd eingebracht wird der Zustand der gefühlten Hoffnungslosigkeit, der Auferstehungserfahrungen vorausgeht. Die Auferstehungserzählungen sind vor diesem Hintergrund als metaphorisierte Erfahrungen zu verstehen.

Aufgaben:
Einzelarbeit: Denkt euch in eine als ausweglos empfundene Situation hinein, die ihr schon mal erlebt habt. Redet nicht über die Situation selbst.
Gruppe zu viert: Tragt nun zusammen, in welcher Metaphorik ihr eure Gefühle beschreiben würdet. Notiert die Metaphern auf den Folienstreifen, die den größten Konsens in eurer Gruppe haben.
Plenum: Folienstreifen mit Metaphern auf den Projektor auflegen oder anderweitig projizieren.

Ablauf: Die Methode beginnt mit einer Minute der Stille, in der sich jeder selbst erinnert. Es ist wichtig, vor dem Beginn des Nachdenkens zu betonen, dass die Situation selbst nicht zur Sprache kommen wird. Nur so ist ein ungehindertes Erinnern möglich, weil der Schutzraum bereits garantiert wurde. In der anschließenden Gruppenarbeit wird ausschließlich über die Metaphorik der Gefühle diskutiert (nicht über die Situation selbst). Die auf die Folienstreifen notierten Metaphern werden dann eingesammelt und auf den Overheadprojektor (o.a. Projektionsmöglichkeiten) gelegt. Es schließt sich ein Gesprächsgang darüber an, ob und warum die Metaphorik von allen verstanden wird. Falls der Aspekt nicht hier schon zur Sprache kommt, wird er von den Lehrenden eingebracht: Metaphorik, besonders Körpermetaphorik ist zeitlos. Jetzt werden (ebenfalls für die Projektion vorbereitet) Metaphern aus den Auferstehungserzählungen dazu gelegt. Vermutungen über die Ursprungssituation dürfen ausgesprochen werden. Es folgt dann die Lektüre einer ausgewählten Perikope aus: Mt 28,1–10; Mk 16,1–8; Lk 24,1–11.

Erwartung:

(individuelle Symbolisationen)	(biblische Symbolisationen)
Wirbelsturm der Gefühle	weggewälzter Stein
Band des Verständnisses gerissen	ein lichter Engel
kein Ende in Sicht	zurückgelassene leere Leichentücher
tiefes schwarzes Loch	Anwesenheit eines Fremden
Teufelskreis der Gedanken	…
…	

Hinweise: Je nach Bibelkenntnis wird der Erkenntnisgrad unterschiedlich sein. Für Klassen aus überwiegend konfessionslosen Lernenden, denen die Auferstehungstexte nicht geläufig sind, ist die klare Erkenntnis, dass es sich hier ebenfalls um Metaphern handelt, bestimmend. Es wird deutlich, dass hier Lebenssituationen beschrieben werden, die im Gegensatz zur zuvor erinnerten Ausweglosigkeit stehen. In jedem Fall wird hier ein existenziell-emotionaler Zugang zur Metaphorik der Auferstehungserzählungen ermöglicht und so das Blockaden auslösende Missverständnis eines historischen Geschehens umgangen. Dieser Baustein kann auch subjektorientierter Zugang zu Heilungs- oder Naturwundern (z.B. Sturmstillung) oder zum Pfingstgeschehen sein.

Anschluss: Auferstehungsperikopen der Synoptiker
„Die Entstehung der Auferstehungstexte" S. 116
„Über den Tiefen des Seins" S. 57
„Vier Mann – vier Ecken" S. 62
„Männersache – Frauenkram" S. 64
Wunder[1]
Sturmstillung / Jesus hilft in der Angst[2]

1 Kursbuch Religion Elementar 2, Stuttgart/Braunschweig 2018, 92f.
2 Kursbuch Religion Elementar 2, Stuttgart/Braunschweig 2018, 94.

M 1 **Biblische Metaphern zur Auferstehung**

weggewälzter Stein

ein lichter Engel

zurückgelassene leere Leichentücher

Anwesenheit eines Fremden

Geöffnete Augen

etwas erkennen

das Herz brannte

das ausgeworfene Netz war übervoll

als die Sonne aufging

ein großes Erdbeben

Wunderbare Wunder

Kl. 9–12, Konfi, Jugend

Phase: Motivation

Methode: Umfrage

Material: Notizzettel

Erfahrungsfeld: Das Wort Wunder wird im Alltag oft unreflektiert oder auch naiv gebraucht.

Zielstellung: Die Differenzierung der Wortverständnisses „Wunder" stellt heraus, dass es sich bei den Klassifikationen als „Wunder" jeweils um persönliche Interpretation handelt.

Aufgabe: Notiere auf dem Notizzettel, was du unter „Wunder" verstehst!

Ablauf: Die Aufgabe wird am Stundenende der vorherigen Stunde erteilt, die Ergebnisse werden dann eingesammelt und von der Lehrperson so für die künftige Einheit aufbereitet, dass die einzelnen Äußerungen digital oder per Overhead an die Wand projiziert werden können. Die Motivationsphase beginnt mit dem unsortierten wortlosen Auflegen bzw. Projizieren der Äußerungen. Die Lernenden lesen selbstständig und leise. Danach wird im Gespräch versucht, gemeinsame Zuordnungen zu finden und diese mit Oberbegriffen zu versehen.

Erwartung:

Was ist für mich ein Wunder?

Negationen

kommen nicht wirklich vor

was mathematisch erfassbar ist, ist kein Wunder mehr

man glaubt heute da nicht mehr dran

passieren selten

Passiv

passieren, können nicht gemacht werden

passieren, wenn Hoffnung schon vorbei ist

entziehen sich meinem Einfluss

geschehen unerwartet

Unnatürliches

wenn ein Toter wiederbelebt wird

wenn es im Sommer schneit

wenn Hansa Rostock aufsteigt

wenn es Gott wirklich gibt

etwas wissenschaftlich nicht Erklärbares/Übernatürliches

Natürlich Erklärbares, als besonders empfunden

gesamte Evolution ist großartig

Geburt eines Kindes

Überleben eines Unfalls

das Leben überhaupt, die Existenz

etwas den Alltag Durchbrechendes

Von Gott Verursachtes

göttliches Eingreifen

Zeichen Gottes

Relationales

Es liegt im Auge des Betrachters

positiv Empfundenes nach Schlechtem

Emotionales

Kraft in Zeiten der Trauer

Menschen wachsen über sich hinaus

wahre Freunde

Hinweise: Es ist dabei unwesentlich, welche Zuordnungen und Benennungen entstehen – die Lernziele werden trotzdem erreicht, zumal während des Sortierprozesses ein Gespräch in der gesamten Gruppe abläuft. Durch die Übung werden die Lernenden für die erstaunliche Breite der Begriffsbedeutung sensibilisiert. Diese gilt es jetzt auch auf biblische Wundergeschichten anzuwenden, die erfahrungsgemäß oft mit einem naiven (wörtlichen) Verständnis gelesen werden – nicht selten, um sie anschließend abzulehnen.

Anschluss: antikes Wunderverständnis/ Wunder als Literaturgattung
symboldidaktische Auslegung von Wundern[1]
Heilungswunder und Psychosomatik
Passiva und Unverfügbarkeit des Lebens thematisieren
„Vier Mann – vier Ecken" S. 62
„Männersache – Frauenkram" S. 64
„Über den Tiefen des Seins" S. 57

1 Kursbuch Religion Elementar 2, Stuttgart/Braunschweig 2018, 92f.

Angst in der Tasche

Kl. 9–12, Konfi, Jugend

Phase: Motivation / Erarbeitung

Methode: Erinnernd eingebrachtes Erleben

Material: Notizzettel / Smartphones, Bibeln

Erfahrungsfeld: Unsere Angst tragen wir immer mit uns. Sie ist für andere unsichtbar, bestimmt aber unser Denken und Handeln.

Zielstellung: Rettungswunder sind Geschichten gegen die Angst. Ihre existentielle Dimension erschließt sich nur, wenn Lernende ein Gespür für ihre Metaphorik bekommen.

Aufgaben:
1. Erinnere dich an eine Situation, in der du Angst hattest. Beschreibe, wie die Angst sich bemerkbar machte.
2. Lies die Wundergeschichte „Jesus wandelt über den See" (Joh 6,16–21) und stelle diejenigen Metaphern zusammen, die du als Symbolisationen für Angst empfindest.

Ablauf: Über Angst reden Menschen nicht frei – zumal in zwangsweise zusammengestellten Gruppen, wie es Klassen oder Religionskurse nun einmal sind. Es ist daher unumgänglich, bereits zu Beginn absolute Anonymität der Methode zuzusichern. Die Lernenden werden gebeten, für die Aufgabe Notizzettel zu benutzen, die sie dann klein falten und in die Hosentasche o.ä. stecken. Alternativ bietet sich – vorausgesetzt, es ist bei allen der gleiche Standard vorauszusetzen – die Notizfunktion des Smartphones an. Während der Zettel nach der Stunde weggeworfen werden kann, wird die digitale Notiz gelöscht. Nachdem die eigenen Notizen sicher verstaut sind, werden die Lernenden mit dem Text des Seewandels Jesu bekannt gemacht. Die Angstmetaphorik dieses Textes wird für alle sichtbar gesammelt.

Erwartung:

Ein empirisch belegtes Erwartungsbild kann hier nicht angeboten werden, da es keinerlei „Veröffentlichung" der Notizen gibt. Es wird aber von allgemeinen Angstmetaphern und evtl. Körpermetaphorik ausgegangen.

- Boden unter den Füßen weggebrochen
- das Wasser bis zum Hals
- in dunkler Höhle
- hin- und hergeworfen
- Zittern, Knieschlottern
- Schreie; Unfähigkeit zu schreien
- ...

- Abend geworden
- (Boot – unsicherer Grund)
- Dunkelheit hereingebrochen
- aufgewühlte See
- heftiger Wind
- (sich fürchten)
- ...

Hinweise: Die im Erwartungsbild links notierten vermuteten individuellen Symbolisationen können nicht an der Tafel erscheinen. Sie bleiben – wie anfangs zugesichert – verborgen. Durch die diesbezüglich angeregten Gedanken und Emotionen aber beeinflussen sie die Sensibilität und das Denken der Lernenden. Es bedarf daher keiner zusätzlichen Reize, um die Metaphorik zu erkennen und evtl. zu erschließen. Im anschließenden Gespräch können Vermutungen über die Situation aufgestellt werden, die zur literarischen Formung dieser Wundererzählung geführt haben könnten. Anregend wirken kann ebenso ein Gesprächsbeitrag der Lehrenden zur Situation in der Urgemeinde. In jedem Fall fällt es auf der emotionalen Ebene leichter, das Wunder der Geschichte zu erkennen: die Angst löst sich auf – das Boot ist am Ufer.

Anschluss: Jesus wandelt auf dem See (Joh 6,16–21 oder Parallelen)
Erfahrungshorizont der Urgemeinde[1]
Traditionsgeschichtliche Zusammenhänge (Kl. 11/12)[2]
christologische Aspekte vor eschatologischem Hintergrund (Kl. 11/12)[3]

1 Schauß, Uwe, Sag, wie hast du's mit der Religion?, Stuttgart ²2017, 178–180.
2 Chibici-Revneanu, Nicole, Überraschende Wege auf dem See, in: Zimmermann, Wundererzählungen I, 716–724.
3 Roloff, Jürgen, Neues Testament, Neukirchen-Vluyn ⁷1999, 118–120.

Ergriffen werden wider Willen

Kl. 9–12, Konfi, Jugend

Phase: Motivation

Methode: Clustern

Material: DIN A5-Blätter, dicke Stifte

Erfahrungsfeld: Jede Krankheit hat etwas Überwältigendes. Von den ersten Anzeichen an lässt sie den Kranken – trotz des Ankämpfens gegen die Symptome – zum Passivum werden. Chronische Krankheiten werden als Schicksalsschläge erlebt.

Zielstellung: Mit dem Bemühen um individuelle Symbolisationen wird für die Metaphorik neutestamentlicher Krankheitsschilderungen sensibilisiert.

Aufgabe: Beschreibe, wie es sich angefühlt hat, krank zu werden/zu sein.

Ablauf: Es empfiehlt sich, die Erinnerung mit einigen Sätzen anzuregen: Erinnere dich daran, wie es war, als du zum letzten Mal krank wurdest. Was war das für ein Gefühl, als du merktest, dass du wahrscheinlich krank werden würdest? Wie war das, als du wusstest, dass du das Bett nicht mehr verlassen kannst? Wie hast du die Tage erlebt, während der du liegen musstest? – Nach dieser Einführung schreiben die Lernenden je einen Satz auf ein Blatt. Es dürfen mehrere Blätter beschrieben werden. Beim Einsammeln wird zur Anonymisierung durchmischt. Geclustert wird nach Ähnlichkeit der Symbolisierungen. Das anschließende Gespräch thematisiert die Notwendigkeit von Metaphern für subjektive Gefühlszustände sowie die Abhängigkeit der Metaphorik vom Kontext der Entstehungszeit.

Erwartung:

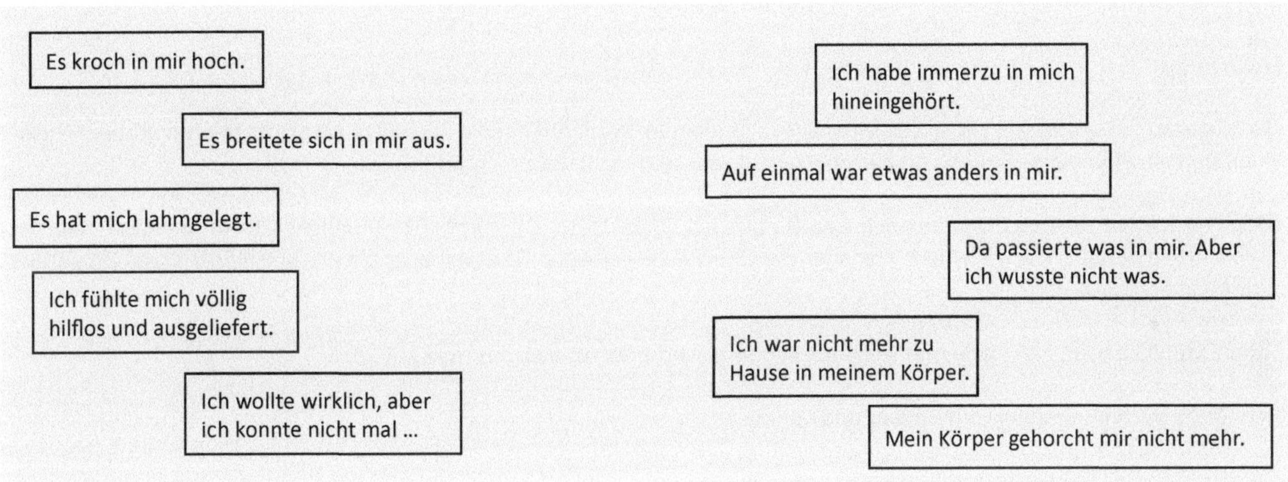

Hinweise: Ist das mythische Weltbild zur Zeit Jesu bereits vorauszusetzen, erschließen sich die neutestamentlichen Krankheitsbeschreibungen nach der Korrelation mit ihnen selbstständig. Es ist aber auch mit dem Hinweis getan, dass Menschen der damaligen Zeit die Ursachen der Krankheiten im Einwirken von Dämonen oder Geistern suchten. Das ist insofern gut aus eigenem Erleben nachvollziehbar, weil auch Menschen heute Krankheit als etwas von außen auf sie Zukommendes erleben, das sie beherrscht und zum Erdulden zwingt.

Anschluss: Heilungswunder/Exorzismen (z.B. Mk 1,21–34)
Heilung eines Epileptikers (Mt 17,14–20)[1]
„Krankheit und Heilung" S. 40

1 Leonhardt-Balzer, Jutta, Warum nicht gleich so? in: Zimmermann, Ruben (Hrsg.), Kompendium der frühchristlichen Wundererzählungen, Bd. 1, Gütersloh 2013, 474–484.

Phase: Motivation

Methode: Erinnernd eingebrachtes Erleben

Material: ein Blatt, mit PC beschrieben, Umschlag

Erfahrungsfeld: Tiefgreifende existentielle Erfahrungen hinterlassen Spuren und verlangen nach Deutung.

Zielstellung: Existenzielle Erfahrungen können als Initial für lebenslange Deutungsprozesse fungieren.

Aufgabe:
Schildern Sie ein tiefgreifendes Erlebnis, das Sie positiv oder negativ nachhaltig beeinflusst hat. Was haben Sie dabei gefühlt? Dieses Erlebnis muss nicht als religiös empfunden worden sein.[1]

Ablauf: Bei diesem Baustein ist es besonders wichtig, keine Schritte zu verändern. Es muss auf unterschiedlichen Ebenen ausreichend Schutz und Wertschätzung der Person garantiert werden. Die Aufgabe wird rechtzeitig, möglichst mehrere Wochen zuvor angekündigt. Nur zu Hause ist der Schutzraum gegeben, in Ruhe eine existentielle Erfahrung aufzuschreiben und zu reflektieren.[2] Erbeten wird maximal eine mit PC geschriebene DIN A4-Seite, die in einem zugeklebten Briefumschlag zu einem bestimmten Termin abgegeben werden soll. Die auf diese Weise anonymisierten individuellen Symbolisationen werden von den Lernenden selbst in einen Sammelumschlag gesteckt. Bis zur nächsten Stunde werden sie von der Lehrperson gelesen und markante individuelle Symbolisationen satzweise ausgewählt. Bereits bei der Ankündigung der Aufgabe wird die Möglichkeit eines Vermerks eingeräumt, der das Zitieren im Unterricht unterbindet. Resultate mit diesem Vermerk werden dann nicht in die Auswahl einbezogen. In der folgenden Stunde werden die von der Lehrperson ausgewählten Sätze nacheinander langsam und schweigend an die Wand projiziert. Vor und nach dieser Stundenphase weist die Lehrperson darauf hin, dass es sich hier um subjektive Aussagen handelt, die sich jeglicher Bewertung entziehen.

Erwartung:

Es hörte sich an, als würde ein ganzer Chor singen in meinem Kopf. Auf einmal verspürte ich am gesamten Körper Gänsehaut und ein einmaliges Gefühl von Barmherzigkeit und Liebe machte sich breit.

Doch nach einer Weile schwanden meine Kräfte und ich schaffte es nicht mehr aufzutauchen. Mir war bewusst, dass ich nun sterben müsste, wenn ich nicht wieder an die Oberfläche gelangte. Da es mir aussichtslos erschien, schloss ich bereits mit meinem Leben ab.

Und es fühlt sich an, als würde man etwas Besonderes verlieren, etwas, das man gut kennt.

Ich fühlte mich im ersten Moment leer und konnte kaum weinen.

Hinweise: Diese Methode eignet sich besonders als subjektorientierter Einstieg zur Erörterung von Religionsverständnissen. Ihre Platzierung am Beginn des Oberstufenunterrichtes bewirkt, dass während des gesamten Lernprozesses in der Oberstufe ein gedanklicher Rückgriff auf die ausgelösten Denk- und Deutungsprozesse möglich ist. Bereits bei der Ankündigung der Aufgabe ist es wichtig, deren Zielstellung ausführlich mit den Lernenden zu besprechen. Es geht darum, das Unterrichtsgeschehen so weit wie möglich auf die Erfahrungen und Bedürfnisse der Lernenden abzustimmen und ihre Lebenserfahrungen in den Unterricht einzubeziehen. Es bietet sich an, die Mühe, die sich die Lernenden mit der Verschriftlichung machen, als Unterrichtsmitarbeit zu honorieren. Dabei kann jedoch nur die Tatsache gewertet werden, dass jeder einen Umschlag abgibt. Von der durchaus bestehenden Möglichkeit, einen leeren Umschlag oder ein leeres Blatt abzugeben, machen erfahrungsgemäß maximal 2% der Lernenden Gebrauch. Hier zeigt sich ihr hohes Interesse an einer Eigenbeteiligung am Unterricht. Hingewiesen werden muss auch noch auf den stark performativen Charakter der Methode – auch für die Lehrenden. Die Lektüre der existentiellen Erfahrungen kann gar nicht spurlos an der Lehrkraft vorübergehen. Die Beziehungsqualität zwischen Lehrende und Lernenden verändert sich mit dieser Einheit grundlegend.

Anschluss: Religionsverständnisse von Schleiermacher, Sölle, Tillich, Theißen (**M 1–M 4**)
Initialerfahrungen der Religionsstifter und daraus resultierende Legendenbildungen

1 Ausführliche Erläuterung, Begründung und Reflexion der Methode in: Rosenow, Symbolisieren, 159–164.

2 Dieses Verfahren sollte auch dann beibehalten werden, wenn es sich um eine Schule handelt, in der im Allgemeinen keine Hausaufgaben erteilt werden. Lernende verstehen im Gespräch gut, dass nur zu Hause der nötige Schutzraum gegeben ist.

M 1 Schleiermacher: Religionsverständnis

Friedrich Schleiermacher (1768–1834)

Die folgenden Textabschnitte stammen aus Schleiermachers Buch „Über die Religion. Reden an die Gebildeten unter ihren Verächtern", das er mit 30 Jahren verfasst hat. Schleiermacher war in den Berliner Literaturzirkeln sowie in der Epoche der Romantik beheimatet. Er grenzt sich von dem bisherigen Verständnis von Religion ab, wie es erst kurz vor ihm Immanuel Kant formuliert hatte: Religion sei reines Denkkonstrukt (der Metaphysik) oder Begründung für moralische (Verhaltens-) Regeln. – Wenn Schleiermacher jetzt von Gefühl spricht, meint er etwas, was wir heute eher mit „Intuition" oder „Gespür" beschreiben würden. Universum ist dagegen bei ihm kein kosmischer Begriff, sondern allumfassend auf die gesamte Welt und ihre Vorgänge bezogen.

Darum ist es Zeit, die Sache einmal beim anderen Ende zu ergreifen, und mit dem schneidenden Gegensatz anzuheben, in welchen sich die Religion gegen Moral und Metaphysik befindet. Das war es, was ich wollte. Ihr habt mich mit Euerem gemeinen Begriff gestört; er ist abgetan, hoffe ich, unterbrecht mich nun nicht weiter. [...]
Ihr Wesen [das Wesen der Religion] ist weder Denken noch Handeln, sondern Anschauung und Gefühl. Anschauen will sie das Universum, in seinen eigenen Darstellungen und Handlungen will sie es andächtig belauschen, von seinen unmittelbaren Einflüssen will sie sich in kindlicher Passivität ergreifen und erfüllen lassen. [...]
Praxis ist Kunst, Spekulation ist Wissenschaft, Religion ist Sinn und Geschmack fürs Unendliche. [...]

Anschauen des Universums, ich bitte befreundet Euch mit diesem Begriff, er ist der Angel [der zentrale Drehpunkt] meiner ganzen Rede, er ist die allgemeinste und höchste Formel der Religion, woraus Ihr jeden Ort in derselben finden könnt, woraus sich ihr Wesen und ihre Grenzen aufs genaueste bestimmen lassen. Alles Anschauen gehet aus von einem Einfluß des Angeschaueten auf den Anschauenden, von einem ursprünglichen und unabhängigen Handeln des ersteren, welches dann von dem letzteren seiner Natur gemäß aufgenommen, zusammengefaßt und begriffen wird. [...]

Jener erste geheimnisvolle Augenblick, der bei jeder sinnlichen Wahrnehmung vorkommt, ehe noch Anschauung und Gefühl sich trennen, wo der Sinn und sein Gegenstand gleichsam ineinander geflossen und Eins geworden sind, ehe noch beide an ihren ursprünglichen Platz zurückkehren – ich weiß wie unbeschreiblich er ist, und wie schnell er vorüber geht, ich wollte aber Ihr könntet ihn festhalten und auch in der höheren und göttlichen religiösen Tätigkeit des Gemüts ihn wieder erkennen. Könnte und dürfte ich ihn doch aussprechen, andeuten wenigstens, ohne ihn zu entheiligen! Flüchtig ist er und durchsichtig wie der erste Duft womit der Tau die erwachten Blumen anhaucht, schamhaft und zart wie ein jungfräulicher Kuß, heilig und fruchtbar wie eine bräutliche Umarmung; ja nicht wie dies, sondern er ist alles dieses selbst. Schnell und zauberisch entwickelt sich eine Erscheinung eine Begebenheit zu einem Bilde des Universums.

Aus: Schleiermacher, Friedrich, Über die Religion, 1799, 49–74.

Erklärung:
Metaphysik = Denkkonstrukte, rein gedachte Theorien

M 2 Tillich: Religionsverständnis

Paul Tillich (1886–1965)

Tillich ging 1933 in die USA, weil er in Deutschland wegen seiner kritischen Haltung gegenüber dem NS-Staat mit Berufsverbot belegt wurde und blieb bis zu seinem Tod dort. Er versucht, sich in seiner Theologie zwei unhintergehbaren Problemfeldern der Philosophie- und Theologiegeschichte zu stellen: Friedrich Nietzsche hatte behauptet, Gott sei tot und die Menschen hätten ihn durch ihre festen Vorstellungen getötet. Außerdem stellte man sich nach dem II. Weltkrieg die Frage: Wo war Gott in Auschwitz?
Tillich versucht zu antworten, indem er das Göttliche in der Tiefe der menschlichen Erfahrung sucht.

Das entscheidende Element in der gegenwärtigen Situation des westlichen Menschen ist der Verlust der Dimension der Tiefe. „Dimension der Tiefe" ist eine räumliche Metapher – was bedeutet sie, wenn man sie auf das geistige Leben des Menschen anwendet und sagt, dass sie ihm verlorengegangen sei? Es bedeutet, dass der Mensch die Antwort auf die Frage nach dem Sinn seines Lebens verloren hat, die Frage danach, woher er kommt, wohin er geht, was er tun und was er aus sich machen soll in der kurzen Spanne zwischen Geburt und Tod [...]

Unsere Generation hat keinen Mut mehr, solche Fragen mit unbedingtem Ernst zu stellen, wie es frühere Generation taten, und sie hat auch keinen Mut mehr, auf irgendwelche Antworten auf diese Fragen zu hören. Ich beabsichtige, die Dimension der Tiefe im Menschen als seine ‚religiöse Dimension' zu bezeichnen. Religiös sein bedeutet, leidenschaftlich nach dem Sinn unseres Lebens zu fragen und für Antworten offen zu sein, auch wenn sie uns tief erschüttern. Eine solche Auffassung macht die Religion zu etwas universal Menschlichem, wenn sie auch von dem abweicht, was man gewöhnlich unter Religion versteht. Religion als Tiefendimension ist nicht der Glaube an die Existenz von Göttern, auch nicht an die Existenz eines einzigen Gottes. Sie besteht nicht in Handlungen und Einrichtungen, in denen sich die Verbindung des Menschen mit seinem Gott darstellt. Niemand kann bestreiten, dass die geschichtlichen Religionen „Religion" in diesem Sinne sind. Aber Religion in ihrem wahren Wesen ist mehr als Religion in diesem Sinne: Sie ist das Sein des Menschen, sofern es ihm um den Sinn seines Lebens und des Daseins überhaupt geht [...]

Wenn wir Religion als das Ergriffensein von einem letzten, unbedingten Anliegen verstehen, müssen wir eingestehen, dass der typische moderne Mensch sich keines solchen Anliegens bewusst ist. Was man für ein Wiederaufleben der Religion gehalten hat, ist der oft verzweifelte und meist vergebliche Versuch, das Verlorene wiederzugewinnen [...]

Aus: Tillich, Paul, Die Sprache der Religion, in: Ders., Die verlorene Dimension der Tiefe. Not und Hoffnung unserer Zeit, Berlin 1969, 8.

M 3 Sölle: Religionsverständnis

Dorothee Sölle (1929–2003)

Dorothee Sölle gehört zu den profiliertesten und mutigsten Theologinnen im Nachkriegsdeutschland. Sie versuchte, die menschlichen Erfahrungen des Leidens, der Armut und Unterdrückung in ihr Religionsverständnis einzubeziehen. Wegen ihrer kritischen Haltung bekam sie in Deutschland keine Professur, arbeitete als Lehrerin und war als Autorin tätig. Sölle thematisierte in ihren Schriften die Sehnsucht des modernen mündigen Menschen nach einem sinnvollen Leben. Sie bemühte sich dabei um eine auch für Nichtreligiöse verständliche Sprache. Ihr Engagement galt außerdem Friedens- und Frauenfragen.

Aber was ist eigentlich der Inhalt dieses religiösen Bedürfnisses? Wonach sehnen sich Menschen? Es ist der Wunsch, ganz zu sein, das Bedürfnis nach einem unzerstückten Leben. Das alte Wort der religiösen Sprache „Heil" drückt genau dieses Ganz-Sein, Unzerstückt-Sein, Nicht-kaputt-Sein aus. Dass die kaputten Typen – und wer rechnet sich nicht zuzeiten dazu? – den Wunsch haben, ganz zu sein, ist nur verständlich. Es ist zugleich der Wunsch nach einem Leben ohne Berechnung und ohne Angst, ohne äußere oder bereits verinnerlichte Erfolgskontrolle, ohne Absicherung. Vertrauen können, hoffen können, glauben können alle diese Erfahrungen sind mit einem intensiven Glücksgefühl verbunden, und eben um dieses Glück des Ganz-Seins geht es in der Religion. [...]

Wir müssen die Voraussetzungen, die Menschen zu so etwas wie Glauben bringen können, etwas genauer klären und zunächst versuchen, die Religion zu verstehen als einen Akt der Kreativität, in dem Menschen das tun, was sie in aller Kultur tun: sich die Welt aneignen, die Natur humanisieren, das Schicksal als den fremden, feindlichen Gott überwinden. Das religiöse Bedürfnis ist das Bedürfnis, Sinn zu erfahren und Sinn zu stiften. Es gibt keine Existenz ohne die Suche nach Sinn. Gerade weil ich den Sinn und das Ganz-Sein nicht finde, sondern mich immer wieder am Sinnlosen, am Absurden, am Nicht-Deutbaren verletze, darum kann es mir nicht genügen, mich als ein Objekt zu verstehen, das in deterministische [vorherbestimmte] Ketten gelegt ist. Im religiösen Akt setzen Menschen den Sinn gegen die Sinnlosigkeit, das Ganz-Sein gegen die Zerstückelung, den Mut zu sein gegen die Angst. [...]

Das religiöse Bedürfnis ist das Bedürfnis nach erfahrenem Sinn, die Sehnsucht nach versprochener und sichtbar werdender Wahrheit. Religion ist der Versuch, nichts in der Welt als fremd, menschenfeindlich, schicksalhaft, sinnlos anzunehmen, sondern alles, was begegnet, zu verwandeln, es einzubeziehen in die eigene menschliche Welt. Alles soll so gedeutet werden, dass es „für uns" wird. Alles Starre soll biegsam, alles Zufällige notwendig, alles sinnlos Scheinende als wahr und gut geglaubt und gedacht werden. Religion ist der Versuch, keinen Nihilismus zu dulden und eine unendliche (endlich nicht widerlegbare) Bejahung des Lebens zu leben.

Aus: Sölle, Dorothee, Der Wunsch, ganz zu sein, in: Die Hinreise, 1975, © Kreuz in der Verlag Herder GmbH, Freiburg i.Br., 167–185.

Erklärungen:
determiniert: vorherbestimmt
Nihilismus ist das konsequente Verneinen eines Sinns im Leben.

M 4 Theißen: Religionsverständnis

Gerd Theißen: Religion als Antwort auf den Aufforderungscharakter der Wirklichkeit

Die Differenzierung in Resonanz und Absurdität

Für die untrennbare Gegensätzlichkeit der religiösen Erfahrungen führt Theißen zwei Begriffe ein, die sowohl für das Verhältnis des Menschen zur gesamten Wirklichkeit, als auch zu seinen Mitmenschen gelten können. Der Begriff der *Resonanz* meint die Erfahrung des Mitschwingens, der Klangverstärkung, der Harmonie. Dieses der Musik entliehene Sprachbild trifft besonders das Gefühl des Mit-der-Welt-eins-Seins, des Schwingens auf einer Wellenlänge. Die Resonanz schwingt zwischen den Polen von Aktivität und Passivität. Einerseits verlangt es den Menschen nach Resonanz und er begibt sich aktiv auf die Suche nach ihnen, andererseits wird er von Resonanzerfahrungen wider Willen ergriffen.
Die gegenteilige Erfahrung, die sich nicht nur im Ausbleiben der Resonanz erschöpft, sondern in dem Ausgeliefert-Sein an lebensfeindliche Kräfte besteht, nennt er *Absurdität*. Absurditätserfahrungen werfen Fragen nach dem „Warum" auf, die nicht zu beantworten sind. Sie können das Verhältnis zur Lebenswirklichkeit, zu Mitmenschen oder zu sich selbst betreffen. Resonanz und Absurdität bedingen einander. Sie sind nur aneinander erklärbar: jede Resonanzerfahrung strahlt nur vor dem Hintergrund der Absurdität. Jede Absurditätserfahrung enthält gleichzeitig die Sehnsucht nach Resonanz.
Vor dem Hintergrund dieser Differenzierungen kann Theißen seinen Religionsbegriff formulieren: *„Religion ist Sensibilität für Resonanz und Absurdität der Wirklichkeit" (49).*

Die Konkretionen der Resonanz- und Absurditätserfahrungen

Für die von ihm beschriebenen Resonanz- und Absurditätserfahrungen bietet Theißen Konkretionen an, die sich in der Schwingung zwischen Aktivität und Passivität erfassen lassen.
Die *nomologische Erfahrung*, die Faszination an der Gesetzmäßigkeit der Natur, empfindet auf der Grundlage einer wissenschaftlichen Haltung die mit dem menschlichen Verstand erfassbaren Naturgesetze und Strukturen als beglückend. Die Annahme eines schöpferischen Weltgeistes ist dazu nicht nötig. Gleichzeitig aber kann die Natur in Zufällen, Katastrophen und Chaos auch als absurd erlebt werden.
Die hermeneutische, solidarische und erotische Erfahrung bezieht sich auf die Mitmenschen. Vollständiges menschliches Verstehen wird als beglückender Einzelfall erlebt – gleichzeitig kann Kommunikation aussichtslos scheitern oder aneinander vorbei gehen. Der solidarischen Hilfe einzelner Menschen, in Projekten oder innerhalb der Gesellschaft, widerspricht die Absurditätserfahrung des zunehmenden Sozialdarwinismus. Der erotischen Faszination zweier Menschen aneinander steht das unwiderrufliche Scheitern von Lebensentwürfen gegenüber, die auf dieser Grundlage basierten.
Die organologische Erfahrung bezieht sich auf die Erfahrung des Lebendigen – nicht nur des Menschen an sich, sondern auch auf sein Eingebunden-Sein in die Natur und ihre Gesetzmäßigkeiten. Sie wird kontrastiert durch die Erfahrung eines banalen menschlichen Daseins, das auf jegliche Reflexion verzichtet.
Die Erfahrung des Ästhetischen ist nicht nur durch Kunst, Dichtung und Musik bestimmt, sondern entdeckt auch im Alltäglichen das Besondere, das Verborgene. Wenn der Zusammenhang des Schönen weg- und die Wirklichkeit in nichtssagende Einzelteile zerfällt, stellt sich Absurdität ein.
Die existentielle Erfahrung nimmt die eigene Existenz als Geschenk wahr, interpretiert Zufallserfahrungen als Geheimnis des eigenen Seins und erlebt das Leben als Wert an sich. Wird Zufall jedoch als grausam erlebt und entsteht Angst vor dem In-der-Welt-Sein, erscheint das eigene Leben absurd.
Die existentielle Frage bezeichnet Theißen als die umfassendste, als die religiöse Grunderfahrung schlechthin. Sie sollte jedoch nicht dazu führen, in einem unendlichen Frageprozess nach den *Ursachen* dieser Existenz zu suchen, sondern die Frage anders zu stellen: „Wie können wir mit unserer Existenz dem Geheimnis des Daseins *entsprechen*?" (69) Das Heilige – so Theißen weiter – lässt sich überall entdecken. Es kommt daher auf eine offene sensible Lebenshaltung an. Der Widerspruch zum Glauben scheint deshalb nicht Unglaube oder Atheismus zu sein, sondern Unachtsamkeit der Wirklichkeit gegenüber.

Aus: Theißen, Gerd, Argumente für einen kritischen Glauben oder: Was hält der Religionskritik stand? München [2]1978. Zusammenfassung: Gundula Rosenow.

Freiheit und Verantwortung

Kl. 11/12, Jugend

Phase: Motivation

Methode: Assoziation

Material: Tafel / Flipchart o.ä.

Erfahrungsfeld: Freiheit resultiert aus den Sicherheiten des Lebens.

Zielstellung: Nach christlichem Verständnis geht der menschlichen Freiheit eine Befreiung durch Gott voraus. Diese Aussage soll an Hand eigener Erfahrungen nachvollzogen werden können.

Aufgaben:
1. Zähle auf, wovon du (nach deinem Abitur) befreit bist.
2. Stelle zusammen, wozu du dann frei bist.
3. Überlege, woraus diese Freiheit resultiert.

Ablauf: Die Assoziationen werden offen und in der beschriebenen Reihenfolge an der Tafel / dem Flipchart gesammelt. Im folgenden Unterrichtsgespräch werden besonders die unter „aus" gesammelten Ressourcen bedacht und in lebensweltliche Beispielsätze gebracht. Sie betreffen Vorfindlichkeiten, die die Lernenden sich nicht selbst zu verdanken haben und die sie oft für selbstverständlich halten.

Erwartung:

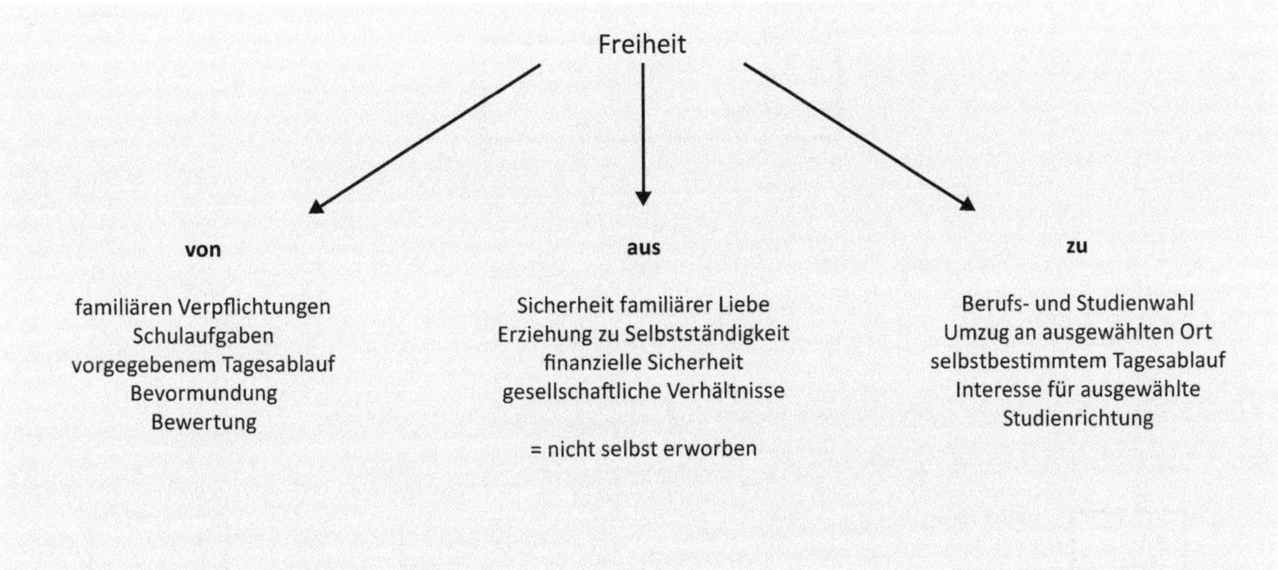

„Weil ich weiß, dass ich zu Hause jederzeit willkommen bin, deshalb kann ich guten Gewissens ausziehen."
„Weil ich mich von ihr/ihm geliebt fühle, deshalb fühle mich so frei, ihr/ihm treu zu sein."
„Weil mir eine Organtransplantation das Leben gerettet hat, deshalb engagiere ich mich für die Organspende."

WEIL ... DESHALB

Hinweise: Diese Methode arbeitet sich am besten an Schwellensituationen des Lebens, in denen Jugendliche ins Nachdenken über die Selbstverständlichkeiten des Lebens kommen. Erfahrungsgemäß fällt das Erschließen der Denkfigur, dass der Mensch aus dem lebt, was er sich nicht selbst zu verdanken hat, in allen Altersstufen sehr schwer. Besonders in der Pubertät steht eher die eigene Leistungsfähigkeit im Fokus. Es bedarf daher der Geduld und Feinfühligkeit der Lehrenden sowie konkreter Beispielsätze zur Veranschaulichung.

Anschluss: aus Befreiung entsteht Verantwortung:
– „Ich habe dich befreit – du wirst nicht mehr ..." Gebote Ex 20,1–17
– „Ich bin dir gnädig – du brauchst nicht mehr ..." Paulus, Rechtfertigung
– „Ich habe dich innerlich befreit – deshalb kannst du äußerlich dienen" Luther

Phase: Motivation

Methode: Clustern

Material: Blätter DIN A4 / DIN A5, dicke Stifte

Erfahrungsfeld: Schuldgefühle werden oft nicht ausgesprochen, bewirken aber Veränderungen in der eigenen Person sowie zur jeweiligen Umwelt und zu den Mitmenschen.

Zielstellung: Individuelle Symbolisationen von Schuldgefühlen werden so visualisiert, dass ihre Relationalität deutlich wird.

Aufgabe:
Wie wirken sich Schuldgefühle auf einen Menschen aus?

Ablauf: Die Lernenden werden gebeten, möglichst nur einen Begriff / eine Metapher auf das Blatt zu schreiben. Nach dem Beschriften werden die Blätter verdeckt innerhalb der Gruppe gesammelt. Das Clustern übernimmt die Lehrperson selbst, indem sie die Beschriftungen laut vorliest und bereits mit Blick auf die angestrebte Figur sortiert. Im Anschluss werden dann gemeinsam Oberbegriffe für die Ecken des so entstandenen Dreiecks gesucht. Es ist zu erwarten, dass die von den Lernenden bestimmten Begriffe Analogien zu den Begriffsbestimmungen Tillichs aufweisen.

Erwartung:

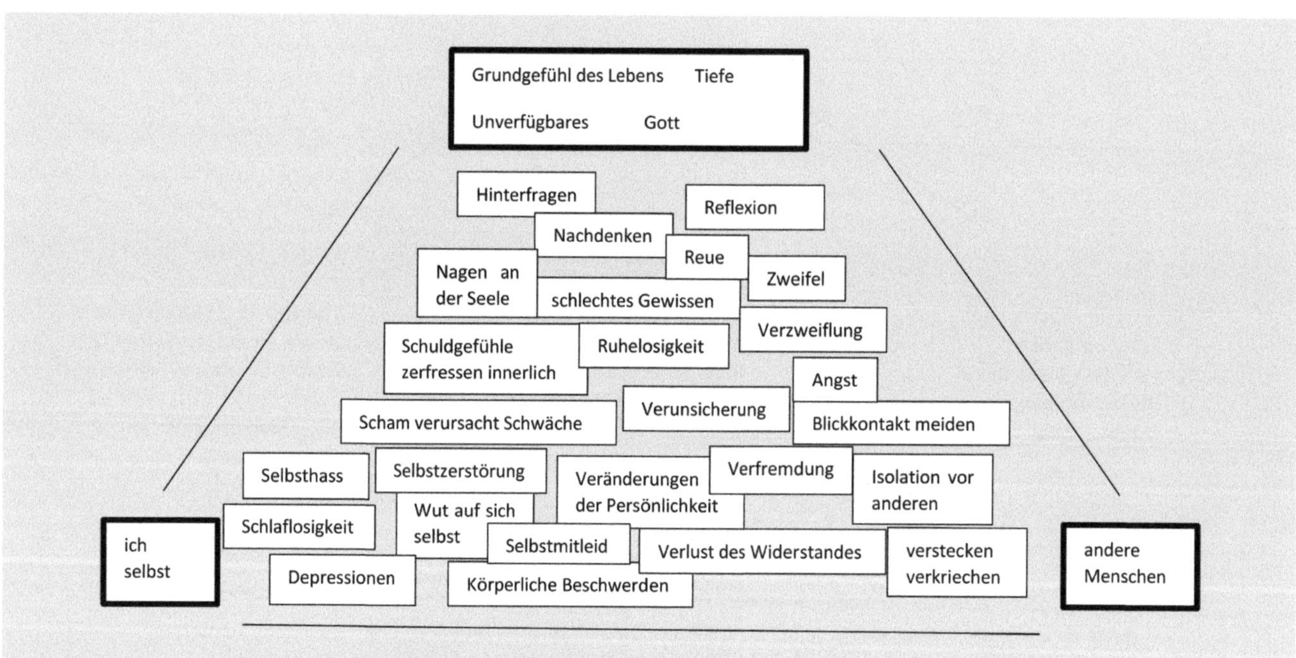

Hinweise: Für die Lehrperson ist es hilfreich, sich vor Clustern und Gespräch das Sündenverständnis Tillichs vor Augen zu führen (**M 1**), damit das Gespräch zielführend verlaufen kann. Die Aufgabenstellung muss im Allgemeinen verbleiben. Es sollte sogar dezidiert darauf hingewiesen werden, dass hier keine persönlichen, sondern allgemein-menschliche Verhaltensweisen gefragt sind. Persönliche Auskünfte über so sensible Themen sind vor der Gruppe nicht möglich. Außerdem ist aus Gründen der Wertschätzung darauf zu achten, dass in die Eckpunkte der Relation die Begriffe der Lernenden eingetragen werden.

Anschluss: etymologische Klärungen des Begriffs Sünde
Tillich: Sünde als mehrdimensionale Entfremdung[1] (**M 1**)
Safranski: Die Geburt des „Nein" (**M 2**)
Rosenow: Erinnert eingebrachtes Erleben: „Der Tod ist schrecklich"[3] (**M 3**)

1 Ortswechsel 12 „Spielräume", München 2014, 32–33.
2 Rüdiger Safranski, Das Böse oder Das Drama der Freiheit, Frankfurt [6]2004, 23–24, 27–28, 26.
3 Rosenow, Symbolisieren, 222–223.

M 1 **Tillich: Sündenverständnis** (Material für die Hand der Lehrenden)

Entfremdung und Sünde – das Sündenverständnis bei Paul Tillich

„Der Zustand der Existenz ist der Zustand der Entfremdung. Der Mensch ist entfremdet vom Grund seines Seins, von den anderen Wesen und von sich selbst." (52) Tillich unterscheidet dazu auf der Grundlage der ontologischen Unterscheidung Platons (s.a. „Ontologie und Metaphysik" S. 96) in Existenz und Essenz. Die Existenz ist unsere immer von Unzulänglichkeiten durchzogene Lebensrealität, die untrennbar verbunden ist mit der Endlichkeit unseres Lebens. Das Essentielle hingegen ist das wahre Sein, das Wesen, das im Bereich der ewigen Ideen zu verorten ist, also das vollkommene, das potentielle, mögliche Leben. Beide Bereiche sind im menschlichen Leben gemischt: das tatsächliche unzulängliche Leben und die Vorstellungen, Ideen und Sehnsüchte von idealem Leben. (Biblische Autoren sprechen vom Heil. Jesus nennt dieses ideale Leben Reich Gottes.)

Die Differenz zwischen tatsächlicher Vorfindlichkeit und erträumtem Ideal lässt sich mit Jugendlichen in der Findungsphase sehr gut thematisieren. Anzuerkennen, dass man selbst nicht den (eigenen und anderen) Idealvorstellungen entspricht, fällt nicht nur Jugendlichen schwer.

„Entfremdung ist kein biblischer Begriff, aber er ist in den meisten biblischen Beschreibungen der menschlichen Situation enthalten." (53) Tillich erwähnt beispielsweise die Austreibung aus dem Idealzustand des Paradieses, die Feindschaft zwischen Brüdern, die babylonische Sprachverwirrung. Diese in alte Mythen gefassten Beschreibungen erfassen genau das, was er mit dem Begriff der Entfremdung zu fassen versucht. Tillich distanziert sich damit von dem falschen Verständnis, Sünden seien Abweichungen vom Moralgesetz. „Nicht dass sie Ungehorsam gegen ein Gesetz ist, macht eine Handlung sündig, sondern dass sie Ausdruck der Entfremdung des Menschen von Gott, seinem Nächsten und von sich selbst ist."

Wer mit Jugendlichen die Unzulänglichkeiten des realen Lebens thematisiert, wird auf ein reiches Spektrum dessen stoßen, worunter sie leiden: das beginnt beim frühen Aufstehen und geht über die Fremdbestimmung durch die Schule bis hin zu Familienstreitigkeiten und -trennungen.

„Unglaube bedeutet für den protestantischen Christen den Akt, in dem der Mensch sich in seiner Ganzheit von Gott abwendet. In seiner existentiellen Selbstverwirklichung wendet er sich seiner Welt und sich selbst zu und verliert seine essentielle Einheit mit dem Grunde von Selbst und Welt." (53) Was heißt das heute konkret? Wenn ein Mensch sein Leben ausschließlich auf der eigenen Machbarkeit aufbaut, nicht nur sein Online-Profil schönt, sondern auch seinen Lebenslauf karrierekonform gestaltet, wenn Egoismus sein Verhältnis zu Tier und Natur bestimmt und Narzissmus seine sozialen Beziehungen – dann hat sich dieser Mensch von dem entfernt, was Wesen des Mensch-Seins ist: die zumindest zeitweise gelebte Möglichkeit „heilen" Lebens. Dieses „Heil" besteht darin, mit den Unverfügbarkeiten des Lebens umzugehen, vor dem Hintergrund der eigenen Endlichkeit zu leben und sich selbst im gesamten Weltbezug verortet zu wissen (als „Teil des Universums", würde Schleiermacher sagen).

Ja, aber bin ich denn nicht selbst für mein Leben verantwortlich? fragen junge Leute. Die Ambivalenz zwischen eigener Lebensverantwortung und dem Umgang mit Unverfügbarem (dass ich so bin, wie ich bin, dass manches passiert ohne mein Zutun, dass ich immer unauflöslich eingebunden bin) ist das zentrale Thema von Religion. Für diese Fragestellungen müssen Jugendliche oft erst sensibilisiert werden.

Es ist Hybris zu meinen, der Mensch hätte sein Leben vollständig im Griff. (57) Wer so denkt, macht sich zum egoistischen Mittelpunkt der Welt. Ebensolche Hybris ist es, zu behaupten, allein im Besitz der Wahrheit zu sein. (59) Wer so denkt, hängt Götzen an. Entfremdung ist es auch, sich die Welt „einzuverleiben" (60), indem der Mensch auf der Suche nach Rundumbefriedigung – die eben nicht „Heil" ist – lustbetont konsumiert sowie Begierde und Macht auslebt. Er bestätigt damit nur seinen Egoismus.

Die geradezu rauschhafte Sehnsucht nach Leben vor dem Hintergrund der Singularität (ich will besonders sein) ist das Thema der heutigen Zeit. Alles soll Spaß machen. Ich will, was ich will, sofort. Ich will mich optimieren und gleichzeitig meine Mitte finden. Ich will zu mir selbst kommen.

Dieser zerrissene Zustand der Entfremdung kann nur aufgelöst werden durch die Gnade Gottes. (66) Was heißt das heute? Der Mensch darf sich in seiner Unzulänglichkeit angenommen fühlen. Er darf sich trotz der immer irgendwo vorhandenen Entfremdung als Teil dieser Welt fühlen. Zentrale Kraft zum Leben zwischen Entfremdung und Sehnsucht nach Ideal ist der Brückenschlag der Liebe. In der Tragfähigkeit menschlicher Liebe lässt sich das erfahren, was göttliche Gnade genannt werden kann.

Tillich, Paul, Systematische Theologie Band II, Stuttgart [3]1958, 52–66. Konkrete Seitenzahlen in Klammern.

Rüdiger Safranski (*1945)

In seinem Buch „Das Böse oder Das Drama der Freiheit" untersucht der Philosoph und Buchautor den Ursprung des Bösen und seine Wirkmechanismen als Preis der Freiheit des Menschen. Er beginnt dazu mit antiken Göttermythen und der „Sündenfall-Geschichte" aus dem Alten Testament, die er als tiefe Weisheit über die Wirkmechanismen menschlicher Schuld deutet, in denen der Mensch sich immer schon vorfindet, bevor er überhaupt selbstständig entscheiden kann.

Das Böse oder das Drama der Freiheit

In der Sündenfall-Geschichte gibt es einige Merkwürdigkeiten. Im Paradiesgarten steht ein Baum des Lebens sowie ein Baum der Erkenntnis „des Guten und Bösen". Von diesem zu essen wird dem Menschen, wie bekannt, verboten. Zuwiderhandlung hat zur Folge, dass der Mensch „des Todes sterben" wird. Demnach hat man sich den Menschen als ein ursprünglich unsterbliches Wesen zu denken. Das Merkwürdige an diesem Verbot ist nun, dass es, wie man heute sagen würde, einen pragmatischen Selbstwiderspruch enthält. Das Verbot schafft die Erkenntnis, die es verbietet. Mit dem verbotenen Baum der Erkenntnis verhält es sich wie mit jenem Hinweisschild, darauf steht: „Diesen Hinweis bitte nicht beachten!" Diesem Hinweis gegenüber kann man nur „schuldig werden, denn hat man ihn beachtet, kann man ihn nicht mehr nicht beachten.

Vom verbotenen Baum der Erkenntnis des Guten und Bösen gilt dasselbe: Indem dieser verbotene Baum unter allen anderen Bäumen steht, ist dem Menschen die Erkenntnis des Guten und Bösen bereits zuteil geworden. Er weiß jedenfalls, dass es etwas Böses ist, von diesem Baum der Erkenntnis zu essen. Noch ehe er also vom Baum der Erkenntnis des Guten und Bösen gegessen hat, ist er durch das Verbot bereits in die Unterscheidung von Gut und Böse eingewiesen worden.
Wenn ein Leben jenseits von Gut und Böse – in einer Unschuld also, die von dieser Unterscheidung noch nichts weiß –, wenn ein solches Leben paradiesisch gewesen sein sollte, dann hat der Mensch seine paradiesische Unschuld nicht erst verloren, als er vom Baum der Erkenntnis aß, sondern seit es ihm verboten wurde. Indem Gott dem Menschen freistellte, das Verbot zu akzeptieren oder zu übertreten, hat er ihm das Geschenk der Freiheit gemacht.

Wenn das Bewusstsein der Freiheit ins Spiel kommt, ist es mit der paradiesischen Unschuld vorbei. Von nun an existiert der Urschmerz des Bewusstseins: Bewusstsein geht nicht mehr im Sein auf, sondern geht darüber hinaus und enthält Möglichkeiten, einen ganzen verführerischen Horizont von Möglichkeiten. Denn hinter dem Baum der Erkenntnis steht ja noch, wie wir zu Anfang hörten, der Baum des Lebens. Das Bewusstsein wird zum Begehren, zur Sehnsucht. Es wird verführbar auch durch das, was ihm nicht zukommt. Diese Freiheit schließt noch nicht ein, dass der Mensch auch das ihm Zukömmliche erkennt.
Das Problem ist: die Erkenntnis ist der Freiheit noch nicht gewachsen. Aber der Mensch wird lernen, auch durch das Misslingen. Deshalb deutete Hegel die Sündenfallgeschichte nicht als Absturz, sondern als den Anfang einer Erfolgsgeschichte. Hegels prägnanter Satz, der bereits das ganze Programm seiner Philosophie enthält, lautet: „Erkennen heilt die Wunde, die es selber ist."

Tatsächlich hatte Gott den Menschen unermesslich erhöht, indem er ihn wählen ließ. Es ist wohl genau diese Freiheit, die den Menschen gottebenbildlich machte. Deshalb kann Gott nach dem Sündenfall sagen: „Siehe, Adam ist geworden wie unsereiner." [...]

Das Gesetz lockt zur Übertretung des Gesetzes. Es weckt bestimmte Vorstellungen, und diese sind es, die in der Sündenfallgeschichte als Frevel und Sünde gelten. Also nicht die Erkenntnis des Guten und des Bösen ist selbst etwas Böses, sondern böse ist, was sich Adam und Eva davon versprechen. Und was sie sich davon versprechen, ist ihnen von der Schlange zugesagt worden. „Da sprach die Schlange zum Weibe: Ihr werdet mitnichten des Todes sterben; sondern Gott weiß, dass, welches Tages ihr davon esset, so werden eure Augen aufgetan, und ihr werdet sein wie Gott, und wissen, was gut und böse ist."
So bekommt die Erkenntnis des Guten und Bösen einen neuen Sinn. Sie bedeutet jetzt das Verlangen, sein zu wollen wie Gott – allmächtig: man kann ein göttliches Verbot übertreten ohne böse Folgen. Allwissend: man kennt das Gute und Böse in dem Sinne, dass man alles kennt, was zwischen Himmel und Erde ist. Das göttliche Verbot weist den Menschen in seine Grenzen. Er darf nicht alles tun und darf nicht alles wissen. Darf er nicht oder kann er nicht? Er kann nicht, weil es ihm am Ende nicht zum Guten gereicht. Und weil er sich damit schadet, darf er auch nicht. Der Mensch darf nicht zu viel wissen wollen, er muss wissen, was sich für ihn gehört. Er darf auch nicht alles sehen wollen, er muss Verborgenes respektieren. [...]

Die Geburt des „Nein"

Bisher gab es nur materiale Wirklichkeiten: Meer und Land, Pflanzen, einen Garten, Tiere und Menschen. Durch das Verbot [des Essens vom Baum der Erkenntnis, GR] kommt eine geistige Wirklichkeit in die Welt. [...]
Dieses „Nein" ruft die Freiheit des Menschen hervor und wendet sich zugleich an sie. Denn es wird in das Belieben des Menschen gestellt, ob er diesem verbietenden „Nein" gehorcht.
In der Sündenfallgeschichte werden wir Zeugen der Geburt des Neins, des Geistes der Verneinung. Gottes Verbot war das erste Nein in der Geschichte der Welt. Die Geburt des Neins und die der Freiheit gehören zusammen. Denn nun kann auch der Mensch „Nein" sagen. Er sagt „Nein" zum Verbot, er setzt sich darüber hinweg. Nachdem Adam und Eva vom Baum gegessen haben, heißt es: „Da wurden ihrer beiden Augen aufgetan, und sie wurden gewahr, dass sie nackt waren; und flochten Feigenblätter und machten sich Schürzen ..."
Plötzlich sieht sich der Mensch von außen. Die erste Reaktion: Zurückkehren in die Unsichtbarkeit. ‚Und Adam versteckte sich mit seinem Weibe vor dem Angesicht Gottes des Herrn unter die Bäume im Garten.' Wer vor Scham in den Boden versinken möchte, will nicht nur eine Tat, sondern sich selbst, als ihr Urheber, ungeschehen machen. Er sagt „Nein" zu sich selbst. Aus Verneinungen werden schließlich Vernichtungen, was die Geschichte von Kain und Abel zeigt.

Aus: Rüdiger Safranski, Das Böse oder Das Drama der Freiheit, © 2004, Carl Hanser Verlag GmbH & Co. KG, München, 23–24, 27–28, 26.

M 3 Anonym: Tod und Schuldgefühl

Der Tod ist schrecklich

„Der Tod ist schrecklich, obwohl ich weiß, dass jeder irgendwann mal gehen muss. Keiner kann ihm entkommen, er holt dich ein und wir können nichts dagegen machen. Jedes Leben hat ein Ende, so auch dieses. Es war nur diese eine Person, diese Person, die mich in meiner verspielten Kindheit begleitet hat. [...]

Heute denke ich, dass sie immer nur das Beste für mich wollte, doch damals, als vielleicht achtjähriges Mädchen, konnte ich doch so was nicht verstehen? Hausarbeiten übernehmen so viel, wie es ging, putzen oder einfach nur helfen, fand ich schrecklich und habe mich natürlich gewehrt. Ich wollte spielen, Zeit mit Freunden verbringen, aber doch nicht im Haus arbeiten. Dafür habe ich sie gehasst. [...]

Mein Verhältnis zu ihr wurde immer schlechter, bis ich irgendwann kein Wort mehr mit ihr gesprochen habe, und das über mehrere Tage. [...] sie wurde immer älter und fing an zu vergessen, was Wirklichkeit war, sie wirkte fast wie ein kleines Kind. Zu der Zeit war ich vierzehn und es war mitten im Winter. Mein immer noch sehr schlechtes Verhältnis blieb bestehen, bis zu dem Tag, als sie zu mir meinte, dass ihr alles leidtut. Ich glaubte, dass sie wieder nicht wusste, was sie redete und machte mir keine Gedanken. Meinen Eltern habe ich diesen Vorfall nicht erzählt, weil sie immer mal etwas geredet hat, was nicht wirklich einen Sinn ergab. Es war ein Donnerstag im Januar mit ca. minus 10 Grad draußen. Ich bin morgens normal zur Schule gefahren und habe mir nichts gedacht. [...]

Sie erzählten mir die ganze Geschichte, wie sich der Winter meine Oma genommen hatte. Sie war weg, kalt, leblos und einsam draußen erfroren, während ich sie immer noch gehasst habe. Mein schlechtes Gewissen plagte mich. Sie hatte mir ein Zeichen gegeben, dass sie von uns gehen wollte, und ich habe es ignoriert. Ich habe die ganze Nacht geweint und das auch Tage danach immer noch. Bis heute habe ich meinen Eltern nie davon erzählt, auch nicht nach dem Tod meiner Oma. Ich hatte einfach zu viel Angst, dass sie mich bestrafen und dafür hassen würden. Obwohl ich sie die ganzen Jahre über gehasst habe, fühle ich mich einsam. Ich kannte es bis dahin nicht, wie es ist, wenn jemand stirbt. Wie das mit meiner Oma genau passiert ist, weiß ich gar nicht. Ich wollte es nie wissen, weil ich mich deswegen immer schlecht gefühlt hätte.

Aus diesem Erlebnis habe ich eine sehr wichtige Erfahrung und Lehre mitgenommen. Man muss die Menschen in seinem Leben so hinnehmen, wie sie sind, und akzeptieren. Man sollte versuchen, das Beste daraus zu machen, denn ein Leben kann egal aus welchen Gründen sehr schnell zu Ende sein."

Anonyme Siebzehnjährige

Aus: Rosenow, Gundula, Individuelles Symbolisieren. Leipzig ²2018, 222–223.

Über den Tiefen des Seins[1]

Kl. 11/12, Jugend

Phase: Motivation + Verarbeitung

Methode: Bildhaftes Darstellen

Material: Folienstreifen, Projektor, Wachskreiden, Papierbögen, Projektionsmöglichkeit, Arbeitsblatt

Erfahrungsfeld: Manchmal machen wir die Erfahrung, dass gerade in den Augenblicken des Lebens, in denen wir hoffnungslos zu versinken drohen, tiefe und intensive Erfahrungen von Kraft möglich sind.

Zielstellung: Die unverhoffte Erfahrung des Gehalten-Seins in den Abgründen des Lebens kann als das eigentliche Wunder gesehen werden.

Aufgaben:
1. Stelle dir eine Situation vor, in der dir das Wasser bis zum Hals steht. Plötzlich merkst du, dass du keinen Boden mehr unter deinen Füßen spürst. Du weißt, dass du eigentlich nur sinken kannst. Wie fühlst du dich in dieser Situation? Welche Gedanken gehen dir durch den Kopf?
2. Gruppenarbeit nach Arbeitsblatt

Ablauf: Die auf Folienstreifen notierten Äußerungen werden auf den Overheadprojektor gelegt oder anderweitig projiziert. Sie können von den Lernenden still gelesen werden und bleiben auf dem ausgeschalteten Projektor liegen. Im anschließenden Gespräch erfassen die Lernenden die Allgemeingültigkeit der symbolisierten Situation. Anschließend wird mit dem Seewandel Jesu (Mk 4,35–41) weitergearbeitet; evtl. auch mit einem synoptischen Vergleich. Die Kenntnis des mythischen Weltbildes und des antiken Wunderverständnisses erleichtert das weitere Arbeiten. Die Verarbeitungsphase erfolgt selbstständig in Kleingruppen nach der Aufgabenstellung auf dem Arbeitsblatt. Dazu wird der Projektor mit den eingangs gesammelten Symbolisationen wieder eingeschaltet.

Erwartung:

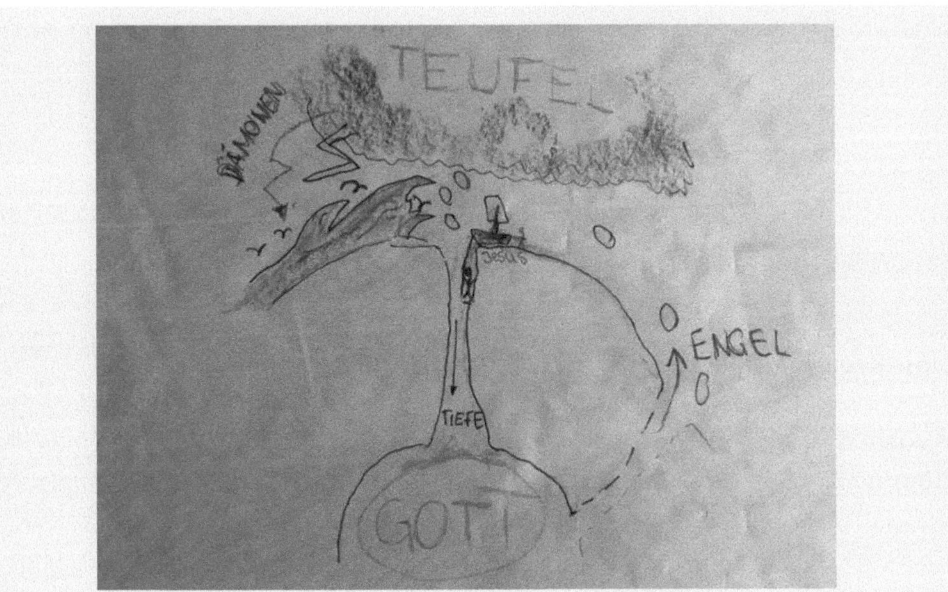

Hinweise: Es empfiehlt sich vor der selbstständigen Lektüre des Textes ein ausdrucksstarkes Lesen durch die Lehrperson. So können die Gefühlsaussagen des Textes betont werden. Eine Verbindung zu den anfänglich notierten Äußerungen auf dem wieder angeschalteten Projektor ergibt sich dann automatisch.

Anschluss: Arbeitsblatt **M 1**
„Das mythische Weltbild" S. 104
„Tod und Auferstehung" S. 41
„Die Entstehung der Auferstehungstexte" S. 116
Schauß: Auferstehung im Wunder verstehen[2]

1 Nach einer Idee von Lisa-Maria Müller.
2 Schauß, Religion, 172–175.

M 1 | **Kopiervorlage: Arbeitsblatt zur Gruppenarbeit „Über den Tiefen des Seins"**

Arbeitsblatt zur Kreativaufgabe: Über den Tiefen des Seins

Stellt in einer Skizze dar, wie sich Örtlichkeit, Zeit, Personenkonstellation und die jeweiligen Emotionen der Sturmstillung in Mk 4,35–41 zueinander verhalten. Setzt die Farben der Wachsmalstifte untermalend ein.

Bezieht ebenfalls einige Passagen aus Paul Tillichs Aufsatz „Von der Tiefe" in eure Skizze mit ein.

„[...], weil es keine Tiefe geben kann, ohne den Weg, der zu der Tiefe führt." (53)
„Das meiste in unserem Leben bewegt sich auf der Oberfläche." (54)
„[...], nur dann wenn ein Erdbeben die Oberfläche unserer Selbsterkenntnis erschüttert und zerstört, sind wir gewillt, in eine tiefere Schicht unseres Seins zu schauen." (54)
„Der Name dieser unendlichen Tiefe und dieses unerschöpflichen Grundes alles Seins ist Gott. [...] Und wenn das Wort für euch nicht viel Bedeutung besitzt, so übersetzt es und sprecht von der Tiefe in eurem Leben, vom Ursprung eures Seins, von dem, was euch unbedingt angeht [...]." (55)
„Vielleicht solltet ihr diese Tiefe Hoffnung – einfach Hoffnung – nennen." (57)
„ [...] die Tiefe des Leidens, die die einzige Tür zur Tiefe der Wahrheit ist." (58)
„Denn in der Tiefe ist Wahrheit, und in der Tiefe ist Hoffnung, und in der Tiefe ist Freude." (61)

Zitate aus: Tillich, Paul. Von der Tiefe. In: Tillich, Paul. In der Tiefe ist Wahrheit. In: Tillich, Paul. Religiöse Reden. Berlin & New York, 1985, S. 51–61.

Arbeitsblatt zur Kreativaufgabe: Über den Tiefen des Seins

Stellt in einer Skizze dar, wie sich Örtlichkeit, Zeit, Personenkonstellation und die jeweiligen Emotionen der Sturmstillung in Mk 4,35–41 zueinander verhalten. Setzt die Farben der Wachsmalstifte untermalend ein.

Bezieht ebenfalls einige Passagen aus Paul Tillichs Aufsatz „Von der Tiefe" in eure Skizze mit ein.

„[...], weil es keine Tiefe geben kann, ohne den Weg, der zu der Tiefe führt." (53)
„Das meiste in unserem Leben bewegt sich auf der Oberfläche." (54)
„[...], nur dann wenn ein Erdbeben die Oberfläche unserer Selbsterkenntnis erschüttert und zerstört, sind wir gewillt, in eine tiefere Schicht unseres Seins zu schauen." (54)
„Der Name dieser unendlichen Tiefe und dieses unerschöpflichen Grundes alles Seins ist Gott. [...] Und wenn das Wort für euch nicht viel Bedeutung besitzt, so übersetzt es und sprecht von der Tiefe in eurem Leben, vom Ursprung eures Seins, von dem, was euch unbedingt angeht [...]." (55)
„Vielleicht solltet ihr diese Tiefe Hoffnung – einfach Hoffnung – nennen." (57)
„ [...] die Tiefe des Leidens, die die einzige Tür zur Tiefe der Wahrheit ist." (58)
„Denn in der Tiefe ist Wahrheit, und in der Tiefe ist Hoffnung, und in der Tiefe ist Freude." (61)

Aus: Tillich, Paul. Von der Tiefe. In: Tillich, Paul. In der Tiefe ist Wahrheit. In: Tillich, Paul. Religiöse Reden. Berlin & New York, 1985, S. 51–61.

Über die Leere schweigen

Kl. 11/12, Jugend

Phase: Motivation

Methode: Cluster

Material: Tafel / Flipchart, evtl. Moderationskarten

Erfahrungsfeld: Es gibt Phänomene im menschlichen Leben, die sich der begrifflichen und erkenntnistheoretischen Erfassung entziehen.

Zielstellung: Zwischen dem Begriff des Nichts und dem Gottes wird eine Analogie hergestellt: beide entziehen sich der vollständigen Erkenntnis und sind begrifflich nur durch Benennung fassbar.

Aufgabe: Beschreibe das Nichts!

Ablauf: Dieser mündlichen Aufforderung wird erst einmal Verblüffung folgen. Danach werden die Beschreibungen entweder mündlich oder auf Moderationskarten gesammelt und so von der Lehrperson an der Tafel / dem Flipchart angeordnet, dass in der Mitte eine Freistelle bleibt.

Folgende Erkenntnisse müssten den Gesprächsverlauf bestimmen:

- das Nichts ist nur in der Negation zu beschreiben
- die Beschreibung geht im Ausschlussverfahren vor
- das Phänomen lässt sich nur umkreisen, aber nicht erfassen
- die leere Stelle inmitten der Negationen wird als „Leere" benannt
- die Benennung ist beliebig – sie könnte auch eine andere sein, z.B. „x"

ABER: Sobald etwas benannt wird, ist doch etwas! – Etwas ist existent, weil es benannt wurde.
Der Begriff der „Leere" und/oder des „Nichts" wird eingetragen.

Erwartung:

Hinweise: Die Analogie zur Gottes-Begrifflichkeit erschließt sich plausibel: die Existenz „Gottes" ist dadurch gegeben, dass etwas nur in Negationen Umschreibbares, der menschlichen Erkenntnisfähigkeit Entzogenes durch Benennung erfassbar wird. Das Benannte ist. Diese formal-logische Denkfigur bietet erfahrungsgemäß einen neuen Zugang zur Gottesfrage.

Anschluss: negative Theologie; Bilderverbot; Gottesnamen[1]
Schleiermacher: Schlechthinnige Abhängigkeit und die Frage nach dem Woher des Anderen[2]
Bonhoeffer: „Einen Gott, den es gibt, gibt es nicht."
Halbfas: Der Herr ist nicht im Himmel (auch als CD)[3]

---

1 Ortswechsel 11 „Spiegelungen", München 2013, 43–61.
2 Rosenow, Symbolisieren, 82–94.
3 Halbfas, Hubertus, Der Herr ist nicht im Himmel. Sprachstörungen in der Rede von Gott, Gütersloh 2013.

Phase: Motivation

Methode: Think-Pair-Share

Material: viele sehr unterschiedliche Fäden + Wollreste

Erfahrungsfeld: Im Dialog mit anderen fühlen wir uns dann verstanden, wenn wir Ähnlichkeiten mit den Erfahrungen anderer feststellen.

Zielstellung: Mögliche Strukturanalogien zwischen heutigen kommunikativen Prozessen und der Entstehung biblischer Texte werden aufgezeigt.

Aufgaben:
1. Wähle einen Faden aus, der gut zu dir passt und für deine Lebenserfahrungen stehen kann.
2. Setzt euch in Gruppen zu sechst zusammen und verbindet eure Fäden sinnvoll.
3. Verbindet nun die Gruppenresultate zu einem Gesamtkunstwerk.
4. Gebt dem Kunstwerk einen Titel.

Ablauf: Reizvoll ist ein breites Repertoire an 30–40 cm langen Fäden, Garnen und Wolle. Die Einzelnen, die sich jetzt einen Faden auswählen, identifizieren sich mit ihm. Nach der jeweiligen Auswahl sollen alle Fäden in der Gruppe miteinander verbunden werden, was auf sehr kreative Weise geschieht. Jede Gruppe stellt nun ihr Produkt vor. Dabei wird automatisch begründet und interpretiert. Deutlich schwieriger ist es nun, aus allen Gruppenresultaten ein Gesamtkunstwerk zu gestalten. Es bleibt bei der Vernetzung der einzelnen Gruppenresultate. Dieses Konstrukt wird mit einem Namen versehen und so eine Interpretation vorgenommen. Ziel ist es nun, die Übung zu reflektieren unter der Aufgabenstellung: Was ist innerhalb dieses Prozesses abgelaufen, wenn wir die Fäden als Symbole unserer Lebenserfahrung betrachten?
Die Reflexionen werden linksbündig mit doppeltem Abstand notiert. Später wird rechtsbündig in die freigelassenen Zwischenzeilen durch die Lehrperson eingeschoben, wo sich in der Entstehung der heiligen Schriften analoge Vorgänge ergeben haben könnten.

Erwartung:

Entstehung heiliger Schriften als Manifestation menschlicher Erfahrungen

1. Erfahrungen werden ausgetauscht und nach gemeinsamen Anknüpfungspunkten gesucht.

   Menschen tauschen existentielle Erfahrungen aus und fragen gemeinsam nach ihrem Sinn.

2. Erfahrungen werden zu einem gemeinsamen sinnvollen Konstrukt verbunden.

   Gemeinsame Erfahrungen werden zu Texten verschiedener Literaturgattungen zusammengefasst und bearbeitet.

3. Die unterschiedlichen Konstrukte werden in einen Zusammenhang gebracht.

   Die unterschiedlichen literarischen Resultate werden in der heiligen Schrift zusammengefasst.

4. Das Gesamtkonstrukt wird durch Namensverleihung interpretiert.

   Allen Texten der heiligen Schriften gemeinsam ist ihre Interpretation als religiöse Erfahrung.

Hinweise: Wert gelegt wird auf die Beobachtung, dass im Fadenkonstrukt die Fäden der Einzelnen durchaus erkennbar bleiben, gleichzeitig aber Teil einer Textilie geworden sind. Das Wortspiel Text-Textilie erschließt, dass sich jeder tradierte Text auch aus den Erfahrungen Einzelner zusammensetzt, und macht deutlich, warum sich über den großen Zeitabstand hinweg spontan Momente des Verstehens ergeben können. Hingewiesen werden sollte außerdem auf den hohen Anteil an eigener Interpretation, der im Verlauf dieser Übung geschehen ist. Hier lassen sich Analogien zu eigenen Lebensdeutungen aufzeigen.

Anschluss: „Die Bibel als verwobene Erfahrungsdeutung von Menschen" (**M 1**)
Unterscheidung von Erfahrung und Offenbarung und ihre Auswirkungen auf den Umgang mit den heiligen Schriften
Überblick über Bücher und Literaturgattungen der Bibel

M 1	Rosenow: Bibel als Erfahrungsdeutungen von Menschen

Die Bibel als verwobene Erfahrungsdeutungen von Menschen

Unterhalten sich Menschen über Erfahrungen und stellen sie Gemeinsamkeiten fest, dann verstehen sie sich. „Ja, das habe ich so auch schon erlebt und gefühlt oder gedacht." Innerhalb von Kommunikationsprozessen kristallisieren sich existentielle Grunderfahrungen der Menschen heraus, die uns allen gemeinsam sind: die Freude über neues Leben, Liebe, Angst vor dem Tod, das Fest in der Gemeinschaft, die Frage nach dem Sinn des Lebens. Werke der Literatur, Prosatexte und Gedichte sprechen uns deshalb so „aus dem Herzen", weil sie diese uns allen bekannten Erfahrungen verbalisieren, ihre Gefühle in Metaphern ausdrücken und so überzeitliche und überindividuelle Werke schaffen.

Die Entstehung der Bibel kann man als ebensolchen Prozess betrachten. Die verdichteten Erfahrungen der Menschen schlagen sich in unterschiedlichen Literaturgattungen nieder, die den jeweiligen Situationen gerecht werden, in denen sie entstanden sind. Klagepsalmen sind Schreie des Leids. Ihre Körpermetaphern gehen uns auch heute noch „direkt durch bis auf die Knochen". Prinzipiumsgeschichten fragen in den ersten Büchern danach, warum es überhaupt etwas gibt und nicht vielmehr nichts. Warum gibt es diese Welt und welche Rolle spielt der Mensch in ihr? Woher kommen die Sünde und die Liebe und warum lässt nicht mal einer dieser ganzen ungerechten Welt das Wasser bis zum Hals stehen? Da gibt es Movies, Weggeschichten, die wir auch kennen: Aufbrüche in neue Welten und Auszüge aus alten Bedrückungen, Revolten unterwegs, weil alles doch ganz anders war, als man sich vorgestellt hatte. Und dann immer wieder die Interpretation: Mein Leben macht Sinn. Ich bin gewollt. Meine Geschichte und die meines Volkes ist begleitet von Gott.

Im Namen Gottes, in seiner Autorität wagen es Propheten, die Stimme zu erheben und Gerechtigkeit einzuklagen. In seinem Namen werden Gesetze erlassen. Sie entstammen der Erfahrung, dass das menschliche Zusammenleben geregelt werden muss und dass es dazu einer übermenschlichen Autorität bedarf. Sie finden genauso Eingang in die Bibel wie langatmige Geschlechtsregister und literarische Schöpfungen wunderbarer sprachlicher Schönheit. Die zarte Erotik des Hohen Liedes steht hier neben der ansteckenden Metaphorik der Lobpsalmen, die Weisheiten der Sprichwörter neben den philosophischen Argumentationen des Hiobbuches. Formvollendete Briefe antworten auf verloren gegangene Anfragen griechischer Gemeinden und werden kontrastiert durch die Schreckensvisionen apokalyptischer Literatur.
Die Gleichnisse Jesu, die von den ersten Christen schriftlich fixiert werden, sind unübertroffen in ihren verblüffend einfachen Bildern. Wundergeschichten, die aus der wunderbaren Erfahrung der Begegnung mit Jesus entstanden, schildern die Befreiung, den Aufbruch, das Heilwerden, die der Einzelne empfand. Auferweckungsgeschichten verbalisieren die abgrundtiefen Emotionen der ersten Christen in drastischen Metaphern.

Es ist daher nicht verwunderlich, dass in einem Buch, das so unterschiedliche Erfahrungen in sich vereint, Widersprüche entstehen. Sie sind geradezu logisch, denn Menschen empfinden und interpretieren verschieden. Gleichzeitig muss ein Buch wie die Bibel natürlich mit Umsicht behandelt werden: jeder Text ist in einer besonderen Situation entstanden, die es zu bedenken gilt. Immer wieder sind Texte überarbeitet worden. Bereits verfasste Erfahrungen wurden durch veränderte Situationen neu lebendig, wurden intensiver erlebt und in die entstandene Situation hinein neu interpretiert.

Die Bibel enthält Erfahrungen von Menschen, die diese selbst religiös deuteten. Und so ist allen Texten gemeinsam: Sie sind immer in den großen Kontext des Gottesbezuges hineingestellt. Sie sind erzählt und niedergeschrieben worden auf einen transzendenten Horizont hin. Ihnen ist allen diese eine Aussage gemein: Ja, das Leben des Menschen macht Sinn. Trotz Verzweiflung und Leid, Sünde und Tod darf der Mensch sich aufgehoben und begleitet fühlen und Vertrauen ins Leben haben, das er je individuell zu leben hat.

An genau dieser Stelle entfaltet die Bibel deshalb auch heute noch ihre Kraft. Mitten zwischen den verschiedenen Erfahrungen, den unterschiedlichen Texten aus diversen Situationen, zwischen Widersprüchen und längst Überholtem kann es sein, dass sich ein Satz findet, der uns denken lässt: „Ja, das habe ich so auch schon erlebt und gefühlt oder gedacht."

Gundula Rosenow

Vier Mann – vier Ecken

Kl. 8–12, Konfi, Jugend

Phase: Anwendung / Verarbeitung

Methode: Bibliolog

Material: Bibeln, Schreibzeug, evtl. Smartphones

Erfahrungsfeld: Männer machen nicht viele Worte – so sagt man. Sie fassen zu und tun, was zu tun ist.

Zielstellung: Das Heilungswunder wird aus der Perspektive der vier handelnden Männer betrachtet, indem ihre möglichen Gedankengänge und Emotionen verbalisiert werden.

Aufgaben:
1. Lies die Wundergeschichte Lk 5,17–26 zweimal. Erfasse zuerst den Inhalt. Achte danach auf die Details des Textes (besonders im Vers 20).
2. Die Erzählung setzt erst mit der Beschreibung der Handlung der Männer ein. Was aber haben sie sich zuvor überlegt? Gestaltet eine Hörspielszene, die zwischen den Versen 17 und 18 spielen könnte.

Ablauf: Es werden Gruppen zu vier Personen eingeteilt, die der Aufgabenstellung entsprechend arbeiten. Es ist davon auszugehen, dass in den Gruppen diskutiert wird, ob dem Gelähmten auch eine Stimme zukommen soll. Grundsätzlich moderiert die Lehrkraft die Diskussion, überlässt aber den Lernenden die Problemlösung.

Die Dialoge werden anschließend reihum präsentiert, indem sie vorgetragen werden. Da es sich um Hörspielszenen handelt, werden die Zuhörenden gebeten, während des Vortrags die Augen zu schließen. So entstehen innere Bilder.

Noch reizvoller ist es, wenn es den Lernenden möglich ist, die Dialoge in ruhiger Umgebung per Smartphone aufzunehmen und dann für alle abzuspielen, weil sie ihr eigenes Arbeitsresultat dann noch einmal anders (gewissermaßen von außen) wahrnehmen.

Im anschließenden Unterrichtsgespräch kann nun thematisiert werden, worin das Wunder bestand. (V. 20 „Und als er ihren Glauben sah …")

Erwartung:

Je nach Gruppenarbeitsprozess entstehen unterschiedliche Dialoge.

Hinweise: Diese Arbeitseinheit kann als „Jungen-Förderstunde" deklariert werden. Besonders von pubertierenden Jungen wird Religion oft als weiblich, weich und emotional empfunden. Hier aber geht es um Handlungen. Es wird nicht viel geredet – es wird getan. Jungen können sich mit diesem Vorgehen einfacher identifizieren und sind entsprechend motiviert. Sie nehmen es darüber hinaus mit Befriedigung zur Kenntnis, dass Mädchen aufgefordert werden, sich in „ihre" eher handlungsorientierte Perspektive hinein zu versetzen. Didaktisch handelt es sich hier nicht um die Verfestigung von Geschlechterrollen, sondern um die Einübung eines Perspektivwechsels, der der Identitätsbildung zuträglich ist.

Es arbeitet sich leichter, wenn zuvor thematisiert worden ist, dass die „Einstufung" als Wunder von der subjektiven Perspektive des Betrachters und dessen Ver-Wunderung über eine nicht für möglich gehaltene Lösung der Situation abhängt und nicht von einer Naturgesetzdurchbrechung.

Es sollte weiterhin die Sachinformation zur Verfügung gestellt werden, dass Krankheit zur Zeit Jesu mit dem Verständnis von Schuld und Sünde in Verbindung gebracht wurde.

Anschluss: Wundererzählungen als Messiasbekenntnisse: „Messiastraditionen" S. 94
„Wunderbare Wunder" S. 43
Verbindung mit Krankheitsverständnis zur Zeit Jesu „Befreiung und Erlösung" S. 36
Verbindung mit christologischen Überhöhungen „Entstehung der Auferstehungstexte" S. 116
Wunder[1]

1 Kursbuch Religion Elementar 2, Stuttgart 2018/Braunschweig, 92f.

Tagebuch der Maria Magdalena

Kl. 9–12, Konfi, Jugend

Phase: Verarbeitung

Methode: Kreatives Schreiben

Material: Bibeln (Gute Nachricht)

Erfahrungsfeld: Stimmungsschwankungen sind nicht nur in der Pubertät an der Tagesordnung. Wo ein Vertrauter fehlt, helfen oft Tagebucheintragungen.

Zielstellung: Die Rückübersetzung in emotionale Tagebucheinträge macht die Metaphorik der Texte deutlich und erschließt Lernenden deren Hauptfigur auf existentieller Ebene.

Voraussetzung: Evtl. Krankheitsverständnis zur Zeit Jesu

Aufgabe: Lies die Texte Lk 8,1–3, Lk 23,26–34 und 49, Lk 24,1–11. Verfasse zu jedem Textabschnitt einen möglichen Tagebucheintrag, der von Maria Magdalena stammen könnte.

Ablauf: Die Aufgabe wird erklärt. Evtl. sind einige historisch-kritische Bemerkungen zur Rolle der Frau zur Zeit Jesu nötig. Für Lektüre und Tagebucheinträge arbeiten die Lernenden alleine. Bei Nachfragen steht die Lehrende zur Verfügung.

Erwartung:

Liebes Tagebuch!

Heute ist ein ereignisreicher Tag. Mich plagen schon seit Längerem dunkle Gedanken. Es ist so, als würde ein Schwall von Emotionen mich von innen zerfressen. Wochenlang musste ich schreckliches Gespött über mich ergehen lassen. Ich fühlte mich von der Gesellschaft verachtet und ausgestoßen. Außer von einem: Jesus. Ich habe ihn vor ein paar Tagen kennengelernt. Er gibt mir erstmals das Gefühl, geachtet und geschätzt zu werden. Er lässt mich Frau sein. Er lässt mich Mensch sein. In seinem Gefolge fühle ich mich sicher und geborgen. Heute hat er mich von meinen negativen Emotionen befreit. Nun fühle ich mich frei und gesegnet. Ich habe beschlossen, mit ihm zu gehen, obwohl ich weiß, dass sich das für eine Frau nicht gehört.

Die Last, die Jesus von mir nahm, ist wieder da! All die dunklen Gefühle steigen wieder in mir hoch. Sie haben ihn uns genommen. Sie haben ihn gekreuzigt. Er ist tot! Jede einzelne Zelle meines Körpers ist randvoll mit Trauer gefüllt. Ich bin überwältigt von der Leere, die da in mir hoch steigt. Die anderen Frauen trösten mich. Wir trösten uns gegenseitig. Aber ich bin untröstlich. Ich wollte bei ihm bleiben. Ohne ihn werde ich mein weiteres Leben nicht überstehen. Ich habe Angst vor der Rückkehr meiner inneren Dämonen. Sie werden mich zerfressen, bis nichts mehr von mir bleibt.

Als ich heute mit Maria am Grab saß und mir die Tränen über die Wangen liefen, erfüllte mich eine so tolle Wärme und ein so starkes Geborgenheitsgefühl, dass mir sofort klar wurde, dass Gott bei mir ist. Meine Tränen versiegten. Jesus lebt weiter! Gott hat ihn zu sich geholt, ins geistige Reich. Er wird immer bei mir sein. Immer.

Anonyme Schülerinnen Kl. 9

Hinweise: Diese Methode ist besonders für stille, nachdenkliche Mädchen geeignet, die – wie das Erwartungsbild zeigt – in diesem Alter bereits über eine hohe sprachliche Kompetenz zur Verbalisierung von Emotionen verfügen können. Die verfassten Einträge werden gerade in der Pubertät als so intim verstanden, dass sie nicht gern laut vorgelesen werden. Da zu dieser besonderen Arbeitsweise nicht alle Lernenden generell verpflichtet werden können, empfiehlt es sich, zum Thema „Jesus und die Frauen" weitere Wahlaufgaben zur Verfügung zu stellen. Möglich sind:

- Rollenspiel zu Maria und Martha Lk 10,38–42 (für eher extrovertierte Lernende)
- historisch-kritisch-juristische Analyse zum Ehebruch Joh 8,1–11 (für analytisch Begabte)

Anschluss: Der Schatten des Galiläers[1], Kap. 13: Eine Frau protestiert (Hörbuch)

---

1 Theißen, Gerd, Der Schatten des Galiläers, Gütersloh [25]2013, als Hörbuch 2007.

Phase: Erarbeitung / Anwendung

Methode: Recherche / kreatives Schreiben

Material: Bibeln, Materialblätter **M 1** und **M 2**, jeweils in zwei Teile zerschnitten

Erfahrungsfeld: Eigene Emotionen zerren an uns, können uns zum Zerreißen bringen oder in eine totale Blockade. Erlösung ist deshalb durch verständnisvollen Umgang möglich.

Zielstellung: Geschlechterspezifisch werden in Gruppenarbeit tiefenpsychologische Wunderdeutungen erprobt. Sie gelingen durch die Rückübersetzung der Metaphorik in mögliche Gefühle – wodurch sie sich leichter erschließen.

Voraussetzung: Eigenes geklärtes Wunderverständnis Kenntnis des mythischen Weltbildes.

Aufgabe: Geschlechterspezifisch differenziert: siehe Kopiervorlage.

Ablauf: Die Gruppen werden prinzipiell nach Geschlechtern eingeteilt. Anders lautenden Wünschen wird stattgegeben. In großen Lerngruppen werden innerhalb dieser Unterteilung mehrere kleinere Gruppen von vier bis sechs Lernenden gebildet. In dieser Größe kommen Gruppen am besten ins Gespräch. Es wird außerdem darauf geachtet, dass Lernende zusammenarbeiten, die sich kennen und Vertrauen zueinander haben. Die Gruppenarbeit läuft dann an Hand der Aufgabenstellung selbstständig. An der entsprechenden Stelle achtet die Lehrende darauf, dass die Sachtexte abgeholt werden. Während der Gruppenarbeit ist die Lehrende ständig wechselnd in den Gruppen unterwegs, verfolgt den Gesprächsverlauf, ist für Fragen ansprechbar und gibt – je nach individuellem Lerntempo und -horizont – neue Impulse ins Gruppengespräch.

Erwartung:

Ausführliche Erwartungsbilder, die ihrerseits zur anschließenden Weiterarbeit einladen, sind unter **M 3–M 5** zu finden.

Hinweise: Für diese Gruppenarbeit vorausgesetzt werden das Verständnis des mythischen Weltbildes, der reflektierte Umgang mit metaphorischer Sprache sowie eine Grundklärung der Auffassung neutestamentlicher Wunder. Die Sachtexte sind auf grundlegendem Niveau formuliert. Für detailliertere Nachfragen steht die Lehrperson zur Verfügung.[1] Es ist zu empfehlen, in den Gruppendiskussionen eine Reflexion der Emotionalität der eigenen zurückliegenden Pubertät anzuregen. Erfahrungsgemäß wird dann sehr lebensnah und engagiert diskutiert.

Die Geschlechterdifferenzierung dient dem einzuübenden Perspektivwechsel und verstärkt jeweils das Einfühlen in die Rollenbilder zur Zeit Jesu.

Anschluss: Austausch der Resultate aus den unterschiedlichen Gruppen (innerhalb der Geschlechter; geschlechtsübergreifend)
historisch-kritische Weiterarbeit zur Rolle von Männern und Frauen z.Zt. Jesu
weitere Heilungswunder
Diskussion: Sind Heilungswunder als Auferweckungsgeschichten interpretierbar?[2]

---

1 Vertiefend sind zu empfehlen: Ebner, Martin, Wessen Medium willst du sein? in: Zimmermann, Ruben (Hg.), Kompendium der frühchristlichen Wundererzählungen Bd. I. Die Wunder Jesu, Gütersloh 2013, 266–277. Kahl, Werner, Glauben lässt Jesu Wunderkraft heilsam überfließen, in: ebd. 278–293. Drewermann, Eugen, Tiefenpsychologie und Exegese, Bd.I, Traum. Mythos, Märchen, Sage und Legende, Freiburg [3]1992, 247–309.

2 Schauß, Religion, 167–180. Verstehen, was Auferstehung heißt.

M 1 Aufgaben und Material Gruppenarbeit Mädchen

Frauenkram – zwei typisch(?) weibliche Probleme

Aufgabenstellung

1. Lesen Sie „Die Auferweckung der Tochter des Jaïrus und die Heilung der blutflüssigen Frau" (Mk 5,21–43).

2. Erfassen Sie die Probleme der beiden Frauen so detailliert wie möglich, indem Sie sich außer über die beschriebenen Symptome auch über die sozialen und emotionalen Folgen Gedanken machen.

3. Lesen Sie nun den Sachtext „Frauen zur Zeit Jesu" (am Lehrertisch erhältlich) und ergänzen Sie Ihre bereits notierten Gedanken.

4. Diskutieren Sie darüber, ob es sich bei den beschriebenen Problemfeldern um solche handelt, die auch in unserer Zeit aktuell sein könnten. Berücksichtigen Sie dabei den Hinweis Rudolf Bultmanns, dass Erzählungen aus mythischer Zeit existential interpretiert werden sollten.

5. Verfassen Sie nun einen Brief der Tochter / der Frau an ihre beste Freundin, in dem sie ihre diesbezügliche emotionale Erfahrung beschreibt. (Teilen Sie sich die Arbeit so ein, dass jede nur für eine Person schreibt.)

Frauenkram – zwei typisch(?) weibliche Probleme

Frauen zur Zeit Jesu:

Nach damaligem Verständnis (Lev 15,19–33) galt eine Frau, die ihre Blutung hatte, als unrein und verunreinigte alles, was sie berührte. Ein Mann, der eine Frau mit Blutung berührt, wird für sieben Tage unrein. Krankhafte Veränderungen der Blutung wurden in einen gedanklichen Zusammenhang mit Sünde gebracht. Medizinische Behandlungen mussten selbst bezahlt werden. Die gesellschaftliche Achtung einer Frau ergab sich aus der Anzahl ihrer Kinder – hier ist besonders die Anzahl der Söhne wichtig.

Nach damaligem Verständnis galt ein Mädchen mit dem Eintreten ihrer Menstruation als Frau. Sie wurde daher oft kurz vor der zu erwartenden Menarche verheiratet. Innerhalb der patriarchalen Gesellschaftsstruktur suchte selbstverständlich der Vater den zukünftigen Mann aus, in dessen Besitz das Mädchen dann mit ihrer Hochzeit wechselte. Genauso wie die Berührung von Blut führt auch die Berührung von Leichen zu anhaltender Unreinheit.

Das Krankheitsbild einer Dauerblutung ist auch heute noch bekannt. Ursachen können Hormonstörungen, Infektionen, aber auch psychosomatische Zusammenhänge sein. Das psychosomatische Krankheitsbild einer hypnoiden Starre zeigt sich in einer Art Lähmung des Körpers und hat seine Ursache in einer Verweigerungshaltung oder der Angst dem Kommenden gegenüber.[1]

---

1 Nach: Drewermann, Eugen, Tiefenpsychologie und Exegese II, Freiburg ^{3}1992, 277–309.

M 2 Aufgaben und Material Gruppenarbeit Jungen

Männersache – ein typisch (?) männliches Problem

Aufgabenstellung

1. Lesen Sie „Die Heilung des Besessenen von Gerasa" (Mk 5,1–20).

2. Erfassen Sie die Probleme des Mannes so detailliert wie möglich, indem Sie auch die metaphorische Bedeutung der Orte und Geschehnisse mit in Betracht ziehen.

3. Lesen Sie nun den Sachtext „Krankheit zur Zeit Jesu" (am Lehrertisch erhältlich) und ergänzen Sie Ihre bereits notierten Gedanken.

4. Diskutieren Sie darüber, ob es sich bei den beschriebenen Problemfeldern um solche handelt, die auch in unserer Zeit aktuell sein könnten. Berücksichtigen Sie dabei den Hinweis Rudolf Bultmanns, dass Erzählungen aus mythischer Zeit existential interpretiert werden sollten.

5. Verfassen Sie nun eine Folge von Textnachrichten des Mannes an seinen besten Freund, in dem er seine diesbezügliche emotionale Erfahrung beschreibt (jeweils einzeln arbeiten).

Männersache – ein typisch (?) männliches Problem

Krankheit zur Zeit Jesu:

Die Berührung von Leichen führte im Judentum zur Unreinheit. Demzufolge ist auch ein Friedhof, der damals aus einer Ansammlung von Grabhöhlen bestand, als unreine Gegend anzusehen.

Eine römische Legion umfasste 5000 Soldaten.

Im Denkhorizont des mythologischen Weltbildes ging man davon aus, dass Krankheiten durch Dämonen verursacht wurden, die ihrerseits als Mächte der Unterwelt und Handlanger Satans galten. Diese dunklen Mächte befanden sich im Kampf mit den göttlichen Kräften, die Heilung und Erlösung bringen konnten. Schaupatz dieses Kampfes war die Erde, der Lebensraum der Menschen, die so zum Spielball der jeweiligen Mächte wurden. Heilung konnte deshalb nur durch den Sieg der göttlichen Mächte über die Dämonen geschehen. Man spricht in diesen Fällen von Exorzismen (Austreibungen).

Schweine galten als unreine Tiere. Es war verboten, sie zu essen. Deshalb züchten Juden üblicherweise keine Schweine. Die Geschichte spielt jedoch in Gerasa, einem von Nichtjuden bewohnten Gebiet.

Der Tiefenpsychologe und Theologe Eugen Drewermann findet im Gerasener das Krankheitsbild einer gespaltenen Persönlichkeit wieder, die an schizoid-paranoiden Vorstellungen leidet.[1]

---

1 Nach: Ebner, Martin, Wessen Medium willst du sein? in: Ruben Zimmermann (Hg.), Kompendium der frühchristlichen Wundererzählungen I, Gütersloh 2013, 266 –277.

M 3

Erwartung: Die von einer Dauerblutung geheilte Frau schreibt einen Brief an ihre beste Freundin

Meine liebe Freundin,

du glaubst nicht, welch ein Wunder ich heute an meinem eigenen Leibe erfahren durfte! Wie du weißt, litt ich seit nun mehr zwölf Jahren an dem unerträglichen Fluch der Dauerblutung. Ein jeder Tag fühlte sich an, als wenn mein gesamtes Lebenselixier und damit auch Gefühle der Hoffnung auf Genesung meinem Körper entflossen. Die Menschen mieden mich, denn sowas bleibt nicht unbemerkt! Nie durfte ich das Glück einer Mutterschaft oder gar das einer Ehe erfahren! So war ich eine Ausgestoßene, Aussätzige, galt als nutzlos und unrein. Ich wagte nicht mehr, vor die Tür zu gehen, denn auch nur einen dieser angeekelten, abschätzigen Blicke konnte ich nicht mehr ertragen! Nur noch du und meine engsten Familienmitglieder waren mir geblieben. Wie viele Enttäuschungen und Erniedrigungen würde ich wohl noch erleben müssen?

Doch heute sollte sich alles ändern! Mein Leben, einst gleich einem dunklen, einsamen Schandfleck, meiner Familie wurde verdrängt, restlos ausgelöscht und ersetzt durch ein strahlendes Licht der Hoffnung und Heiligkeit, ausgehend von einem Manne namens Jesus, der umringt von einer Menschenmenge heute Einzug in unser Dorf fand.

Vielleicht hast du ja auch schon von einer seiner zahlreichen Wundertaten gehört, wenn nicht, nun ja, dann kommst du mit diesem Schreiben in den Genuss, ein solches Erlebnis aus erster Hand zu erfahren!

Als ich sein Antlitz erblickte, wurde ich von einer unermesslichen Gewissheit erfüllt. Wenn mir einer helfen könnte, dann er! Und so geschah es auch. [...] Auf ewig wird diese Erfahrung mich mit tiefer Ehrfurcht und Dankbarkeit erfüllen.

Meine liebe Freundin, in diesem Sinne wünsche ich auch dir von Herzen alles Gute.

Gerne würde ich dich auch mal wieder besuchen kommen,

Ich freue mich auf deinen baldigen Brief.

In Liebe Maria

Tina-Henriette Hardt, Kl. 11

M 4 Erwartung: Die Tochter des Jairus schreibt einen Brief an ihre beste Freundin

Liebe Sarah,

du weißt ja, wie es um mich stand. Die Hochzeit stand mir bevor und mein Geist sträubte sich gegen diesen Umstand mit all seinen Fasern. Meine Angst und mein Widerwille gegen diese lieblose Ehe ließen mich in eine Starre verfallen, die mir im ersten Moment half, an der Situation vorbei zu kommen. Doch auf langfristige Sicht konnte das keine Lösung sein und die Hoffnung verließ mich immer mehr.

Aber es sollte eine Wende geben, Sarah. Es gab wahrhaftig eine Wende!

Als ich dort so lag, gefesselt von meiner Ungunst, um mich herum Trauernde, da kam ein Mann, der allein mit meinen Eltern zu mir kam. Er berührte mich im Geist mit seinen Worten „Talita kum". Zum ersten Mal seit langem erfüllte sich mein Körper mit Hoffnung und löste sich von dem Zwang, der ihn festhielt. Ich schöpfte wieder Kraft und mein Körper verstand und mein Geist ließ mich aufstehen.

Sarah, denn unser Leben liegt allein in unseren Händen, auch wenn sie vorerst gebunden werden. Unser Leben ist nicht das, was uns einschränkt, sondern das, was wir daraus machen. Diese Erkenntnis gab mir allein ein fremder Mann. Er brach meinen Blick auf die Dinge und ich möchte das weitergeben.

Auch mit gebundenen Händen kann man noch Dinge fassen.

Voller Hoffnung

deine ...

Hanna Dobelstein, Kl. 11

M 5 **Erwartung: Der geheilte Gerasener schreibt Nachrichten an seinen besten Freund**

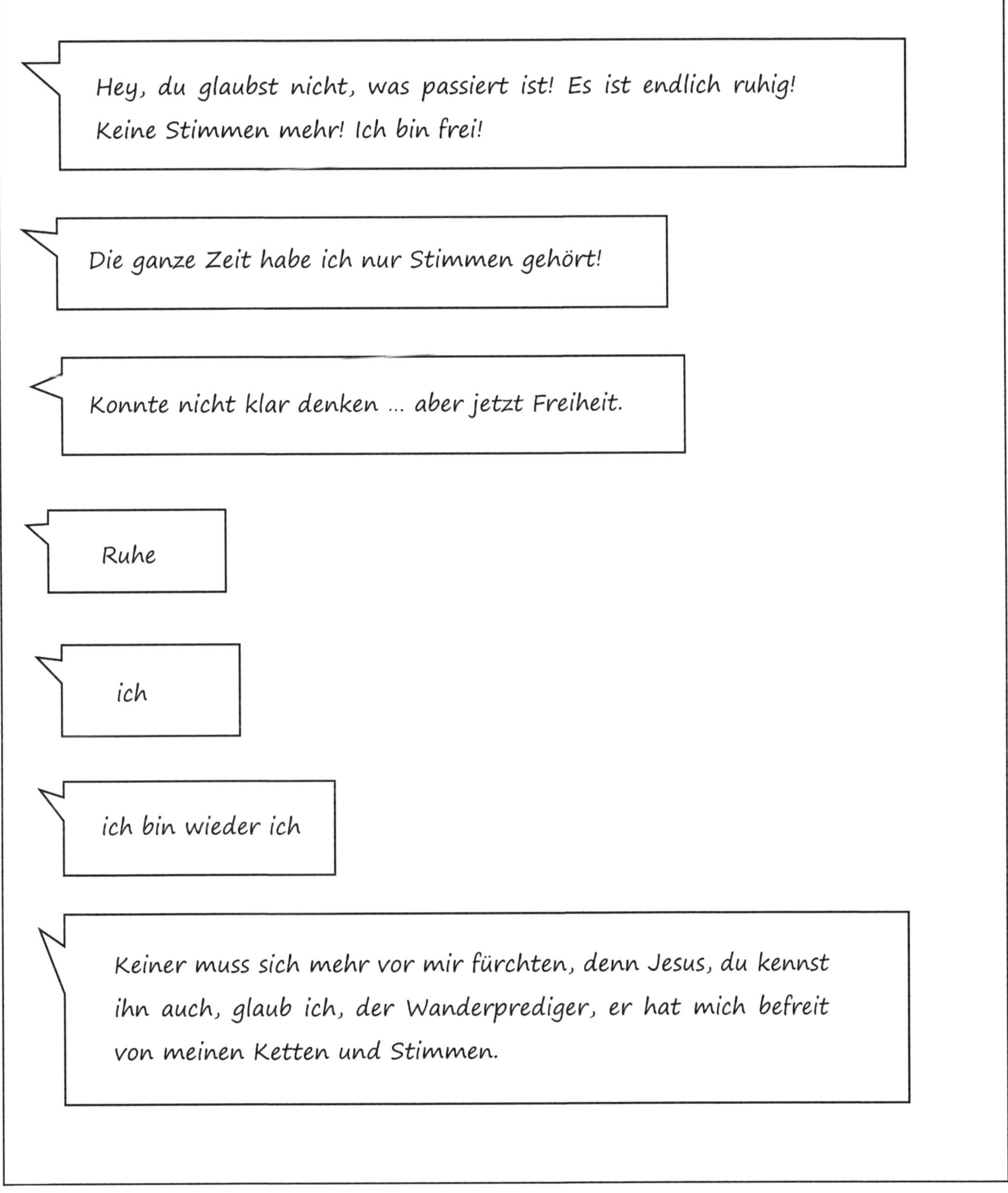

Ole Fenske, Kl. 11

Phase: Verarbeitung

Methode: Kreatives Schreiben

Material: Bibeln

Erfahrungsfeld: Existentielle Erfahrungen des Ergriffen-Werdens prägen uns und entfalten ihre Wirkung oft erst im Laufe des Lebens. Es fällt schwer, sie in Worte zu fassen, aber wenn, dann greifen wir zu eindrücklichen Metaphern.

Zielstellung: Die symbolischen Manifestationen von Gotteserfahrungen werden auf ihr mögliches Ursprungserlebnis hin hinterfragt, indem eine Rückübersetzung vorgenommen wird.

Voraussetzung:
- „Symbolische und nichtsymbolische Rede von Gott" (Tillich) S. 38
- Subjektivität persönlicher Gottesverständnisse: „Gottesvorstellungen" S. 37
- Bibel als Sammlung menschlicher Gotteserfahrungen „Text als Textilie" S. 60
- Symbolisierung eigener Erfahrungen: „Existentielle Erfahrungen" S. 46

Aufgabe:
Versuche die symbolische Gottesrede zurück zu übersetzen, indem du dich in eine mögliche Ursprungssituation sowie in die Gefühlslage der Sprechenden hineinversetzt. Wie mag sich das angefühlt haben, was später in so starken Metaphern überliefert wurde?

Nutze folgende Textgattungen: Brief, Tagebucheintrag, Blogeintrag.

Wähle:
- Moses Berufung: Ex 3,1–15
- Marias Lobgesang: Lk 1,46–55
- Paulus auf Reisen: 2. Kor 1,5–11
- Jeremias Selbstzweifel: Jer 1,4–10

Ablauf: Die Perikopen werden zur Auswahl angeboten, damit die Lernenden entscheiden können, in welche Situation sie sich hineinversetzen möchten. Nicht jede Begebenheit ist für jeden nachvollziehbar. Das Gleiche gilt für die Auswahl möglicher Textgattungen für das kreative Schreiben.

Evtl. benötigen die Lernenden Erläuterungen, die ihnen deutlich machen, dass es sich bei den hier vorliegenden Texten um symbolische Gottesrede handelt. Welches Gefühl mag so intensiv gewesen sein, dass es später in die Metapher des brennenden Dornbusches gefasst wurde? Wie mögen sich die Selbstzweifel Jeremias angefühlt haben und der dringende Anspruch, es trotzdem zu tun?

Eine Variante für die Aufgabenstellung kann es auch sein, das Wort „Gott" im zu verfassenden Text nicht verwenden zu dürfen.

Erwartung:

Eine Auswahl von Erwartungsbildern findet sich als **M 1–M 3**. Sie können in Lerngruppen, denen diese kreative Leistung nicht möglich ist, auch als Korrelate neben die biblischen Perikopen gestellt und diskutiert werden.

Hinweise: Die Rückübersetzung führt dazu, dass die mögliche Ursprungserfahrung auf eine den Lernenden bekannte Erfahrungsebene geholt wird. Es ist dadurch gleichsam eine Begegnung auf Augenhöhe möglich. Angestrebt wird die Erkenntnis, dass in biblischen Texten tiefe existentielle Erfahrungen mit z.T. mythischen Elementen symbolisiert wurden. Der Vorgang des Symbolisierens an sich ist den Lernenden aus eigener Erfahrung bekannt. Die im Anschluss veröffentlichte Auswahl von Arbeitsresultaten zeigt: Biblische Zeugnisse schildern nicht historische Vorkommnisse, sondern uns allen bekannte emotionale Zustände.

Diese Methode zielt nicht darauf ab, der Vielschichtigkeit eines biblischen Textes gerecht zu werden, sondern eröffnet einen persönlichen Zugang, dem weitere Arbeit am Text folgen kann.

M 1 **Erwartungsbild: Paulus im Leiden**

Lieber Freund!

Dein Brief erreichte mich soeben und ich konnte nicht anders als dir sofort zu antworten, denn ich verstehe deine Misslage, – jedenfalls maße ich es mir an. Ich verstehe wie es ist, vor einer scheinbar unüberwindbaren Mauer zu stehen und das Gefühl zu haben, einfach nicht mehr weiter zu können, vielleicht auch schon das Gefühl gehabt zu haben, gerade den letzten Gedanken zu denken.

So erging es auch mir auf meiner Reise nach Asien. Auch für mich schien alles verloren. Ich dachte, das muss es gewesen sein. Das ist das Ende. Ich war hoffnungslos, hatte kein Vertrauen in mich und meine Kraft. Wie schon gesagt, es fühlte sich wie das Ende an. Aber dann dachte ich nicht mehr an mich, an mein Leiden, an das Grab, in das ich meinen Sarg in pessimistischer Zuversicht schon längst hineingesenkt hatte. Nein, ich dachte an die, denen ich helfen konnte, denen ich neue Hoffnung schenkte, die ich durch meine Geschichten und Erfahrungen endlich erheitern und motivieren konnte.

Allein dafür – und wenn es nur ein Kind sein mag, dem ich Hoffnung schenke – allein dafür werde ich diese Misere überwinden und weiterkämpfen. Allein darum habe ich das alles überlebt, und auch du, lieber Freund, beeinflusst die Menschen täglich positiv. Allein, wie du mich mit deinen Briefen erheiterst oder deiner hungrigen Familie tagtäglich Essen auf den Tisch stellst. Also kämpfe auch du weiter! Denn wir leiden, um aus unseren Erfahrungen zu lernen und dadurch anderen zu helfen. Vor allem aber motiviert uns der Gedanke an sie und ihren Dank. Und so danke ich auch dir für jeden gemeinsamen Tag und jeden Brief, der mich erreicht. Ich hoffe, dass du aus diesem Brief Hoffnung und Motivation geschöpft hast, denn merke dir, es gibt immer Personen, denen du helfen kannst. An diese musst du glauben, wenn du nicht selbst an dich glaubst. Denn ihr Dank ist von größerer Gewichtung als das Ende, welches du dir selbst in den Weg gesetzt siehst!

Nun denn, ich bete für dich und hoffe, dass alles gut wird. Schreibe bald wieder und Gott sei mit dir!

Paulus

Ole Fenske, Kl. 12

M 2

Erwartungsbild: Tagebucheintrag Marias (Magnifikat)

Oh Herr,

schon als ich ein kleines Mädchen war, ward mir die Vorstellung der Zukunft heilig.

Die Zukunft ist das Ungewisse, das Hoffnungsvolle, was einem durch die Gedanken kreist. Doch oh stell dir vor, stell dir vor, wie das Herz, mein Herz, das Herz einer Mutter, ja wahrhaftig einer Mutter, mit dieser Zukunft überrascht wurde. Eine Schwangerschaft, ein Kind, das lag mir nicht fern, doch als mir der Moment gekommen war, wurden all meine in der Vergangenheit liegenden Vorstellungen übertroffen. Das Gefühl, ein Kind mit sich zu tragen, unter meinem Herzen, ist unbeschreiblich, und als wäre das nicht genug, begleitet mich auf dieser Reise etwas Höheres.

Gott hat sich mir zugewandt, mich beglückt mit etwas Ungewissem und doch so Realem.

Was hat er bloß für mich und mein ungeborenes Kind vorgesehen, da er selbst mich mit diesem beschenkte?

Was vor einem liegt, weiß niemand, so auch ich nicht. Doch ich stecke voller Kraft, Neugier und vor allem Liebe für den vor mir liegenden Weg. Es gibt nichts Schöneres, als das Sein des Lebens weiter zu geben von Generation, zu Generation und auch ich werde diese Aufgabe gewissenhaft und voller Freude bewältigen. Egal, was uns erwartet, mein Kind, ich, deine Mutter, werde bei dir sein. Egal, was für uns oder dich vorgesehen wurde, ich, deine Mutter, werde bei dir sein, denn meine Liebe zu dir ist jetzt schon unergründlich. Ich glaube fest daran, dass für dich etwas bestimmt wurde, und egal was es ist, wirst du es schaffen und deinen dir geschriebenen Weg gehen.

Was wird uns bloß erwarten?

In Liebe und Freude voller Erwartungen

Maria

Hanna Dobelstein, Kl. 11

M 3	**Erwartungsbild: Die Zweifel des Jeremia**

Liebes Tagebuch,

heute war ein wirklich seltsamer Tag und ich weiß momentan nicht, was wirklich ist und was nicht, aber ich bin mir zu fast 100% sicher, dass Gott persönlich mich heute zum Propheten berufen hat.

Schon so einige Stunden hatte ich oftmals damit verbracht, darüber zu träumen und zu fantasieren, für den Herrn durchs Land zu ziehen und seine Kunde zu verbreiten. Auch heute Nacht lag ich wach und ließ meine Gedanken schweifen. Am Morgen kam mein Freund F. vorbei, weil er unbedingt mit mir sprechen wollte. Er erzählte mir von einem Traum, den er hatte, und er meinte, ich sei bereit, in die Welt zu ziehen und zu predigen. Ich war mir jedoch unsicher, so oft ich auch davon träumte. War ich dem gewachsen? Bin ich nicht viel zu jung dafür?

Doch F. meinte, ich sei nicht zu jung, ich wäre bereit dafür und sollte dorthin gehen, wohin Gott mich brächte. Er sagte, er sei sich sicher, dass Gott dies wollte, […].

Nachdem F. wieder gegangen war, fühlte ich mich wie in Trance. Es kam mir nicht vor, als wäre ein Freund dagewesen, mit dem ich schon tausende Male darüber gesprochen hatte, sondern Gott selbst, der mit mir Kontakt aufgenommen hatte.

Ich fühle mich bestärkt und werde die Aufgabe annehmen und für Gott predigen.

Lotta Kohlmann, Kl. 12

Phase: Erarbeitung

Methode: Kreatives Schreiben / Hörspiel

Material: Bibeln, Kopie Materiallose **M 1**, evtl. Smartphones

Erfahrungsfeld: Unser Tag ist angefüllt mit Kurztexten, in denen wir unsere Befindlichkeiten, Meinungen und Informationen weitergeben.

Zielstellung: Das heutigen Lernenden völlig fremde Verständnis der Frauenrolle zur Zeit Jesu wird durch die alltäglichen Textgattungen in den Erfahrungshorizont der Lernenden geholt. Erst dadurch werden die Tabubrüche Jesu deutlich.

Voraussetzung:
Fachwissen zur Rolle der Frau (im Lehrervortrag vermittelbar[1])

Aufgabe: Übertragt die gelesenen Texte in eine alltagstypische „Textgattung"! Wählt dazu zwischen: Tagebucheintrag, Chatverlauf, Twittereintrag, Lokalzeitungsnotiz, Zeugenaussage oder auch Kneipengespräch und Nachbarschaftstratsch (15 Min.).

Ablauf: **M 1** wird kopiert und auseinandergeschnitten. Vor dem Ziehen der Lose entscheiden sich die Lernenden für eine „Textgattung" des Alltags, denn davon hängt ab, ob sie zu zweit oder alleine arbeiten. Danach ziehen Einzelpersonen oder Paare jeweils ein Los mit einer biblischen Perikope. Je nach Klassengröße können die Lose auch mehrfach vergeben werden, da durch die unterschiedlichen Kombinationen Textgattung / Perikope eine Vielfalt an Arbeitsergebnissen entsteht. Eigenen Ideen für Kurztexte sollte stattgegeben werden.

Um historisch-kritisch exakt zu arbeiten, befinden sich auf den Losen die jeweils für die Perikope relevanten Fakten. Die Kurztexte sind schnell verfasst. (Eine zu großzügige Zeitangabe für die Erledigung nimmt der Methode die Dynamik.) Die Lernenden sollten Spaß beim Arbeiten haben.

Hörcollage:

A) Die verfassten Texte werden nacheinander mit Überschrift vorgelesen. Keine Zwischenkommentare. Keine Wertungen oder wertenden Äußerungen.
B) Sehr viel reizvoller ist das Aufnehmen, das mit jedem Smartphone möglich ist. Damit die Aufnahme gelingt, liest die Lehrperson die Überschriften, die entsprechenden Autoren heben kurz den Finger und sprechen dann ins Aufnahmegerät. (Eine durchgängige Aufnahme erspart die Arbeit des Schneidens.) Der Kreativität sind keine Grenzen gesetzt. Beispielsweise ist auch die Einbeziehung von Geräuschen möglich. Diese Variante erlaubt es, im Anschluss das akustische Arbeitsergebnis gemeinsam und entspannt zu genießen.

Erwartung:

Die Arbeitsergebnisse sind zu umfangreich und zu vielfältig, um sie hier darstellen zu können.

Hinweise: Mit dieser Methode lassen sich auch in denjenigen Klassen gute Arbeitsergebnisse erreichen, die kognitiv nicht so leistungsstark sind.

Mit dem Verfassen der Kurztexte einher geht die automatische Übertragung in den alltäglichen Sprachgebrauch der Lernenden. Diese Transferleistung emotionalisiert die anfänglich fremden und befremdlichen neutestamentlichen Texte ermöglicht so ihre Erschließung.

Anschluss: „Männersache – Frauenkram" S. 64
Tabubrüche Jesu: Heilungen am Sabbat, Bruch des Fastengebotes etc.
Jesus und die Ehebrecherin

1 Rienecker, Fritz, Lexikon zur Bibel, Zürich [20]1992. Calwer Bibellexikon, Stuttgart [2]2006.

M 1 Jesus und die Frauen: Material-Lose für eine Hörcollage

Jesus lässt sich von einer Prostituierten küssen Lk 7,37–39
> Sünderin = Hure, ihre Berührung macht unrein
> Salböl = kostbares Duftöl, das als Zeichen besonderer Ehrung eigentlich für den Kopf benutzt wird

Frauen folgen Jesus als Jüngerinnen Lk 8,1–3
> die Gefolgschaft von Frauen galt als ausgesprochen anstößig
> Dämonen könnte man nach heutigem Verständnis mit psychischen Erkrankungen gleichsetzen

Jesus heilt am Sabbat eine Frau Lk 13,10–14
> am Sabbat ist jegliche Arbeit verboten, also auch das Heilen
> Krankheiten wurden grundsätzlich auf Geister und Dämonen zurückgeführt

Jesus heilt die Tochter einer Griechin Mk 7,24–30
> Krankheiten wurden grundsätzlich auf Geister und Dämonen zurückgeführt
> der Kontakt mit Nichtjuden war untersagt; auch Jesus wollte hier nur für das jüdische Volk da sein

Jesus ist bei Maria und Martha zu Besuch Lk 10,38–42
> dass Jesus der Einladung zweier alleinstehender Frauen nachkommt, galt als anstößig
> eine zu den Füßen eines Lehrers sitzende Frau, die mit ihn diskutiert, war undenkbar

Jesus verleugnet seine Familie Mt 12,46–50
> grundsätzlich war jeder erwachsene Jude zur Zeit Jesu verheiratet
> die Großfamilie versorgte sich in gegenseitiger Verantwortung; staatliche Absicherungen gab es nicht

Radikalität Jesu trennt Familien Mt 10,34–39
> hier wird radikales Wanderpredigertum in Armut gelebt
> die Großfamilie versorgte sich in gegenseitiger Verantwortung; staatliche Absicherungen gab es nicht

Jesus erzählt Gleichnisse von und für Frauen Lk 15,8–10
> Frauen bekamen oft einen Brautschmuck aus verlöteten Münzen zur Hochzeit. Er war ihr ureigenes Kapital und durfte im Falle der Ehescheidung behalten werden

Jesus gibt sich mit einer Ausländerin ab Joh 4,1–9
> Juden gaben sich nicht mit Samaritern ab, weil dieses Mischvolk als unrein galt
> Auf dem Weg von Galiläa nach Judäa kam man unweigerlich durch die Provinz Samaria

Jesus und die Ehebrecherin Joh 8,1–11
> Die Pharisäer wollen Jesus eine Falle stellen: nach jüdischem Gesetz steht auf Ehebruch Steinigung
> Todesstrafen dürfen jedoch grundsätzlich nur die Römer verhängen

Adam und Eva und die Schuld

Kl. 7/8, Konfi

Phase: Verarbeitung

Methode: Assoziationen, Einzelarbeit

Material: Bibeln, Gen 3,1–13+21–24 (Gute Nachricht)

Voraussetzung:
- „Scham und Schuld" S. 29
- Erinnerung an eigene Scham-Situationen
- Metaphorisches Verständnis

Zielstellung: Eigene Erinnerungen an (körperliche) Befindlichkeiten der Scham werden hier korreliert mit der biblischen Überlieferung. Das intuitive Verständnis der metaphorischen Analogien zwischen eigenem Befinden und Bibeltext führt zur Erkenntnis: Hier werden generelle menschliche Probleme in Worte gefasst.

Aufgabe:
1. Vervollständige die Satzanfänge für dich persönlich! (Lasse je eine Zeile frei.)

   ****

2. Lies den bereits vorgelesenen Text jetzt noch einmal selbst! Trage nun in die freien Zeilen je einen passenden Satz aus der Geschichte ein!

Ablauf: Die Satzanfänge werden an die Tafel geschrieben/projiziert und von den Lernenden übertragen und vervollständigt. Dabei ist auf ein ausreichendes Maß an schützender Anonymisierung zu achten (Plätze wechseln, Sichtschutz einrichten). Wichtig ist, dass das Vergleichen auf freiwilliger Basis geschieht; dies muss vor der Erledigung der Aufgabe auch so angesagt werden. Je nach Lerngruppe kann dieser Vergleich von regem Gespräch bis zu totalem Schweigen variieren. Auch das ist anzuerkennen.

Die Korrelation wird durch die Suche nach passenden Sätzen der Sündenfallgeschichte erreicht. Dazu liest die Lehrperson langsam und betont die angegebene Perikope. Erst jetzt folgt Aufgabe 2, die offen ausgewertet werden kann.

Tafelbild:

Wenn man mir etwas Reizvolles verbietet, ***dann reizt es mich gerade!***

Eva hat Lust auf die verlockende Frucht vom verbotenen Baum.

Bevor ich etwas Verbotenes tue, ***habe ich streitende Stimmen in meinem Kopf.***

Die Schlange redet Eva gut zu.

Danach schäme ich mich, fühle mich nackt, ***beobachtet und möchte mich verkriechen.***

Adam und Eva verstecken sich. Sie fühlen sich nackt.

Wenn ich die Konsequenzen tragen muss, ***nehme ich sie (erleichtert) auf mich.***

Adam und Eva müssen das Paradies verlassen.

Hinweise: Wird gut vorbereitet und ausdrucksstark vorgelesen, kommt es in der Lerngruppe zu spontanen Lachern oder „Oh ja"-Seufzern. (Meist bei „Wo bist du?" und „Die Schlange ist schuld …") Dann haben die Lernenden bereits verstanden. Deshalb danach bitte nichts mehr kaputterklären!

Jona persönlich

Kl. 7–12, Konfi, Jugend

Phase: Verarbeitung / Anwendung / Transfer

Methode: Assoziation / Hör-Collage

Material: DIN A4-Blätter, Stifte; Stuhlkreis

Erfahrungsfeld: Wir alle fliehen gern vor Unliebsamem und seinen Konsequenzen – oder würden es zumindest gern tun.

Voraussetzung: Inhalt der Jona-Novelle muss bekannt sein „Von einem, der wusste, was er sollte, aber nicht wollte, was er sollte" S. 33

Zielstellung: Die Dynamik der Jona-Novelle wird so elementarisiert, dass sich die Lernenden im „Typ Jona" selbst erkennen und reflektieren können.

Aufgabe: Vervollständige die Sätze, die du auf den Stühlen vorfindest, jeweils mit deinen eigenen Assoziationen!

Ablauf: Vorab wird je nach Anzahl der Anwesenden ein Stuhlkreis gestellt. Die Lehrperson hat die benötigte Anzahl aus den in **M 1** aufgeführten Satzanfängen auf je ein DIN A4-Blatt gedruckt oder geschrieben. (Immer einige Ersatz-Sätze dabeihaben!) Auf jeden Stuhl wird nun ohne besondere Reihenfolge ein jeweils anderer Satzanfang gelegt. Die Gruppenmitglieder nehmen auf den Stühlen Platz, lesen und vervollständigen den dort vorgefundenen Satzteil. (Zeit vorgeben: eine Minute für eine Vervollständigung.) Danach rücken alle einen Stuhl weiter, vervollständigen den hier vorgefundenen Satz usw. und tun dies so lange, bis sie durch das Weiterrücken wieder an ihrem alten Stuhl ankommen. (Zeit einplanen!) Jetzt lesen alle der Reihe nach laut den Satzanfang ihres letzten Blattes vor, erkennen die Parallele zur Jona-Geschichte und sortieren die Anfänge nach der Reihenfolge der Geschichte, indem sie mit dem vorgefundenen Blatt den Stuhl wechseln. Durch diese Durchmischung sind die Vervollständigungen, die sich von jedem Gruppenmitglied auf jedem Blatt befinden, anonymisiert. Auch lockert die entstandene Bewegung etwas auf und verhilft zu erneuter Konzentration. Jetzt werden reihum, ohne Kommentare oder nonverbale Äußerungen hintereinanderweg die Satzanfänge mit allen ihren Vervollständigungen vorgelesen. (Zeit einplanen!)

Erwartung:

Beispielsweise:

„Eine Flucht ans ‚Ende der Welt' ist es für mich, wenn ich meine Zimmertür abschließe, die Musik aufdrehe und mich aufs Bett lege."

„Ich mach mich doch da nicht zum Affen, wenn ich als Einziger was sage und die anderen tuscheln über mich."

„Mir steht das Wasser bis zum Hals, wenn es in der Schule schiefläuft und ich auch noch zu Hause Ärger kriege."

„Wie neu geboren fühle ich mich, wenn ich mal keine Probleme habe und das Leben ganz leicht ist."

Hinweise: Durch die so entstandene Hör-Collage entsteht bei den Gruppenmitgliedern das Gefühl eines intersubjektiven Verstehens. Ist die Jona-Novelle vorab bekannt, erschließt sich durch diese Übung altersunabhängig, dass es sich bei der Figur des Jona um einen Typus handelt, der allgemein-menschliche Erfahrung symbolisiert. – Es sind keine weiteren kognitiven Erläuterungen nötig.

Anschluss: Künstlerische Methoden zur individuellen Umsetzung und Übertragung

M 1 Mögliche Satzanfänge

„Ich weiß, ich sollte ..., aber ich hab keine Lust / keinen Bock."

„Um nicht tun zu müssen, was ich tun sollte, mache ich lieber ..."

„Eine Flucht ans ‚Ende der Welt' ist es für mich, wenn ..."

„Ich haue am liebsten ab, wenn ich ..."

„Mich unliebsamen Dingen zu entziehen, ist mir folgendes wert ..."

„Da ziehe ich mir am liebsten die Decke über den Kopf: ..."

„Das sehe ich jetzt gar nicht ein!"

„Wenn alle auf einmal auf mich schauen, dann ..."

„Ich mach mich doch da nicht zum Affen ..."

„... ist wie ein Sturm, der sich über mir zusammenbraut."

„... ist, wie ins kalte Wasser geworfen zu werden."

„Mir steht das Wasser bis zum Hals, wenn ..."

„... da bricht mir der Boden unter den Füßen weg.

„In letzter Minute gerettet fühle ich mich ..."

„Wie gut, dass mir ... passiert ist, auch, wenn es schwer war."

„Absolut geborgen und sorglos bin ich ..."

„Jetzt kann ich hier nicht weg und es fängt an, in mir zu denken ..."

„Wie neu geboren fühle ich mich ..."

„Na gut, dann mach ich das eben mal ..."

„Also eigentlich will ich das nicht wirklich, ..."

„Tja, das habe ich doch mit minimalem Aufwand hinbekommen ..."

„Nein, das ist jetzt aber wirklich ungerecht! Ich habe mich schließlich engagiert ..."

Exodus-Blog

Kl. 9–12, Konfi, Jugend

Phase: Motivation – Verarbeitung

Methode: Textarbeit

Material: Bibeln, Kopie Exodus-Blog **M 1**

Erfahrungsfeld: Situationen des Neubeginns mit ihrer Euphorie und ihren Zweifeln gehören in jeder Altersstufe des menschlichen Lebenslaufs zu den Grunderfahrungen.

Zielstellung: Die Exodus-Legenden erschließen sich als elementare Situationen von Abbruch und Neuanfang sowie in ihrer nachträglichen Interpretation als religiöse Erfahrung.

Aufgabe:
Einzeln: Stellt Vermutungen auf, in welcher Situation dieser Blog geschrieben sein könnte.
Gruppe: Ordnet die Abschnitte der Blog-Eintragungen den Bibeltexten zu!

Ablauf: Der Blog wird vorgelesen. Da dies langsam und ausdrucksvoll geschehen soll, ist zu empfehlen, dass die Lehrperson selbst liest. Den Lehrenden wird danach Raum für spontane Äußerungen gelassen. Anschließend bekommt jeder Zeit selbst zu notieren, in welcher Situation dieser Blog geschrieben sein könnte. Diese Aufgabe ist auch mündlich möglich, eine schriftliche Erledigung führt jedoch zu mehr Intensität.

In der folgenden Gruppenarbeit zu je sechs Personen sollen die Textabschnitte des Blogs denen der Bibel zugeordnet werden. Dabei liegen folgenden Stellen zu Grunde, die durchgemischt in die Gruppe gegeben werden. (Je nach Alter der Lerngruppe sollten die Bibeltexte vom Lehrenden evtl. entsprechend zusammengefasst oder gekürzt in die Gruppe gegeben werden.)

1. Ex 15,1–18
2. Ex 14,1–30
3. Ex 15,22–25
4. Ex 16,2–21
5. Ex 19,1–9
6. Ex 20,1–17

Die Zuordnungsprozesse in den Gruppen sollten durch die Lehrkraft begleitet werden. Aus den hier auftauchenden Fragestellungen entwickelt sich dann das folgende Unterrichtsgespräch.

Erwartung:

Die als Hintergrund angenommenen Lebenssituationen differieren je nach Alter:
- Umzug / Schulwechsel
- Scheidung der Eltern
- Auszug zu Hause und Wechsel in die Lehre / ins Studium; Studium abgebrochen
- Trennung von Partnerin/Partner; Kündigung

➢ Dem Volk Israel ergeht es wie allen, die etwas Neues beginnen: Euphorie, vorschnelles Meckern, es geht doch nicht ohne Regeln ...

Hinweise: Der Text **M 1** ist absichtlich sprachlich einfach gehalten und nimmt mit seinen abgerissenen Sätzen die Ratlosigkeit spontaner Gefühlsäußerungen auf. Er arbeitet ohne religiöse Interpretationen und nimmt damit das Lebensgefühl der meisten Lernenden auf. Dennoch bietet er Diskussionsraum für mögliche religiöse Deutungen: der oberflächlich dahergeredeten „Mein-Gott"-Formel am Anfang steht die „unerklärliche Fröhlichkeit an manchen Tagen" im letzten Eintrag gegenüber, die nichts weiter ist, als die Frage nach dem „Woher des Anderen" (Schleiermacher). Mit Jugendlichen und Erwachsenen lässt sich daher anschließend gut das Vertrauen ins Leben thematisieren, das uns aus unerklärlichen Tiefen zuwächst und uns trägt.

Anschluss: Pubertätsproblematik „Von einem, der wusste ..." S. 33, „Jona persönlich" S. 77
Verfassertheorien des AT an Hand von Exodus 14 (Kl. 11/12)
Vorgang der legendenhaften Überhöhung in Krisen Israels (im babylonischen Exil)
Jahwe als prozessuale Gottesmetapher (Kl. 11/12)
Gott in rückwirkender Interpretation eigener Lebenssituation, „Roter Faden Sinn" S. 85
Begründungen der Ethik, „Freiheit und Verantwortung" S. 51

M 1 Material für die Hand des Lehrenden – Rosenow: Exodus-Blog

01.XX.XXXX

Geschafft! Mein Gott, geschafft! Das war wirklich hart – aber jetzt liegt es hinter mir. Ich bin so glücklich! Nie mehr werde ich mich bevormunden lassen. Und einschränken. Und mir Vorschriften machen lassen. Und vor allem: für andere arbeiten. Nein!! Ich bin mein eigner Herr. Ich mache jetzt, was ich will. Ich mache jetzt, was ICH denke. Ich nehme mein Leben selbst in die Hand. Schließlich weiß nur ich selbst, was mir gut tut. Oh, bin ich glücklich – unsagbar glücklich.

02.XX.XXXX

Also, wenn man so länger drüber nachdenkt: das hat keine gute Stimmung gemacht, dass ich los bin. Gut, ehrlich gesagt: es war ein ziemlicher Krach. Das haben die nicht verstanden. Und sauer waren die – aber wie! Und kann ich irgendwie auch verstehen – aber dann auch wieder nicht. Denn ich darf doch wohl mal an mich denken! Und wie sich dann so alles ergeben hat ... das ist doch ein echtes Zeichen, dass alles so werden sollte. Das wird mir immer klarer, je mehr ich darüber nachdenke. Das ist schon alles richtig so. Ja. Und jetzt lebe ich mein Leben.

03.XX.XXXX

Mist!! Heute ist ein blöder Tag! Ein richtig bescheuerter Tag. Es klappt schon wieder gar nichts. Dabei hab' ich alles versucht. Ich mach doch! Ich geb' mir Mühe! Aber ich komme absolut nicht vorwärts. Das ist echt bitter! Wenn das nur so geht, überleb' ich das nicht.

04.XX.XXXX

Ich dachte, das hört gar nicht mehr auf! Ich hab die Krise gekriegt. Die haben mich hier am ausgestreckten Arm verhungern lassen. Echt mal: dafür hab ich mir das alles nicht angetan! Da hätte ich es ja auch gleich dabei belassen können – bei der Bevormundung und der Einschränkung und dem Ganzen. Na, jedenfalls ist dann etwas passiert – und jetzt bin ich für's Erste gerettet. Ja, für's Erste. Das ist jetzt noch keine langfristige Lösung. Das hätte ich gern gehabt. Sicherheit für längere Zeit. Aber ich soll mich jetzt freuen über das, was ich habe, und dann vertrauen. Und aufmerksam sein für das, was sich noch ergibt. Na, die haben gut reden!

05.XX.XXXX

Es geht doch. Es ergibt sich immer wieder etwas Neues, eins nach dem anderen. Das hätte ich nicht gedacht, dass es so wird. Aber es geht. Und langsam gewöhne ich mich daran. Also, ich mache schon, ich engagiere mich und so. Aber manchmal passt ein Zufall halt gut zum anderen. Und dann wird was draus. Früher hätte ich die Zufälle gar nicht bemerkt. Jetzt passe ich besser auf. Ich hab schon ein bisschen das Gefühl, dass ich es hinkriege!

06.XX.XXXX

Also, eins ist mal klar. Mein Leben ist zu chaotisch. Jedesmal denke ich neu und von vorne, wie ich das jetzt machen soll. Warum ich was so entscheide und so. Jetzt habe ich mir überlegt, dass ich mir Regeln aufstellen sollte. Dann weiß ich: das mache ich immer so und so. Das wird doch sicher leichter werden. Allerdings ... Nun gut, ich will ehrlich sein: manche von den Regeln haben Ähnlichkeit mit denen von früher, als ich mich noch unterdrückt gefühlt habe. Aber ich glaube, dass es etwas anderes ist, wenn man sich die Regeln selbst überlegt hat und einsieht, dass sie nötig sind. Das ist ein ganz anderes Gefühl, als wenn man etwas machen soll, was man sozusagen übergestülpt bekommt. Und ich hätte auch nicht gedacht, dass das so geht: sich gleichzeitig frei zu fühlen und Regeln zu haben. Ich bin jetzt auch an manchen Tagen irgendwie unerklärlich froh ...

Gundula Rosenow

Phase: Motivation

Methode: Rollenspiel

Material: Kopiervorlage Rollenkarten **M 1**

Erfahrungsfeld: Schuldig werden kann man in unterschiedlicher Weise. Manchmal kann man dem Schuldig-Werden gar nicht entfliehen. Immer aber gibt es das Bestreben, Schuld zu verschieben.

Zielstellung: Der Kreuzigungsprozess Jesu wird so elementarisiert, dass die zeitübergreifenden und allgemeingültigen Analogien und ihre Aktualität sichtbar werden.

Aufgabe: Sechs Lernende spielen die Rollen laut Rollenkarte in einem vom Lehrenden geführten Prozess.

Ablauf: Vorab werden die Spieler ausgewählt und über den Ablauf informiert. Sie erfahren jedoch nicht, wen sie darstellen und worum es in dem Prozess überhaupt geht. Es wird ein „Gerichtssaal" eingeräumt. Der Lehrende führt den Prozess als Richter und thematisiert immer wieder die Schuldfrage des Einzelnen. Je nach Leistungsfähigkeit der Lernenden kann dabei abgelesen oder auf Grund der Rollenkarte improvisiert werden. Die übrigen Mitglieder der Gruppe bilden die Geschworenen. Sie sollen vermuten, wann und warum der Prozess spielt und wer wohl die Angeklagten sein mögen. Außerdem sollen sie über Schuld und Unschuld der Angeklagten befinden. Es wird daher dazu geraten, sich Notizen zu machen.
Im anschließenden Gespräch werden die Vermutungen begründet zur Sprache gebracht. Auf der Suche nach Personen werden evtl. aktuelle Beispiele thematisiert.

Erwartung:

Gesprächsschwerpunkte im Prozess:

- J. hat es doch nur gut gemeint. Ist etwas nicht gut, wenn es ein gutes Ziel verfolgt? Aber wenn es schief geht? (Judas: Mt 26,14–16 und 20–25, evtl. 27,3–5)
- P. hat nicht dazu gestanden. Aber hätte er sich nicht selbst reingerissen, wenn er alles zugegeben hätte? (Petrus: Mk 14,29–31 und 53–72)
- K. hat Verantwortung. Muss er da nicht zu Gunsten der Vielen entscheiden? Aber hat er das Recht, den Einen zu opfern? (Kaiphas: Mk 14,1–2 und Mk 15,1)
- H. ist doch schuldfrei, oder? Er hat doch nur Befehle ausgeführt. Aber sollte man das in *jedem Fall und unbedingt*? (Hauptmann: Mt 27,27–31)
- P.P. muss doch als Vertreter des Staates hart durchgreifen!? Kann er dann persönlich schuldig sein? (Pontius Pilatus: Mk 15,2–15)
- H.A. wägt politisch ab und versucht sich rauszuhalten. Dann kann man nicht schuldig werden. Oder doch? (Herodes Antipas: Lk 23,6–12)
- S.v.Z. wird in die Sache reingezogen. Kann man denn wider Willen schuldig werden? (Simon von Zyrene: Mt 27,32

➢ Im Prinzip könnte der Prozess zu jeder Zeit spielen. Die geschilderten Typen von Menschen gibt es immer.

Hinweise: Die Elementarisierung entfaltet ihre Wirkung dann am besten, wenn die biblische Geschichte vorher nicht bzw. nicht im Detail bekannt ist. Je nach Alter und Leistungsstand kann unterschiedlich weitergearbeitet werden.
a) Korrelation mit den Textstellen des Prozesses Jesu (in Klammern) mit der Erkenntnis, dass ein Unschuldiger stirbt, während alle am Prozess Beteiligten schuldig werden (eher für Kl. 9–10, Konfi).
b) Weiterarbeit zum Thema strukturelle Schuld. Ist es dem Menschen möglich, schuldfrei durchs Leben zu kommen? Wo verursachen schon die Kontexte, in denen wir leben, dass wir schuldig werden? Was bedeutet vor diesem Hintergrund die Sehnsucht nach Erlösung und die theologische Aussage, dass nur Gott von Sünden erlösen kann (Kl. 11–12)?
c) Eigene oder bekannte Argumentationsstrukturen zu Verteidigung und Relativierung von Schuld thematisieren (Schuldverschiebung, nachträgliche Legitimation).

Anschluss: Gen 3 als Mythos, der die Vorfindlichkeit struktureller Schuld erfasst, „Scham und Schuld" S. 29
Sünden-Verständnis nach Tillich „Schuld und Sünde" S. 52
Sehnsucht nach Erlösung „Befreiung und Erlösung" S. 36
Begründungen ethischer Entscheidungen
Kreuzigung: Geteiltes Leid ist halbes Leid[1]

1 Kursbuch Religion Elementar 3, Stuttgart/Braunschweig 2020, 70f.

M 1	Kopiervorlage: Rollen (auseinanderschneiden)

Passionsprozess

J.
Also, eins ist schon mal klar: wer nicht provoziert, bekommt keine mediale Aufmerksamkeit. Und um die geht es schließlich. Schlagzeilen, sag' ich immer. Schlagzeilen. Und das hab' ich halt versucht. Ich wollte unserer Sache zum Durchbruch verhelfen. Ich steh' da nämlich voll dahinter. Das hätte echt was gebracht. Hätte. Es hat ja nun nicht geklappt. Ich bin fix und fertig, dass alles schief gegangen ist. Mir blutet das Herz, wenn ich daran denke. Und ich finde es total unfair, dass sie mir vorwerfen, ich hätte das nur des Geldes wegen getan.

P.
Ja, klar hab' ich gesagt, dass ich in jedem Fall dazu stehe! Aber da wusste ich doch noch nicht, dass es so schlimm kommt. Ich meine, man muss auch mal die Verhältnismäßigkeit sehen! Das muss man doch abwägen dürfen. Da wäre der Preis für mich persönlich doch zu hoch gewesen. Wenn ich da was gesagt hätte, hätte es doch zu meinem eigenen Schaden gereicht. Da kann ich schon mal die Aussage verweigern!

K.
Mir obliegt die Verantwortung für das ganze Gelände. Da kommen Tausende zu dem Event. Es ist schon mehrfach zu Massenpanik gekommen. Da würde es womöglich Tote geben. Nicht auszudenken! Und wenn die Massen auch noch angeheizt werden, wird alles viel schlimmer. Nein, ich muss zum Wohle der Menge entscheiden. Ich habe das abgewogen. Zum Schutz vieler Menschen muss ein Mensch Nachteile in Kauf nehmen. Das leuchtet ein. Zumal dieser eine ja auch noch tut, als stünde er über den Regeln und Gesetzen. Also bitte! Und beraten habe ich mich auch. Wozu gibt es schließlich Gremien. Meine Entscheidung ist also legitimiert.

H.
Befehl ist Befehl. Wir sind hier schließlich beim Militär! Wo kämen wir da hin, wenn wir auch noch selber denken sollten. Nein. Wir führen aus, was die da oben entscheiden. Die sind zum Überlegen da. Was weiß ich denn von diesen ganzen Paragrafen! Wir haben unsere Vorschriften und arbeiten unseren Maßnahmenkatalog ab. Basta. Ende der Aussage.

P.P.
Ich bin der Vertreter der Staatsmacht. Ich habe Stärke zu demonstrieren. Der Staat ist das Gebilde, das allem den Rahmen gibt. Da ist Klarheit angesagt. Da muss man auch schon mal mutige Entscheidungen treffen inmitten der Interessengruppen, die alle nur für sich selbst Lobbyarbeit machen. Ich habe mich loyal zum Staat zu verhalten. Für mich gilt die Staatsdoktrin. Das sind eindeutige Vorgaben, die meinen Entscheidungsspielraum klar eingrenzen. Meine Privatmeinung spielt doch hier keine Rolle.

H.A.
Es ist noch einmal zu betonen, dass unter Berücksichtigung aller Umstände Entscheidungen nur getroffen werden konnten, wenn die entsprechenden Situationen ihrer grundlegenden Entstehungsprozesse eingehend geprüft worden sind. Es ist mir wichtig, deutlich zu machen, dass sehr komplexe Tatbestände einer dieser Komplexität angemessenen Aufarbeitung benötigen. Die hier angesprochene Nachforschung bedurfte einer umfangreichen Zuarbeit diverser Sachverständiger und überforderte damit die in meinem Amtsbereich vorhandenen Kapazitäten. Eine Überweisung an die verantwortliche staatliche Stelle war also zwingend nötig.

S.v.Z.
Ich bin von der Arbeit gekommen. Und dann mitten in den Trubel rein. Also, ich wusste gar nicht, wie mir geschah. Ich bin da reingezogen worden. Auf einmal war ich mittendrin. Ich konnte da gar nichts selbst entscheiden. Das ging ganz automatisch. Ich hab' einfach gemacht, was die von mir wollten. Ob das jetzt gut oder schlecht war ... das weiß ich gar nicht.

Gundula Rosenow

Phase: Motivation / Erarbeitung

Methode: Assoziationen / Textarbeit

Material: Folie- oder Papierstreifen, Stifte, Kopien Materialblatt **M 1**, Projektionsmöglichkeit

Erfahrungsfeld: Wenn sich die Lebensumstände eingreifend verändern (Scheidung, Umzug, Flucht), führt das zu dem Gefühl der Verlassenheit. Verlassen kann man sich aber auch dann fühlen, wenn sich die Lebensumstände äußerlich gar nicht geändert haben.

Zielstellung: Die vom heutigen Menschen durchaus nachvollziehbare emotionale Grundierung der (Gottes-)Verlassenheit kann zum Nährboden für identitätsstiftende Erzählungen (z.B. der Schöpfungsbekenntnisse) werden.

Aufgaben:
1. Entscheiden Sie sich spontan für einen Satz aus dem Angebot!
2. Bilden Sie mit denen eine Gruppe, die ebenfalls diesen Satz gewählt haben. Überlegen Sie gemeinsam, in welcher Lebenssituation dieser Satz gesprochen worden sein könnte!
3. Lesen Sie den Ausschnitt aus dem Psalm 137 und die Erläuterungen! Vermuten Sie auf der Grundlage des bisher Durchdachten, mit welchen untergründigen Emotionen er aufgeschrieben sein könnte.
4. Notieren Sie diese Emotionen so, dass sie projiziert werden können.

Ablauf: Das Materialblatt an den gekennzeichneten Stellen in Streifen schneiden. Die Sätze zur Gruppensortierung (großgedruckt,) werden auf Folie kopiert und auf den dunklen Overheadprojektor (oder andere Projektionsmöglichkeit) gelegt, so dass sie beim Anschalten gleichzeitig aufleuchten. Die Entscheidung für einen Satz sollte spontan und ohne viel Nachdenken erfolgen. (Zeit begrenzen.) In den Gruppen, die sich dann bilden, soll die Vermutung über die Situation, in der dieser Satz gefallen sein könnte, im Mittelpunkt stehen. Danach erfolgt die Korrelation mit dem tradierten Text: Psalm 137 (Materialblatt) wird in den jeweils zugehörigen Abschnitten in die Gruppen gegeben. Angefügt sind kurze Erläuterungen zum besseren Verständnis. In einem Analogieschluss kann jetzt vermutet werden, welche Emotionen im Babylonischen Exil zu den bis heute tradierten Symbolisationen geführt haben mögen. Die notierten Emotionen werden gesammelt und als „emotionale Grundierung" von unten her angeordnet projiziert. Das DENNOCH wird auf diesen Boden gesetzt. Der Psalm sollte jetzt vollständig gelesen werden.

Erwartung:

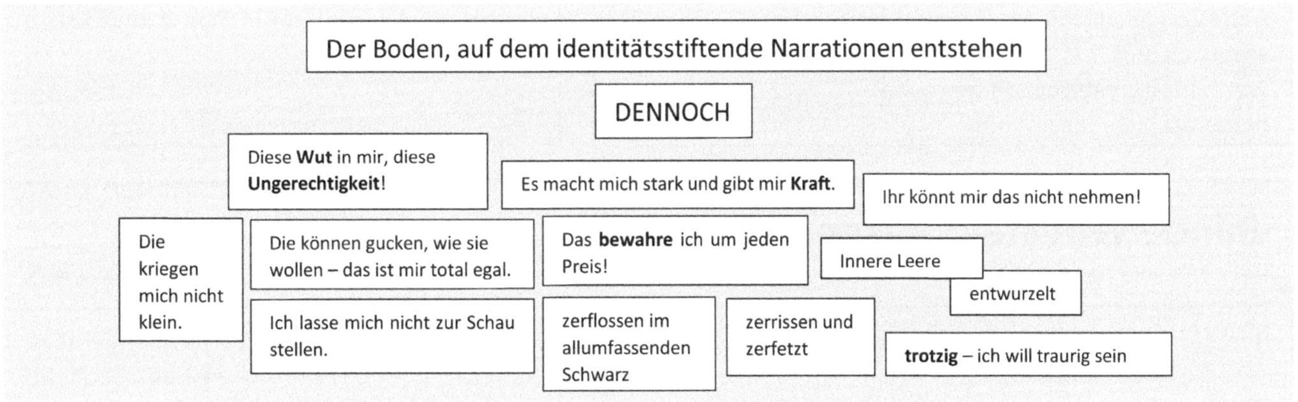

Hinweise: Es ist zu erwarten, dass die Gruppendiskussionen sehr von eigenen Erfahrungen geprägt sind oder von denen Nahestehender. Die Verlassenheit wird nicht sofort als Gottesverlassenheit interpretiert. Dieser Aspekt tritt erst durch die Korrelation mit dem Psalmabschnitt hinzu. In der Folge gilt es deutlich zu machen, dass auf diesem Boden identitätsstiftende Narrationen entstehen, die stabilisierend wirken.

Anschluss: Hintergrundwissen: Babylonisches Exil
Gen 1 als Resultat der Auseinandersetzung mit dem babylonischen Schöpfungsmythos[1]
Erinnerungskultur des Judentums
Überhöhungen von Legenden, exemplarisch: Ex 14

1 Schauß, Religion, 102–103.

M 1	**Kopiervorlage: Verlassen**

Ich hab' nicht mal Lust auf das, was mir sonst Spaß macht.

→

1 An den Flüssen Babylons saßen wir und weinten, jedes Mal, wenn wir an Zion dachten. **2** Unsere Harfen hingen dort an den Weiden; wir mochten nicht mehr auf ihnen spielen.	Die Gefangenen sitzen in der Stadt Babylon, im heutigen Irak, und denken an ihre Heimat Jerusalem (auf dem Berg Zion) zurück.

→

Ich werde jetzt nicht so tun, als ob mir das nichts ausmacht.

→

3 Doch die Feinde, die uns unterdrückten, die uns verschleppt hatten aus der Heimat, verlangten von uns auch noch Jubellieder. „Singt uns ein Lied vom Zion!", sagten sie. **4** Fern vom Tempel, im fremden Land – wie konnten wir da Lieder singen zum Preis des HERRN?	Die Verschleppten trauern dem Tempel in Jerusalem nach, der zerstört worden ist, und halten es für unangemessen und demütigend, die Lieder des Tempels in der Gefangenschaft vorzusingen.

→

Das Verlorene trage ich in mir – niemand kann es mir nehmen.

→

5 Jerusalem, wenn ich dich je vergesse, dann soll mir die rechte Hand verdorren! **6** Die Zunge soll mir am Gaumen festwachsen, wenn ich aufhöre, an dich zu denken, wenn ich irgendetwas lieber habe, lieber als dich, Jerusalem!	Die Gefangenen dürfen den Ort ihrer Gefangenschaft nicht verlassen und wissen, dass ihre Heimat Jerusalem in Schutt und Asche liegt.

→

Blinde Wut steigt rasend in mir hoch.

→

7 HERR, vergiss nicht, was die Edomiter taten, als Jerusalem in die Hand der Feinde fiel, wie sie schrien: „Reißt sie nieder, die Stadt! Reißt sie nieder bis auf den Grund!" **8** Babylon, auch du wirst bald verwüstet! Gott segne den, der dir heimzahlt, was du uns angetan hast! **9** Gott segne den, der deine Kinder packt und sie am Felsen zerschmettert!	Die Edomiter zerstörten Jerusalem gemeinsam mit dem babylonischen Heer. Jetzt sitzen die Gefangenen aus Jerusalem in Babylon fest und trauern um ihre Heimatstadt, die in Schutt und Asche liegt.

Roter Faden Sinn

Phase: Motivation

Methode: Performance

Material: Overheadprojektor / Episkop, mehrere verschieden große platte oder würfelförmige Perlen mit Löchern, große Nadel, roter Wollfaden (alternativ: alles als digitale Animation vorbereiten), Text **M 1**

Erfahrungsfeld: Eigene Lebenserfahrungen werden rückblickend durchdacht und im Bestreben einer Sinnsuche miteinander verbunden. Die gelingt jedoch nicht immer.

Zielstellung: Diese Performance sensibilisiert für das Thema Sinnsuche und provoziert eine eigene Positionierung.

Voraussetzung: metaphorisches Verständnis

Aufgabe: Genießen Sie die Performance ohne Zwischenbemerkungen und lassen Sie sich gedanklich mitnehmen. Positionieren Sie sich dazu. Wir wollen anschließend darüber diskutieren.

Ablauf: Auf die eingeschaltete Projektionsfläche werden nach und nach Perlen fallen gelassen. (Sie dürfen nicht kugelförmig sein, damit sie liegen bleiben.) Dazu wird der Text **M 1** langsam und mit Pausen gelesen – besser noch frei gesprochen. Es kommt nicht auf jedes Wort an. Danach wird gut sichtbar ein möglichst dicker roter Faden durch eine möglichst dicke Nadel gefädelt. Mit der Nadel werden nun die Perlen mit dem Faden durchzogen, ohne sie zu verrücken. (Dazu muss die Nadel ihrerseits durch die Perlen passen.) Es ergibt sich ein sehr verschlungener Fadenverlauf, der noch immer nicht alle Perlen mitnehmen kann.

Nach dem Ende der Performance erfolgt erneut die Aufforderung zur Diskussion.

Erwartung:

Diskussionsschwerpunkte:

- Bestätigung der Erfahrung, dass das eigene Denken nicht eher Ruhe gibt, bevor nicht auch widersinnige Erfahrungen mit eingebunden sind,
- Abstreiten der Möglichkeit, alle Erfahrungen sinnvoll zu verbinden,
- Überlegung, ob und wie Prioritäten gesetzt werden zwischen den Erfahrungen, vieles wird vergessen, erhält kein Gewicht,
- Anfrage, ob – metaphorisch gesprochen – der Sinnfaden im Deutungsprozess nicht auch des Öfteren reißt,
- ...

Hinweise: Je nach Vertrautheit der Lerngruppe und vorausgegangenem Unterrichtsprozess können sehr persönliche Erfahrungen zur Sprache kommen. Sie sind unbedingt wertzuschätzen und keinesfalls zu bewerten. Grundsätzlich gilt bei Gesprächen, die persönlicher sind oder „mitten aus dem Denken heraus" gesprochen werden, dass manchmal stille Momente auszuhalten sind. Auch wenn dieses Aushalten schwer ist, ist es oft sehr intensivierend, weil das Gespräch über solche Momente an Tiefe gewinnt.

Für die Lehrenden gilt: in dieser Diskussion ist jegliche theologisch-dogmatische Sprache fehl am Platze. Bemühen Sie sich darum, in Alltagssprache zu reden. Die Suche nach Worten ist keine Schwäche.

Anschluss:
Begriffsklärungen Kohärenz und Kontingenz
Gotteserfahrungen in der Geschichte Israels
Funktionen von Narrationen für die Identität von Nation und Person
„Symbolische und nichtsymbolische Rede über Gott" (Tillich) S. 38
„Verlassen" – Der Boden, auf dem identitätsstiftende Narrationen entstehen S. 83
Reich-Gottes-Vorstellungen als Sehnsucht nach Vollkommenheit und Sinn

M 1

Text zur Performance „Roter Faden Sinn"
Material für die Hand des Lehrenden

Roter Faden Sinn

(währenddessen Perlen auf die Projektionsfläche legen bzw. fallen lassen)

Manchmal
erleben wir etwas
das zufällig scheint
einfach so
in unser Leben hineingeworfen
unvermutet
unverdient
ohne Zusammenhang
manches
haben wir sehr gewollt
geradezu ersehnt
anderes
wollten wir so nie erleben
es passierte einfach.

(währenddessen gut sichtbar den roten Faden in die Nadel und durch die Perlen fädeln)

Und dann schauen wir zurück
und fragen nach dem Warum
und suchen nach Antworten
nach Gründen
und Zusammenhängen
jahrelang
denken wir
suchen wir
bis uns eine Antwort einfällt.
Wäre das damals nicht gewesen,
würde ich heute nicht ...
hätte ich das Leid nicht ausgehalten,
wäre mir das Glück nicht vergönnt gewesen ...
das beruhigt
das gibt festen Grund
das gibt Gelassenheit.

(einige Perlen bleiben nicht aufgefädelt liegen)

Aber es bleiben Erfahrungen zurück
ohne Sinn
und Zusammenhang
wir fragen uns warum
wir finden keine Antworten
wir lassen sie liegen
sie schmerzen
sie beunruhigen
wir halten es aus
es bleibt die Sehnsucht
die Sehnsucht nach einer Antwort
die Sehnsucht nach Sinn.

Gundula Rosenow

Phase: Motivation

Methode: Pyramidendiskussion

Material: Rollenlose **M 1**, DIN A5-Papier, dicke Stifte

Erfahrungsfeld: Ich bin ohne eigenes Zutun ins Leben gekommen. Ich kann nichts dafür, dass ich so bin, wie ich bin. Ich schaue aus meiner persönlichen Perspektive.

Zielstellung: Die durch die Rollenlose aufgezwungene Identität sensibilisiert für die je eigenen mit einer Argumentation verbundenen Interessen und relativiert diese durch die Wichtungen innerhalb einer Pyramidendiskussion.

Aufgabe:
Beenden Sie aus der Ihnen zugeteilten Rolle heraus den Satz: „Für mich ist Menschenwürde gegeben, wenn …"!

Ablauf: Die Rollen werden ausgelost. Die Lernenden bekommen DIN A5-Papier und Stifte, auf die sie den zweiten Satzteil schreiben. Dann wird verdeckt eingesammelt.
An der Tafel / in der Mitte sind bereits drei Kategorien vorbereitet. Jede Satzhälfte wird vorgelesen und nach gemeinsamer Diskussion in eine der Kategorien eingeteilt.
A) Für die Diskussion bleibt jeder in seiner gelosten Rolle – dann wird sie kontroverser und benötigt mehr Zeit.
B) Die Lernenden geben die Rollen wieder ab und diskutieren aus ihrer persönlichen Perspektive.

Erwartung:

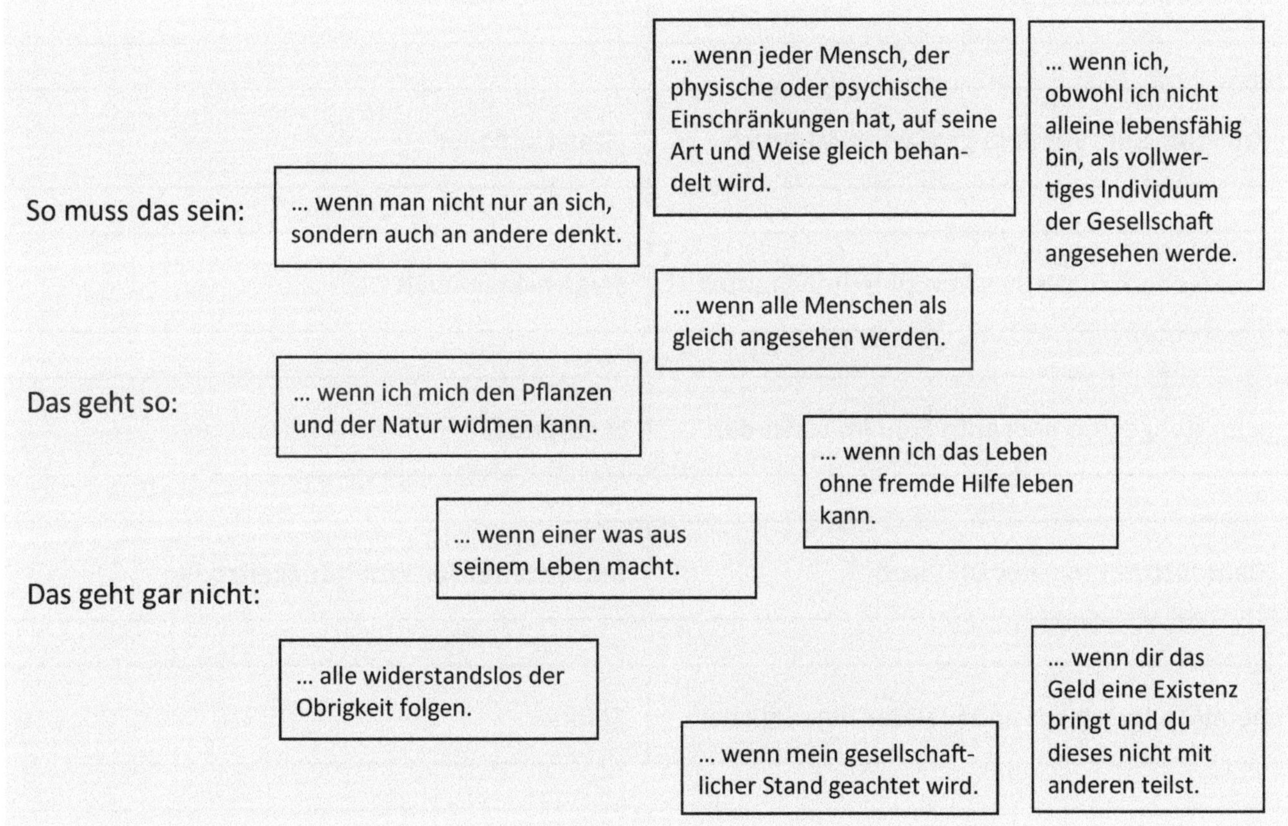

Hinweise: Im Vollzug wird deutlich, dass die Extrempositionen nur durch die Rollenlose in die Diskussion eingebracht worden sind – kein Lernender würde sie selbst so formulieren. Sie sind aber nötig, um die Bedeutung der Menschenwürde als gesetzte Übereinkunft deutlich werden zu lassen – und die Menschenrechtsverstöße als Brüche dieser Übereinkunft.

Diese Methode lässt sich auch zum Thema Gerechtigkeit oder Verantwortung hin variieren.

Anschluss: Safranski: Menschenwürde (**M 2**)
Gottesebenbildlichkeit des Menschen

M 1 Kopiervorlage Rollenlose Menschenwürde (auseinanderschneiden)

geistig Behinderter	hohes Tier in der russischen Mafia
Unternehmer, kurz vor Insolvenz	reicher Pensionär
Hausfrau und Mutter	Frühgeborenes im Inkubator
arbeitsloser Gärtner	Bio-Landwirt
Kind in indischem Slum	chronisch Kranker
Künstler, kurz vor dem großen Durchbruch	Star-Fußballer
Staatsoberhaupt eines europäischen Staates	Strafrechtsanwalt
vom Hungertod bedrohte Frau im Südsudan	Sterbender
Demonstrant in einer Diktatur	Veranstalter für Wohltätigkeitsbälle
heimlich Haschisch anbauender Jugendlicher	Söldner
mehrfachbehinderter 14-jähriger Junge	ehemaliger Stasi-Spitzel
millionenschwerer Ölscheich	pflegebedürftige Großmutter

M 2 Safranski: Menschenwürde

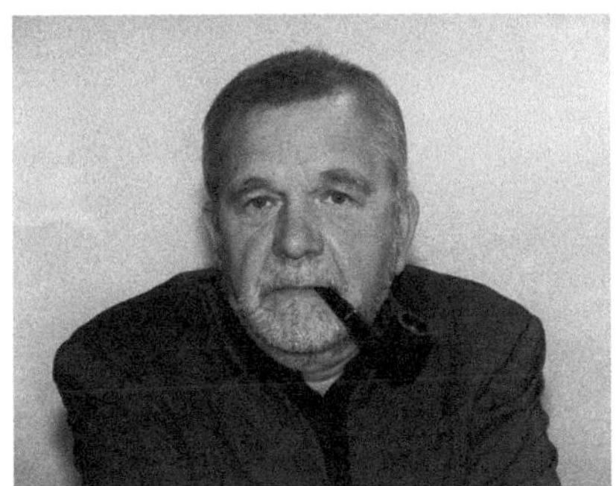

Rüdiger Safranski (*1945)

In seinem Buch „Das Böse oder Das Drama der Freiheit" untersucht der Philosoph und Buchautor den Ursprung des Bösen und seine Wirkmechanismen als Preis der Freiheit des Menschen. Die Menschenwürde wird im Alten Testament als dem Menschen von Gott zuerkannt beschrieben. Damit gründet sie auf einem unumstößlichen Zuspruch. Will der Mensch auf die Autorität Gottes verzichten, kann sie jedoch lediglich als menschliche Übereinkunft gesehen werden.

Menschenwürde gibt es nicht – sie gilt

Bleiben wir noch einen Augenblick bei der Moral. Wenn man sie auf die Einbildungskraft gründet, zeigt sie sich als eine lebensdienliche Fiktion. Die Letztbegründung der Moral ist der Wille zu ihr. Man muss sie sich einbilden wollen, damit sie das Leben führt und orientiert.

Nehmen wir beispielsweise den „Wert" der Menschenwürde. „Alle Menschen sind frei und an Würde und Rechten gleich geboren", verkündet der Artikel I der Allgemeinen Erklärung der Menschenrechte. Aber wird der Mensch tatsächlich mit Würde so wie mit Gliedmaßen ausgestattet geboren? Selbstverständlich nicht. Die „Würde" wird zuerkannt, aber durch welche Instanz? Heute sagen wir: durch die Gesellschaft. Die Gesellschaft bildet sich den Grundsatz ein und macht ihn verpflichtend, dass man den Menschen, und zwar alle Menschen, als Wesen behandelt, die eine „Würde" haben.

Mit Recht aber empfindet man die Gründung der Menschenwürde in einer gesellschaftlichen Übereinkunft als zu schwach. Sie macht aus der Menschenwürde etwas Kontingentes. Kontingenz heißt: was es gibt, könnte es genauso gut auch nicht geben, es ist nicht notwendig. „Würde" soll nicht auf dem Treibsand von Übereinkünften und wechselnden Mehrheiten gründen. Beim Hitlerismus hat sich ja gezeigt, dass es möglich ist, einer bestimmten Kategorie von Menschen diese Würde abzusprechen und sie wie Ungeziefer auszurotten. Und es hat sich weiterhin gezeigt, dass man dafür in einer modernen Gesellschaft sogar Mehrheiten mobilisieren und einen hochkomplizierten Gesellschaftsmechanismus als Instrument einsetzen kann.

Menschenwürde also gibt es nicht, sondern sie gilt.
Und nur solange und wo sie gilt, gibt es sie auch. Wenn das Grundgesetz der Bundesrepublik die Würde des Menschen „unantastbar" nennt und sie ausdrücklich nicht einer demokratischen Mehrheitsentscheidung anheimstellt – dann ist das ein Versuch, in einer säkularen Welt ein heiliges Tabu zu errichten.

Eine gesellschaftliche Entscheidung wird in eine Angelegenheit umgewandelt, die in Zukunft der gesellschaftlichen Entscheidung entzogen bleiben soll. Das ist ein Versuch, die Würde eben nicht nur in der gesellschaftlichen Einbildungskraft gründen zu lassen – sondern in Gott, genauer: in dem, was von Gott übriggeblieben ist, eine Instanz der Letztbegründung, eine Art Machtwort der moralischen Vernunft. [...]

Hitler ist die letzte Enthemmung der Moderne.
Seitdem kann jeder wissen, wie bodenlos die menschliche Wirklichkeit ist:
dass es in ihr Verpflichtungen nur gibt, wenn man sie gelten lässt,
dass Versprechungen das Leben nur unter der Voraussetzung erhalten, dass sie gehalten werden;
dass man sich von seinem Leben nur etwas versprechen kann, wenn man den Zuspruch der anderen bekommt.

Seitdem kann man aber auch ahnen, was der „Tod Gottes" eigentlich bedeutet.
Wenn man von den guten Geistern verlassen ist und die guten Gründe verloren hat, muss man alles selbst hervorbringen. Wenn man aufhört, an Gott zu glauben, bleibt nichts anderes mehr übrig, als an den Menschen zu glauben. Dabei kann man die überraschende Entdeckung machen, dass der Glaube an den Menschen womöglich leichter war, als man noch den Umweg über Gott nahm.

Aus: Safranski, Rüdiger, Das Böse oder Das Drama der Freiheit, © 2004, Carl Hanser Verlag GmbH & Co. KG, München, 288–290.

Blickwinkel, Perspektiven, Wahrheiten

Kl. 8–12, Konfi, Jugend

Phase: Motivation

Methode: Rollenspiel

Material: M 1 kopieren und als Lose auseinanderschneiden

Erfahrungsfeld: Immer wieder stellen wir fest, dass andere Menschen etwas völlig anders wahrgenommen haben als wir, eine andere Perspektive haben und zu anderen Schlüssen kommen. Manchmal entsteht so sogar Streit um die Wahrheit.

Voraussetzung: keine

Zielstellung: Das Rollenspiel kontrastiert verschiedene Perspektiven auf ein und denselben Vorgang, indem es diese Wahrnehmungen verbalisieren lässt.

Aufgabe:
Formuliert – wie auf dem Rollenlos angegeben – zwei Sätze aus eurer jeweiligen Sicht.

Ablauf: Die Lose werden verteilt bzw. gezogen. Doppelrollen in großen Lerngruppen sind kein Problem. Nachdem jeder für seine jeweilige Rolle zwei Sätze formuliert hat, werden diese moderiert verlesen. Das geschieht, indem der Lehrende den letzten Satz des Rollenloses vorliest. Das ist unbedingt nötig, damit alle wissen, wer gerade spricht.

Das Spiel geht dann in die Diskussion über. Es werden zuerst die Beobachtungen gesammelt und dann diskutiert. Wer sagt hier eigentlich die Wahrheit und was ist wirklich passiert?

Erwartung:

Mögliche Beobachtungen:
- die Blickwinkel sind sehr unterschiedlich
- es kommt auf die Rolle desjenigen an (Mutter, Polizei, Sachbearbeiterin der Versicherung)
- alle sprechen jeweils eine Sprache, die zu ihrer Rolle gehört
- es gibt keine objektive Wahrheit, jeder hat eine andere Auffassung
- ...

Hinweise: Je nach Alter ist die Verwunderung über die Pluralität der Wahrnehmungen groß – je älter, desto größer. Auch die Diversität der einzelnen (z.T. professionellen) Schilderungen ist auffallend. Pluralität und Relativität sind altersgerecht zu thematisieren. In der Oberstufe kann die Abhängigkeit der Sprache von der Rolle des Sprechenden thematisiert werden sowie von seiner emotionalen Betroffenheit.

Das Rollenspiel selbst lässt den Ausgang der Episode offen. Je nachdem, wie Gruppen damit umgehen, kommt es zu unterschiedlichen Ausgängen der Geschichte. Das kann gesondert thematisiert werden.

Anschluss:
Spiegelungen; 1. Kor 13,8–13[1]
Baumert: Modi der Weltbegegnung[2]
Entstehung der Bibel „Text als Textilie“ S. 60
Wittgenstein: „Sprachspiel“ (**M 2**) Kl. 11/12
Küng: Wahrheit und Faktizität (**M 3**) Kl. 11/12
„Die Entstehung der Auferstehungstexte“ S. 116
„Modernes Glaubensbekenntnis“ S. 130
„Philosophische Schulen“ S. 100
Vorstellungen von Gott[3]

---

1 Ortswechsel 11 „Spiegelungen“, München 2013, 10–18.
2 Ebd. 16.
3 Kursbuch Religion Elementar 3, Stuttgart/Braunschweig 2020, 106f.

M 1 Rollenspiel: Perspektiven auf die Wirklichkeit (auseinanderschneiden)

An einer viel befahrenen Straße reißt sich ein Kind von der Hand seiner Mutter los und rennt direkt vor ein Auto. Sie sind die Mutter und sagen später: ...
(Schreiben Sie zwei Sätze.)

An einer viel befahrenen Straße reißt sich ein Kind von der Hand seiner Mutter los und rennt direkt vor ein Auto. Sie sind der Kraftfahrer und sagen später vor der Polizei aus: ...
(Schreiben Sie zwei Sätze.)

An einer viel befahrenen Straße reißt sich ein Kind von der Hand seiner Mutter los und rennt direkt vor ein Auto. Sie sind der Kraftfahrer im Gegenverkehr und sagen später als Zeuge aus: ...
(Schreiben Sie zwei Sätze.)

An einer viel befahrenen Straße reißt sich ein Kind von der Hand seiner Mutter los und rennt direkt vor ein Auto. Sie sind der Beifahrer des Kraftfahrers und denken als erstes: ...
(Schreiben Sie zwei Sätze.)

An einer viel befahrenen Straße reißt sich ein Kind von der Hand seiner Mutter los und rennt direkt vor ein Auto. Sie sind eine Passantin und sagen später zur Nachbarin: ...
(Schreiben Sie zwei Sätze.)

An einer viel befahrenen Straße reißt sich ein Kind von der Hand seiner Mutter los und rennt direkt vor ein Auto. Sie sind ein Pfarrer, der die Situation vom Kirchturm aus beobachtet, und sagen später: ...
(Schreiben Sie zwei Sätze.)

An einer viel befahrenen Straße reißt sich ein Kind von der Hand seiner Mutter los und rennt direkt vor ein Auto. Sie sind der herbeigerufene Verkehrspolizist und notieren im Protokoll: ...
(Schreiben Sie zwei Sätze.)

An einer viel befahrenen Straße reißt sich ein Kind von der Hand seiner Mutter los und rennt direkt vor ein Auto. Sie sind der Notarzt und sprechen später in Ihr Diktiergerät: ...
(Schreiben Sie zwei Sätze.)

An einer viel befahrenen Straße reißt sich ein Kind von der Hand seiner Mutter los und rennt direkt vor ein Auto. Sie sind die Staatsanwältin, die die Akte des Unfalls auf den Tisch bekommt, und machen folgenden Aktenvermerk: ...
(Schreiben Sie zwei Sätze.)

An einer viel befahrenen Straße reißt sich ein Kind von der Hand seiner Mutter los und rennt direkt vor ein Auto. Sie sind die Sachbearbeiterin der Unfallversicherung und notieren zu dem Fall: ...
(Schreiben Sie zwei Sätze.)

An einer viel befahrenen Straße reißt sich ein Kind von der Hand seiner Mutter los und rennt direkt vor ein Auto. Sie sind der Lokalredakteur und schreiben in der Zeitungsnotiz: ...
(Schreiben Sie zwei Sätze.)

M 2 Wittgenstein: Sprachspiel

Ludwig Wittgenstein (1889–1951) war Philosoph. In seinem 1953 nach seinem Tod veröffentlichten Hauptwerk „Philosophische Untersuchungen" werden seine Notizen zur Beobachtung von Sprache zusammengefasst. In den Jahren 1936–1946 hatte er sie in jeweils kurzen Paragrafen notiert. Der Begriff des „Sprachspiels" wurde von Wittgenstein geprägt und steht auch heute noch für die Flexibilität und Veränderlichkeit der benutzten Sprache in verschiedenen Kontexten.

Sprachspiel

„Wieviele Arten der Sätze gibt es aber? Etwa Behauptung, Frage, Befehl? – Es gibt aber unzählige solcher Arten: unzählige verschiedene Arten der Verwendung all dessen, was wir ‚Zeichen', ‚Wörter', ‚Sätze' nennen. Und diese Mannigfaltigkeit ist nichts Festes, ein für allemal Gegebenes; sondern neue Typen der Sprache, neue Sprachspiele, wie wir sagen können, entstehen und veralten und werden vergessen. [...] Das Wort ‚Sprachspiel' soll hier hervorheben, daß das Sprechen der Sprache ein Teil ist einer Tätigkeit oder einer Lebensform. [...]"

Aus: Wittgenstein, Ludwig, Philosophische Untersuchungen, © Suhrkamp Verlag, Frankfurt/M. 2003, 26, §23.

M 3 Küng: Wahrheit und Faktizität

Hans Küng (1928–2021) ist ein katholischer Theologe und Kirchenkritiker. Küngs Anliegen, die Dogmen der katholischen Kirche zu hinterfragen, führte zum Entzug der Lehrerlaubnis durch die Kirche. Seine Bücher beschäftigen sich mit der Erklärung christlichen Denkens für Menschen der modernen Zeit.

Hans Küng ist außerdem durch das „Projekt Weltethos" bekannt, sein Lebenswerk, das nach einem gemeinsamen Grundethos aller Weltreligionen sucht.

Wahrheit und Faktizität

„Wahrheit ist nicht gleich Faktizität, ist insbesondere nicht gleich historischer Wahrheit.
Wie es verschiedene Weisen und Schichten der Wirklichkeit gibt, so gibt es verschiedene Weisen der Wahrheit: und oft in der einen und selben Erzählung verschiedene Schichten der Wahrheit.
Man überlege: Kann mich nicht eine tatsächlich geschehene Geschichte völlig gleichgültig lassen? Und kann mich nicht umgekehrt eine nur fingierte (‚fiktionale') und historisch nicht geschehene Geschichte unter Umständen tief betroffen machen? Eine Zeitungsmeldung von einem auf dem Weg von Jerusalem nach Jericho überfallenen Reisenden wird mich unter Umständen völlig gleichgültig lassen: obwohl sie – leider – wahr, historisch wahr ist. Umgekehrt wird mich die erfundene Geschichte vom barmherzigen Samariter auf demselben Weg unmittelbar in Bewegung setzen: weil sie mehr Wahrheit enthält. Die erste Geschichte sagt mir eine Wahrheit, die mich nichts angeht oder zumindest nicht anzugehen scheint, die für mich nicht bedeutsam ist: ein pures Faktum, eine rein historische Wahrheit. Die andere Geschichte sagt mir eine Wahrheit, die, obwohl kein Faktum, mich zutiefst betrifft: eine für mich bedeutsame Wahrheit, eine für meine Existenz relevante (‚existentiale') Wahrheit.
Gegenüber einer Geschichte wie der des barmherzigen Samariters oder des verlorenen Sohnes ist die Frage des Historikers, ‚wie es eigentlich gewesen ist', fehl am Platz: die Frage nach historisch Richtig oder Falsch ist inadäquat, ohne Interesse. Die Poesie, die Parabel, die Legende hat ihre eigene Vernunft. Sie unterstreicht, setzt Akzente, hebt heraus, konkretisiert: Sie kann relevantere Wahrheit künden als der historische Bericht. Die Bibel ist primär nicht an der historischen Wahrheit, sondern an der für unser Wohl, unser Heil relevanten Wahrheit, an der ‚Heilswahrheit' interessiert."

Aus: Küng, Hans, Christ sein, © 1974 Piper Verlag GmbH, München und Zürich, 405–406.

Bekennen und Bekenntnisse

Kl. 9–12, Jugend

Phase: Motivation

Methode: Pyramidendiskussion

Material: Notizzettel

Erfahrungsfeld: Beim Austausch eigener Meinungen, besonders aber bei der Formulierung gemeinsamer Standpunkte kommt es zu Verallgemeinerungen, Verflachungen, Kompromissen usw.

Zielstellung: Es werden Strukturanalogien zwischen der Entstehung von Bekenntnissen in der Geschichte des Christentums und dem heutigen Bemühen um gemeinsame Formulierungen aufgezeigt.

Aufgabe:
1. Notiere in einem Satz, was du unter „Gott“ verstehst.
2. Einigt euch in der Gruppe auf nur einen Satz zum Gottesverständnis.
3. Führt die Resultate beider Gruppen zusammen und formuliert wiederum nur einen Satz.

Ablauf: Die Methode beginnt mit der ersten Aufgabenstellung in Einzelarbeit. Sie öffnet sich dann weiter in eine Diskussion in Gruppen zu viert. Soll hier ein einziger Satz als Endresultat stehen, ist automatisch die Erläuterung des eigenen Standpunktes vonnöten. Danach wird die Aufgabe nochmals deutlich erschwert, weil jetzt Gruppen zu acht Lernenden zu einer gemeinsamen Formulierung kommen sollen. Einige werden jetzt aufgeben, ihre Meinung in den Gruppenkompromiss einzubringen. Trotzdem muss die Aufgabe beendet werden. Wichtig ist, dass die Lehrenden die Dynamik der Gruppen aufmerksam beobachten. Zielstellung der Methode ist es nicht, die erarbeiteten Formulierungen inhaltlich zu beurteilen. Die absichtlich erst nach dem Vollzug vorgenommene Erläuterung der Zielstellung sorgt zuerst für Enttäuschung. Deshalb sollten – als Wertschätzung der geleisteten Arbeit – die Gruppenresultate durchaus vorgelesen werden. Anschließend werden jedoch die Beobachtungen zur Dynamik während des Arbeitsprozesses gesammelt.

Erwartung:

Im Gespräch manifestieren sich folgende prinzipielle Beobachtungen:
- der Schwierigkeitsgrad stieg mit der Größe der Gruppe – die Einzelmeinung war immer weniger zu erkennen
- besonders Meinungen, die nicht gruppenkonform waren, wurden herausgedrängt
- die Diskussion wurde den Klügeren überlassen
- je mehr Einzelne sich wiederfinden mussten, desto abstrakter und allgemeiner wurde der Satz
- jeder formulierte vor dem Hintergrund seines Wissensstandes und in seiner Art zu reden
- es musste geklärt werden, was der Einzelne mit seinen Begriffen meint – da waren Missverständnisse möglich

Hinweise: Es sollte sich ein Gespräch anschließen, inwiefern diese allgemeinen Prinzipien beim Ringen um eine gemeinsame Aussage zusätzlich den jeweiligen historischen Bedingungen unterworfen sind. Dabei muss besonders die Rolle des Weltbildes thematisiert werden, das sich in den inhaltlichen Formulierungen automatisch wiederfinden lässt.

Der anschließende Lehrervortrag sollte so flexibel gestaltet werden, dass aus den Schilderungen der historischen und theologischen Hintergründe die Strukturanalogien zu den oben erarbeiteten Prinzipien deutlich werden.

Anschluss: Lehrervortrag zur Entstehung der Glaubensbekenntnisse (frühchristliche Konzilien)
Vergleich von Glaubensbekenntnissen (auch modernen)
das mythische Weltbild zur Zeit des Urchristentums „Das mythische Weltbild“ S. 104
eigene Glaubensbekenntnisse formulieren „Modernes Glaubensbekenntnis“ S. 130

Messiastraditionen

Kl. 9–12, Konfi, Jugend

Phase: Erarbeitung

Methode: interaktiver Lehrervortrag/ PPT

Material: PPT Messiastraditionen (online), **M 1**, Bibeln

Erfahrungsfeld: Die Weihnachtsgeschichte (die längst nicht mehr als allgemein bekannt vorausgesetzt werden kann) wird mit ihrem märchenhaften Charakter leicht als Kindergeschichte geringgeschätzt.

Zielstellung: Die Entdeckung der theologischen Tiefe der Weihnachtsgeschichten erfolgt mit den (reduzierten) Mitteln historisch-kritischer Exegese. Der Freude am Entdecken und logischen Denken kommt ein hoher Stellenwert zu.

Voraussetzung: Weihnachtsgeschichten nach Lukas und Matthäus sind bekannt. Entdeckung: der älteste Evangelist hat keine Geburtsgeschichte.

Aufgabe: im Verlauf: Bibel nachschlagen, schlussfolgerndes Gespräch.

Ablauf: Der freie und interaktive Lehrervortrag kann sich an **M 1** und der PPT orientieren. Die auf Niveau Kl. 9 / Konfi entworfenen Materialien können mit detaillierten Zeitgeschichtskenntnissen auf Oberstufenniveau gehoben werden. Das Thema lässt sich jedoch auch bis auf Kl. 5 reduzieren. Dazu müssen die einzelnen Texte eher narrativen Charakter haben. Durch gute Erzählweise gelingt es relativ leicht, die Lernenden zu fesseln. Das Endbild (für Kl. 5 bitte reduzieren) kann dann zur Ergebnissicherung verwendet werden.

Wichtig sind die interaktiven Elemente: Bibelstellen nachschlagen; im Gespräch Vermutungen anstellen.

Erwartung:

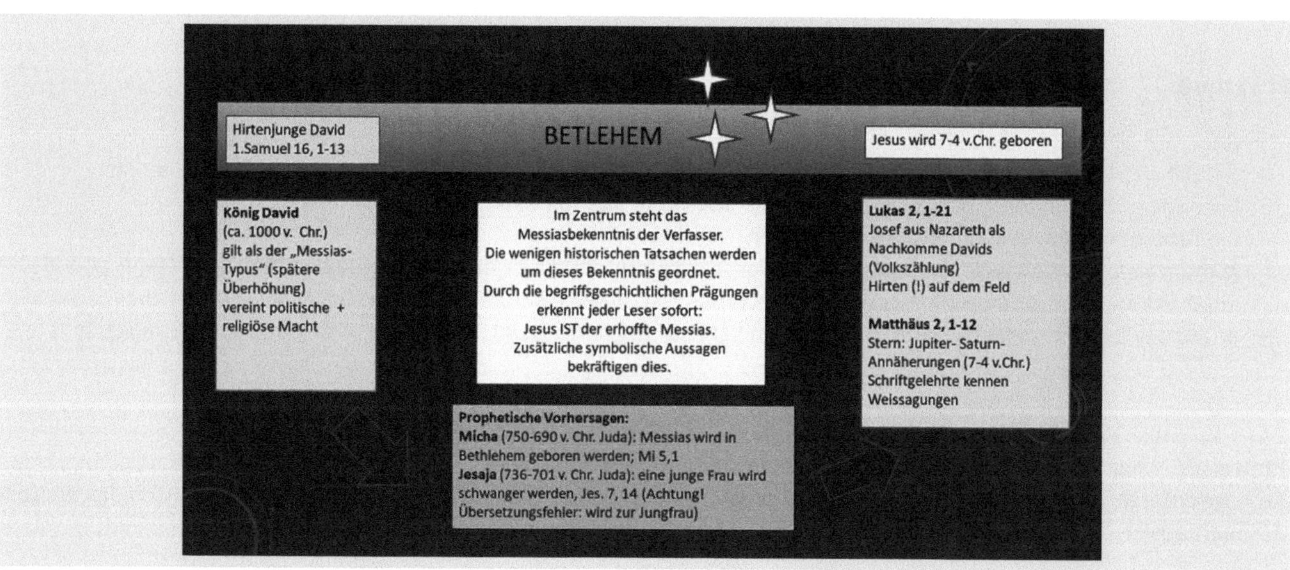

Hinweise: Neben dem Fachwissen, das hier vermittelt wird, kommt es vor Allem auf das methodische Vorgehen an. Das Hinterfragen der Messiassymbolik sollte als entdeckendes Lernen gestaltet werden. Die Erfahrung, dass Geschichten durch dieses Hinterfragen viel interessanter werden, ebnet den Weg zum historisch-kritischen Arbeiten. Dazu gehört die Entwicklung des Gespürs für metaphorische Sprache sowie die Erkenntnis, dass Theologie eine logische Wissenschaft ist. Das schafft Akzeptanz für diese Geisteswissenschaft und macht deutlich, dass Natur- und Geisteswissenschaften zwei unterschiedliche gleichberechtigte Betrachtungsweisen der Wirklichkeit sind.
Erfahrungsgemäß trifft dieses Vorgehen gerade in Kl. 9/10 auf sehr viel Resonanz.

Anschluss: Weltbild zur Zeit Jesu „Das mythische Weltbild“ S. 104 (Kl. 11/12, in Ausnahmen ab 9)
Glaubensbekenntnis „Bekennen und Bekenntnisse“ S. 93 (Kl. 11/12)
Wunder „Wunderbare Wunder“ S. 43; „Krankheit und Heilung“ S. 40
Heilung „Vier Mann – vier Ecken“ S. 62
Parallelen der Kindheitsgeschichten Mose – Jesus
Geburtsgeschichte Jesu im Koran (Sure 19,16–33)

M 1	**Material für die Hand der Lehrenden: Messiastraditionen**

Texte zur PPT Messiastraditionen und die Weihnachtsgeschichten (Niveau Kl. 9 / Konfi)

Titel: Matthäus (Mt 2,1–12) und Lukas (Lk 2,1–21) schreiben Geschichten über die Geburt Jesu. Markus tut dies nicht, obwohl er viel eher schreibt und näher am Geschehen gewesen sein müsste. Was ist daraus zu schlussfolgern? Wie mögen die Weihnachtsgeschichten bei Matthäus und Lukas entstanden sein?

1. Zentrum Messiasbekenntnis: Deutlich ist: beiden war wichtig zu betonen, dass Jesus der lange erwartete Messias ist, der Retter für das Volk, dem es damals sehr schlecht ging. Die historische Geburtsgeschichte 80–90 Jahre danach zu rekonstruieren, war unmöglich. Das wollten sie auch nicht. Ihnen ging es um die Geburtsgeschichte des MESSIAS. Sie setzen daher das, was jeder Jude damals wusste (und was wir heute nicht so ohne weiteres wissen) zusammen mit dem, was sich an historischen Anhaltspunkten finden ließ.

Was damals jeder Jude wusste:
2. Betlehem: Eine zentrale Rolle in der Messiastradition spielt das Städtchen Betlehem. Dort wählt der Prophet Samuel den zukünftigen König für Israel aus. Er entscheidet sich nicht – wie damals üblich – für den ältesten Sohn, sondern nimmt den Jüngsten, der direkt von seiner Arbeit als Schafhirte auf den Feldern Betlehems kommt. (*1. Sam 16,1–13 erzählen.*)

3. König David: Dieser Hirtenjunge David wird DER König Israels. Er bringt – gemeinsam mit seinem Sohn Salomo – das Reich zur Blüte. In der Erinnerung des Volkes wird König David legendenhaft überhöht. Bald wird er als idealer König empfunden. Er ist der „Messias-Typ“ schlechthin. Sollte der Messias kommen, dann müsste er genauso sein wie König David, persönlich, politisch, von Gott erwählt.

4. Pfeil: Nach dem Tod der beiden großen Könige zerbricht jedoch das Reich. Die beiden kleinen Teilreiche sind leicht von den erstarkenden Nachbarreichen einzuverleiben. Kriege brechen aus.

5. Propheten: Vor, während und nach diesen Kriegen treten Propheten auf. Sie warnen, mahnen und trösten. Der Prophet Micha sagt die Ankunft des Messias voraus: Er wird in Betlehem geboren werden. (*Mi 5,1 nachschlagen lassen.*) Jesaja tröstet das Volk: Eine junge Frau wird einen Sohn bekommen und noch bevor er erwachsen sein wird, wird die Unterdrückung ein Ende haben. (*Jes 7,14 nachlesen lassen.*) Später wird sich bei der Übersetzung dieser Textstelle vom Hebräischen („alma“ = junge Frau) ins Griechische ein Übersetzungsfehler einschleichen. Statt „junge Frau“ wird dann „Jungfrau“ dort stehen (griech. „parthénos“ = Jungfrau).[1]

6. Pfeil: Bis hierher weiß das jeder Jude zur Zeit von Matthäus und Lukas. Und weil Theologie logisch ist, können wir bereits schlussfolgern, welche Elemente im Messiasbekenntnis von Matthäus und Lukas vorkommen müssen, damit Jesus als Messias erkannt wird (*schlussfolgern lassen: Betlehem, Königsgeschlecht Davids, Hirten*).

7. Lukas und Matthäus: Die beiden Verfasser bauen nun die Elemente zusammen: Lukas schreibt, dass Jesus als Sohn Josefs ein Nachfahre König Davids war. Er erwähnt auch die Hirten auf dem Feld bei Betlehem und nutzt den historischen Fakt einer zwei Jahre dauernden römischen Steuerzählung des Jahres 8 v. Chr. Auch Matthäus stellt Betlehem ins Zentrum. Herodes lässt bei ihm extra die Schriftgelehrten fragen. Außerdem baut er eine Sternkonstellation zwischen Jupiter (Stern der Könige) und Saturn (Stern der Juden) ein, wie sie 7 v. Chr. stattgefunden hat.[2]

8. Jesus wird in Betlehem geboren: Wer versteht, welche Elemente Matthäus und Lukas hier zusammenfügen, weiß sofort: Ja, Jesus ist der Messias. Die Geburtsgeschichte Jesu enthält also ein verschlüsseltes Messias-Bekenntnis. Sie ist damit bedeutungsvoller, als eine historische Geschichte es jemals sein kann.
Der Zeitraum, der für die Geburt Jesu angenommen werden kann, speist sich aus den schon erwähnten historischen Anhaltspunkten zusammen mit dem Todesjahr Herodes des Großen (4 v. Chr.). Wissenschaftlich gilt deshalb: Jesus ist wahrscheinlich im Zeitraum zwischen 7–4 v. Chr. geboren.

---

1 Küng, Hans, Das apostolische Glaubensbekenntnis – Zeitgenossen erklärt, München [4]1992, 55.
2 Kroll, Gerhard, Auf den Spuren Jesu, Leipzig 1988, 12+63.

Phase: Erarbeitung / Vermittlung

Methode: Think/Pair/Share, (PPT)

Material: Kopie **M 1** für die Lernenden, (PPT Ontologie und Metaphysik)

Erfahrungsfeld: Einer der grundlegenden intellektuellen Konflikte bei Heranwachsenden ist derjenige zwischen Naturwissenschaft und Glaube bzw. Religion.

Zielstellung: Mit der Erarbeitung der ontologischen Unterscheidung werden die Lernenden zu kriteriologischem Denken befähigt.

Voraussetzung: keine

Aufgabe:
Think: Erarbeiten Sie sich mit Hilfe der Texte die in den Schemata dargestellten Unterscheidungen!
Pair: Vertiefen Sie diese, indem Sie über die Zuordnung von Beispielen diskutieren.
Share: Denken Sie gemeinsam darüber nach, wie Sie innerhalb der Unterscheidung Symbole und Metaphern, naturwissenschaftliche Theorienbildungen, die digitalen Medien sowie Gott einordnen würden!

Ablauf: Die Methode beginnt mit der eigenen Erarbeitung und dem eigenen Nachdenken und öffnet sich dann schrittweise in die Diskussion. Es ist angeraten, die Diskussion sehr offen und flexibel zu moderieren, weil die philosophische Denkfigur in der Regel völlig neu für die Lernenden ist. Evtl. kann **M 3** als Anregung in die Diskussion eingebracht werden.

Die Diskussion kann darüber hinaus auf die wirklichkeitsverändernde Kraft solcher „Ideen" wie Gerechtigkeit, Vertrauen, Hoffnung, Reich Gottes, Feindesliebe etc. ausgeweitet werden.

Erwartung:

Diskussionsschwerpunkte differieren je nach Lerngruppe:

- sehr erhellend kann die Erkenntnis sein, dass Religion grundsätzlich im Denkbaren anzusiedeln ist – eine Auseinandersetzung mit naturwissenschaftlich geprägter Religionskritik somit entfällt
- das Symbol als seiendes Ding, das mit Bedeutung versehen ist; die Metapher als bildhafte Rede, die Denkbares ausdrückt
- naturwissenschaftliche Theorien (Naturgesetze) sind Gedachtes zur Erklärung des Seienden
- Gott ist im Sein zu denken – Was ändert das am persönlichen Gottesverständnis?

Hinweise: Erfahrungsgemäß hilft diese Denkfigur und die Diskussion darüber denjenigen Lernenden besonders, die sich von einem personalen Gottesbild abgrenzen wollen. Atheisten, die ein vermeintlich naives Gottesbild ablehnen, bemerken den Kategoriefehler im eigenen Denken. Das Gleiche gilt für Lernende mit einer bisher kaum reflektierten Frömmigkeit.

Diese Methode empfiehlt sich für den Beginn des Unterrichtsprozesses in der Oberstufe, damit ein wiederholender Rückgriff möglich wird.

Für die Lehrenden kann sie als Grundmatrix ihres Unterrichtes auch in jüngeren Klassen gelten. Die Unterscheidung zwischen dem, was man anfassen, sehen, nachweisen oder bezahlen kann und dem Unbezahlbaren, das nicht sichtbar, aber sehr wohl zu erspüren ist, kann bereits von Grundschülern vorgenommen werden.

Anschluss: Religion und Relationalität (**M 3**)
„Einen Gott, den es gibt, gibt es nicht" (Bonhoeffer)
Wenn möglich Rückgriff auf die aufbewahrten Ergebnisse der Methode „Gottesvorstellungen" S. 37

M 1	Das Liniengleichnis von Platon und die Unterscheidung im Werk des Aristoteles

Platon und die Ontologie

Der Philosoph Platon (428–348 v. Chr.) nimmt in seinem Liniengleichnis eine Unterscheidung vor, die über 2000 Jahre Grundlage der Geisteswissenschaften war und für das Verständnis von Religion unerlässlich ist.

„... es gibt diese zwei Reiche: das Sichtbare und das Erkennbare. ... Stelle sie dir nun wie eine Linie vor, die in zwei ungleiche Teile geteilt ist; nimm die Teile und unterteile sie nochmals in gleichem Verhältnis; der eine stellt das Gebiet des Sichtbaren dar, der andere das des Erkennbaren. Nach ihrer relativen Klarheit und Unklarheit hast du im sichtbaren Teil einen Abschnitt der Abbilder. ... den anderen Abschnitt denke dir dann für die Dinge, denen die Bilder ähneln, also den Lebewesen um uns, die ganze Pflanzenwelt und die vielfältigen Geräte menschlicher Erzeugung. ... Überlege dir nun, wie man den Teil des Erkennbaren unterteilen soll. ... Im ersten Abschnitt benützt die Seele die Originale ... und sieht sich gezwungen, auf Grund von Hypothesen zu forschen. ... Du weißt ja wohl, die Leute, die sich mit Geometrie, Rechnen und ähnlichem beschäftigen, bedienen sich dabei gewisser Voraussetzungen, wie der Geraden und der Ungerade, der Figuren, der Arten der Winkel und Verwandtes mehr. ... Nun verstehe auch, was ich über den anderen Abschnitt des Erkennbaren sage. Diesen erfasst der denkende Geist selbst ... er verwendet Hypothesen nicht als letzten Grund, sondern als echte Voraussetzungen, wie Stufen und Stützpunkte ... ohne irgendwo das Sichtbare zur Hilfe zu nehmen, sondern nur mit Hilfe der Ideen." (Aus: Platon, der Staat, 509d–511c. Übersetzung: Karl Vretska)

Aus dem griechischen Genitiv „ontos" entwickelte sich der Fachbegriff der **Ontologie**.

Gebiet des Sichtbaren on, ontos (griech.) = das Seiende naturwissenschaftlich nachweisbar	**Gebiet des Erkennbaren** ousia (griech.) = das Wesen/Sein ausschließlich durch Denken erkennbar

Bilder	Dinge, Lebewesen	Theorien	Ideen

Aristoteles und die Metaphysik

Aristoteles (384–322 v. Chr.) war ein Schüler Platons. Nach seinem Tode hinterließ er ein umfangreiches Werk, das sortiert werden musste. Wahrscheinlich war es Andronikos von Rhodos, der den Nachlass des Aristoteles wie folgt ordnete: Alle Bücher, die sich mit dem Seienden beschäftigten, also dem, was als Vorläufer der Naturwissenschaften bezeichnet werden konnte (Mathematik, Biologie, Astronomie usw.), fasste er unter dem Begriff „physike" (Physik) zusammen. Die noch verbleibenden Werke benannte er mit „ta meta ta physika" (das nach der Physik). Aus dieser Bezeichnung entwickelte sich dann der Fachausdruck der **Metaphysik**, der heute noch für alle durch das Denken zu erfassenden Gebiete gilt, zu denen auch die Religion gehört.

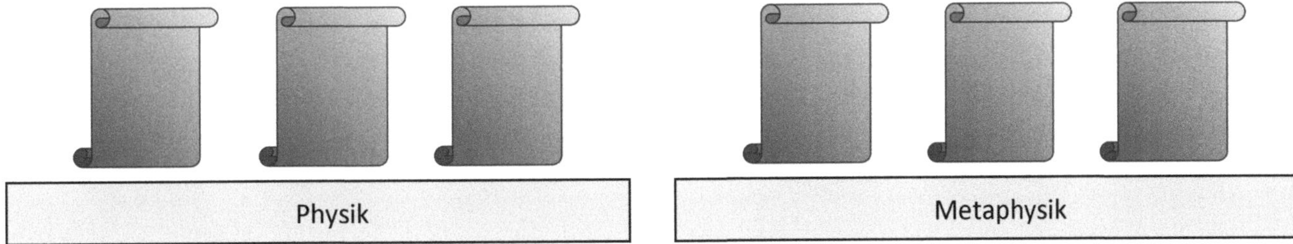

Physik	Metaphysik

Diese grundlegende philosophische Unterscheidung macht deutlich, dass natur- und geisteswissenschaftliche Weltzugänge möglich sind, die ohne Konkurrenz nebeneinander bestehen können. Zu vermeiden sind allerdings Kategoriefehler: Der metaphysischen Frage nach Gott sollte man niemals mit naturwissenschaftlichem Instrumentarium nachgehen.

M 2	**Material für die Hand des Lehrenden – Rosenow: Symbol**

Vorlesegeschichte

Vorlesegeschichten wirken noch besser, wenn es persönliche Erzählgeschichten sind. Sollten Sie selbst eine ähnliche Geschichte erlebt haben, dann nehmen Sie diese und erzählen Sie frei.

Der kleine graue Stein

Auf meinem Schreibtisch liegt ein kleiner grauer Stein. „Was für eine Unordnung“, könnte ein Besucher denken. „Was hat ein Stein auf einem Schreibtisch zu suchen?“

Aber dieser kleine graue Stein ist viel mehr als ein kleiner grauer Stein. Vor Jahren brachte ich ihn aus einem Norwegenurlaub mit nach Hause. Er lag auf dem glattgeschliffenen Felsen vor einem Gletscher. Riesig und türkisblau hatte der Gletscher den Felsen überragt und just zu dem Zeitpunkt, als ich auf ihn zuwanderte, brach ein großes Gletscherstück heraus und löste im Schmelzwassersee eine Welle aus. Der Gletscher kalbte - ein sehr seltenes Ereignis, dessen Bilder ich noch heute in mir trage.

Immer, wenn ich den kleinen grauen Stein auf meinem Schreibtisch anschaue, denke ich an den Gletscher. Ich sehe sein Türkisblau vor mir, spüre seinen kalten Hauch und höre das Geräusch des Kalbens. Ich denke an meinen Urlaub und fühle mich für einen winzigen Augenblick aller Arbeit enthoben.

Der kleine graue Stein auf meinem Schreibtisch ist viel mehr als ein kleiner grauer Stein.

Gundula Rosenow

Gesprächsimpuls: Gibt es bei euch in der Wohnung auch solche Gegenstände, die für euch eine Bedeutung haben? Warum bleiben sie für nicht informierte Besucher nur reine Gegenstände?

Durch diese kleine Episode erschließt sich intuitiv die Bedeutungsaufladung von Gegenständen, die diese zu persönlichen Symbolen werden lassen. Auch für jüngere Lernende wird so nachvollziehbar, dass Symbole durch das „Zusammenwerfen“ (griech. symbállein) von (seienden) Dingen und (wesenhaften) Bedeutungen entstehen.

Ein ähnlicher Vorgang ist bei metaphorischer Rede zu beobachten. Auch hier wird bildhaft Anleihe in der Welt der Dinge genommen, beispielsweise mit den Körpermetaphern „das Herz hüpfte ihm im Leibe“ oder „sie werden ein Leib sein“. Diese bildhafte Rede wird dann in die Bedeutungsebene übertragen (griech. metaférein) und so zur Wesensbeschreibung.

Literaturtipp:
Halbfas, Hubertus, Religiöse Sprachlehre, Ostfildern 2012

M 3 Religion und Relationalität

Von Hängematten und anderen Relationen

Wer schon einmal versucht hat, eine Hängematte aufzuhängen, der weiß: dazu sind zwei verlässlich feste Haken nötig. Erst wenn sie an beiden Punkten aufgehängt ist, kommt eine Hängematte ins Schwingen.

Es scheint so, als würde Wesentliches im menschlichen Leben nach diesem Hängematten-Prinzip funktionieren. Erst wenn zwei feste Punkte zueinander in Beziehung stehen, kann etwas zu schwingen beginnen. Wir sprechen deshalb von Beziehungen oder Relationen. Menschliches Leben ist durch die Beziehungen bestimmt, in denen es sich entfaltet. Die Mutter liebt das Kind. Das Kind hat Freunde. Die Freunde treten füreinander und gemeinsam für Gerechtigkeit ein. Was hier innerhalb menschlicher Beziehungen erfasst wird, sind Wesensbeschreibungen. Es macht einen großen Unterschied, ob eine Mutter ihr Kind liebt oder nicht, ob ein Lehrer gerecht bewertet oder nicht, ob Vertrauen die Grundlage einer Beziehung ist oder ob man sich in gegenseitiger Vorsicht gegenübertritt. Wenn Platon vom Sein spricht und von den Ideen, dann meint er solche Wesensbeschreibungen. Die Vorstellungen von Liebe, Gerechtigkeit, Freundschaft, Vertrauen lassen sich nicht wie Gegenstände erfassen – aber sie lassen sich durch solche symbolisieren.

Unser relationales Denken versucht geradezu zwingend, immer auch den zweiten festen Punkt einer Beziehung zu erfassen. Wer in einem Gesprächsverlauf den Satz „Ich vertraue" ausspricht, wird sofort auf eine Gegenfrage gefasst sein müssen. „Wem denn?" Ähnlich ergeht es dem Gesprächsteilnehmer mit den Sätzen „Ich hoffe" oder „Ich liebe". Aber auch der Satz „Er liebt sie", beschreibt die Beziehung nicht vollständig. Auch dann nicht, wenn er durch „und sie liebt ihn" ergänzt wird. Wer schon einmal verliebt war, wird bestätigen können, dass der Satz für das Liebespaar so lauten müsste: „Zwischen ihnen besteht etwas, das sie beide als Liebe empfinden. Sie fühlen sich dadurch beschenkt, denn es ist ihnen bewusst, dass diese Liebe mehr ist als ihre eigene Leistung." Hier ist – wie bei einer Hängematte – etwas ins Schwingen gekommen.

Es muss hier nicht sonderlich betont werden: diese relationalen Beschreibungen lassen sich nicht naturwissenschaftlich nachweisen. Sie sind in unseren Gefühlen präsent. Unser Denken versucht sie zu erfassen; mit Hilfe unserer Sprache versuchen wir sie auszudrücken. Doch das ist schwierig. Das Schwingen scheint verloren zu gehen, wenn wir Relationen in feste Begriffe und Definitionen zu pressen versuchen. Das Liebespaar spricht deshalb in Metaphern. Metaphern können das Schwingen transportieren. Sie halten die Gefühle lebendig und werden von anderen intuitiv verstanden, geradezu erspürt. Wer könnte nicht verstehen, dass Geborgenheit „wie eine Kuscheldecke ist, die mich wärmend umhüllt"? Und das Liebespaar benutzt Symbole, denn auch in ihnen schwingt die Bedeutung mit, ohne eingeengt zu werden.

Halten wir also fest: Das Wesen einer Beziehung lässt sich im als geschenkt empfundenen Dazwischen erspüren, dann aber ausschließlich in Metaphern und Symbolen ausdrücken, die die beschriebenen Gefühle lebendig halten.

Religion ist sozusagen auf Beziehungen spezialisiert, denn sie befasst sich ausschließlich mit relationalen Beschreibungen. Naturwissenschaftlich Nachweisbares ist gar nicht ihr Gebiet und man führt die Metaphorik ihrer Schriften ad absurdum, wenn man sie als naturwissenschaftliche oder historische Beschreibungen liest. Religion versucht, das Wesen von Relationen zu erfassen. In welcher Beziehung stehen Welt und Mensch zueinander? Wodurch ist der Umgang der Menschen miteinander geprägt? Wie kann Leben sinnvoll und glücklich und vollständig gut gelingen?

Religion ist das Fragen nach den Schwingen der Beziehungen, in denen wir leben. Wie kann man diese als Teil eines gedachten Ganzen erfassen? Der geschenkten Liebe zwischen Mann und Frau, der wärmenden Geborgenheit, mit der Eltern ihr Kind behüten, dem Vertrauen ins Leben, mit dem junge Menschen in die Welt ziehen, der Erfahrung von Halt in Phasen tiefen Leids, der Verantwortung für die Natur, die wir intensiv spüren können ... kurz, dem Aufgehoben-Sein in dieser Welt kommt in der Tradition seit Jahrtausenden ein von den Menschen verliehener Name zu: Gott. Gott kann als das sich ergebende Schwingen in einer Relation erspürt werden. Gott schwingt als Wesenszuschreibung inmitten von naturwissenschaftlich Nachweisbarem und historischen Ereignissen. Der Name Gott ist deshalb die mögliche Kurzformel für alles Schwingen dieser Welt.

Gundula Rosenow

Phase: Erarbeitung

Methode: Gruppenarbeit

Material: Gruppenkarten **M 1–M 5**, Tafel

Erfahrungsfeld: Die Perspektive, aus der wir auf etwas schauen, bestimmt die Erkenntnis.

Zielstellung: Die Beschäftigung mit den unterschiedlichen philosophischen Schulen macht deutlich, dass die Ausgangsposition der Erkenntnisfindung wesentlich das Ergebnis mitbestimmt. Das gilt auch für ein Gottesverständnis.

Voraussetzung:
„Blickwinkel, Perspektiven, Wahrheiten" S. 90
„Gottesvorstellungen" S. 37

Aufgabe: Beschäftigt euch mit dem Vorgehen eurer philosophischen Schule. Fasst dieses Vorgehen kurz zusammen, so dass ihr es den anderen Gruppen vorstellen könnt. Diskutiert nun in der Gruppe darüber, zu welchem Gottesverständnis eure Schule gekommen ist.

Ablauf: Die Gruppeneinteilung wird auf Grund einer Spontanentscheidung gestaltet. Innerhalb kürzester Zeit müssen sich die Lernenden für einen der folgenden Begriffe entscheiden: Idee, Verstand, Erfahrung, Materie, Konstruktion (auf Tafelrückseite schreiben, umklappen). Die so gebildeten Gruppen arbeiten dann selbstständig weiter. In der Präsentationsphase stellt sich jede philosophische Schule vor und gibt ihre Gotteserkenntnis bekannt. Die Ergebnisse werden nebeneinandergestellt und notiert.

Erwartung:

Idealismus	Rationalismus	Empirismus	Materialismus	Konstruktivismus
Jede Erkenntnis von etwas hängt mit der Vorstellung des Menschen, seinen Oberbegriffen und Ideen zusammen.	Zuverlässige Erkenntnis bietet nur reines Denken, sinnliche Erfahrungen können fehlerhaft sein.	Maßgeblich für die Erkenntnis sind sinnliche Erfahrungen oder naturwissenschaftl. Beobachtungen. Sie sind auch Grundlage für Theorien.	Alles, was existiert, tut dies auf Grund von Materie. Diese bestimmt über die Lebensumstände auch das Bewusstsein.	Jede Wirklichkeitswahrnehmung basiert auf einem Denkkonstrukt des Einzelnen. Neue Eindrücke bewirken neue Konstruktionen und umgekehrt.
Gottesvorstellung hängt von menschl. Vorstellungen ab.	Gott ist reine gedachte Vollkommenheit.	Gott kann nicht naturwiss. erfasst werden.	Gott ist nicht materiell, also nicht existent.	Gott ist ein Konstrukt des Menschen.

Hinweise: Die unterschiedlichen Erkenntniswege bleiben nebeneinander und ohne Wertung stehen. Eine anschließende Diskussion zur persönlichen Positionierung ist durchaus zu empfehlen. Zentral ist die Erkenntnis, dass diese Auffassungen gleichberechtigt als plurale Wahrheiten nebeneinander stehen bleiben können.

Erfahrungsgemäß birgt diese Methode einen enormen Lernfortschritt. Dabei geht es nicht nur um die Pluralität der Wahrheiten, sondern auch um deren Akzeptanz. Ein Kampf um „die Wahrheit" ist nicht nötig, solange jeder seine Position vertreten und exakt begründen kann. Dies ist besonders in sehr heterogenen Lerngruppen wichtig, die einen hohen Anteil an Konfessionslosen bzw. Lernenden aufweisen, die sich als Atheisten verstehen. Sie fühlen sich ernst genommen und akzeptiert. Hier liegt ein wichtiger Konsens für weitere gemeinsame Lernprozesse und ein ebenso wichtiges Beziehungssignal der Lehrperson.

Anschluss: Gottesverständnisse; Gottesbeweise Theologie und Philosophie
Bilderverbot; Jahwe Ex 3
Wunder im NT; Interpretationsmöglichkeiten
Gottesbilder im AT (Metaphern, Anthropomorphismen)

1 Ortswechsel 11 „Spiegelungen", München 2003, 45–61.

M 1 Idealismus

Ihr gehört der Schule der Idealisten an. Die Idealisten beschäftigen sich mit der Frage, was objektive Realität ist und wie sie erkannt werden kann.

Sie gehen davon aus, dass es keine vom Menschen unabhängige objektive Realität gibt. Die Grundlage der Erkenntnis der Wirklichkeit ist das denkende Subjekt. Die wahre und reelle Existenz von etwas wird durch die geistigen Vorstellungen bestimmt. Nur weil wir bestimmte Oberbegriffe oder Ideen von etwas haben, können wir dieses Etwas erkennen und einordnen. Brächte man z.B. viele verschiedenen Möbel in einen Raum, würden wir die Tische eindeutig identifizieren können, auch wenn sie unterschiedliche Formen haben. Diese Identifikation geschieht auf der Grundlage einer „Idee Tisch“. Nach gleichem Prinzip entdecken wir Dreiecke in Kuchenstücken, Dachgiebeln und Geometriebüchern. Nur wer eine Grundidee von Gerechtigkeit hat, kann Ungerechtigkeiten wahrnehmen und Regeln zu ihrer Vermeidung erarbeiten. Deshalb ist der Idealismus der Auffassung, dass „Ideen“ die Erkenntnis der Realität bestimmen.

Platon (ca. 428–347 v. Chr.) war der Auffassung, dass der Mensch diese Ideen in sich trägt. Sie sind allerdings verschüttet und müssen in einem mühsamen Bildungsprozess wieder freigelegt werden (Höhlengleichnis). Kant (1724–1804) weist über 2000 Jahre später darauf hin, dass der Mensch das „Ding an sich“ gar nicht erkennen kann. Vielmehr ist seine Erkenntnis immer nur subjektiv möglich. Dabei prägt ihn seine je eigene Weise, etwas wahrzunehmen. Deutlich wird das z.B., wenn man sich die unterschiedlichen Wahrnehmungen eines Baumes durch einen Förster, einen Künstler und einen Holzgroßhändler bewusst macht. Die unterschiedlichen zu Grunde liegenden „Ideen“ bestimmen ihre Wahrnehmung.

M 2 Rationalismus

Ihr gehört der Schule der Rationalisten an. Die Rationalisten beschäftigen sich mit der Frage, welche Erkenntnisquellen der Wirklichkeit bevorzugt werden sollten.

Sie gehen davon aus, dass nur das reine Denken als Medium wahrer Erkenntnis gelten kann. Sinnliche Erfahrungen können fehlerhaft sein. (Man denke nur an optische Täuschungen.) Um diese Fehlerhaftigkeit zu umgehen, sollte man sich besser auf gedachte Prinzipien, Theorien oder Schlussfolgerungen verlassen. René Descartes (1596–1650) formulierte, dass nur das wahr sein kann, was sich nicht anzweifeln lässt. Und das ist das denkende Subjekt selbst (cogito, ergo sum – ich denke, also bin ich). Grundsätzlich wird dem mathematisch-logischen Denken Vorrang vor der Beobachtung erteilt. Das leuchtet durchaus ein, wenn man sich z.B. deutlich macht, dass sich Phänomene wie Vollkommenheit und Unendlichkeit nie beobachten, wohl aber denken lassen. Alle Naturgesetze sind solche Denkkonstrukte.

Der modere Rationalismus geht davon aus, dass keines dieser Konstrukte unerschütterlich ist und absolut gilt. Vielmehr gilt eine Theorie oder eine Hypothese nur so lange, wie nicht das Gegenteil bewiesen wurde. Darauf weist Karl Popper (1902–1994) hin. Es wäre ein „irrationaler Glaube“, wenn wir aus der ständigen Beobachtung ein absolutes Gesetz herleiten würden. So gilt beispielsweise das Fallgesetz nur so lange, bis eine gegenteilige Beobachtung gemacht wird – was unter den Bedingungen der Schwerelosigkeit durchaus geschehen ist. Das Fallgesetz musste daraufhin bezüglich der gültigen Bedingungen neu formuliert werden.

Der Rationalismus lehnt daher absolut gültige Wahrheiten ab.

M 3 Empirismus

Ihr gehört der Schule der Empiristen an. Die Empiristen beschäftigen sich mit der Frage, welche Erkenntnisquellen der Wirklichkeit bevorzugt werden sollten.

Sie gehen davon aus, dass nur die Gegenstände und Phänomene als wirklich gelten können, die dem Menschen empirisch, also durch Sinneswahrnehmungen zugänglich sind. Mit unseren Sinnen nehmen wir Wirklichkeit wahr, die wir dann mit Hilfe der Vernunft in einen Zusammenhang einordnen. John Locke (1632–1702) geht deshalb davon aus, dass das menschliche Bewusstsein vor diesen Sinneseindrücken eine „tabula rasa", ein leeres Blatt ist. In der heutigen Zeit können zu den sinnlich wahrnehmbaren Eindrücken auch diejenigen gezählt werden, die mit Hilfe technischer Geräte, z.B. eines Mikroskops, möglich sind.

Naturwissenschaftliches Vorgehen ist empirisches Vorgehen. Auch die Sozialwissenschaften oder die Psychologie arbeiten empirisch, wenn sie Befragungen machen, um grundlegende Daten zu sammeln. In der Auswertung wird dann versucht, zwischen den Beobachtungen und empirischen Daten Beziehungen herzustellen und beispielsweise Kausalitäten herzuleiten. Solche Beziehungen lassen sich jedoch nicht ausschließlich durch Beobachtungen beweisen. Deshalb gibt es in der Moderne den logischen Empirismus um Rudolf Carnap (1891–1970), der bewusst macht, dass diese Beziehungen und Kausalitäten einzig logische Schlussfolgerungen sind. Dabei werden sinnvolle Sätze (z.B.: Auf Grund der vorherrschenden Wetterlage entstand ein Gewitter.) von Scheinsätzen (z.B.: Das Gewitter entstand durch den Zorn der Götter.) unterschieden. Ein logisch sinnvoller Satz lässt sich immer empirisch belegen. Deshalb gilt: Alles Wissen ist logische Konstruktion auf der Grundlage von sinnlicher Erfahrung.

M 4 Materialismus

Ihr gehört der Schule der Materialisten an. Die Materialisten beschäftigen sich mit der Frage, welche Erkenntnisquellen der Wirklichkeit bevorzugt werden sollten.

Sie gehen davon aus, dass die Materie das Bestimmende und Primäre ist. Die Materie ist die einzige Art des Seins. Daher ist nur alles das wirklich, was Materie hat und sich deshalb sicher nachprüfen lässt. Grundsätzlich gilt: Dieses Nachprüfen muss generell von verschiedenen Menschen an unterschiedlichen Orten der Welt nachvollzogen werden können – unter Beachtung der beschriebenen Bedingungen. Subjektive Bedingungen, Gefühle und Erfahrungen müssen dabei ausgeschlossen werden können.

Während die Anfänge des Materialismus in der griechischen Antike liegen (z.B. Demokrits Atomtheorie), entwickelte sich ab den 1840er Jahren durch Karl Marx und Friedrich Engels der Dialektische Materialismus, der die Wirkung der Materie auf das Bewusstsein des Menschen beschrieb. So wirken sich z.B. der Besitz eines Menschen, der zu erzielende Profit, schlechte Arbeitsbedingungen usw. auf das Bewusstsein dessen aus, den sie unmittelbar betreffen. Daraus zieht Karl Marx die Schlussfolgerung, dass sich Ansichten, Ideen, Vorstellungen und Gedanken des Menschen aus der ihn umgebenden materiellen Realität ergeben.

M 5 Konstruktivismus

Ihr gehört der Schule der Konstruktivisten an. Die Konstruktivisten beschäftigen sich mit der Frage, welche Erkenntnisquellen der Wirklichkeit bevorzugt werden sollten.

Sie gehen davon aus, dass jede Wirklichkeitswahrnehmung und ihre Einordnung in ein Denksystem die subjektive Konstruktionsleistung des Einzelnen ist. Wir nehmen die Wirklichkeit nicht so wahr, wie sie ist, sondern wie sie uns erscheint. Dies ist durch die bestimmenden Faktoren zu begründen, die ihren Einfluss bei uns hinterlassen haben: Unsere Wahrnehmungen sind immer durch Raum und Zeit bestimmt, durch gesellschaftliche und geschichtliche Prozesse beeinflusst und durch soziale und psychologische Mechanismen geformt. Deutlich wird das z.B. bei unserem Musikgeschmack, unserem Kunstverständnis oder unserer Literaturkenntnis.

Einstieg in die historisch-kritische Methode

Kl. 11/12, Jugend

Phase: Motivation

Methode: Performance / Assoziation

Material: Eine möglichst alte Kartoffel mit Keimansatz (vorher ins Warme legen)

Erfahrungsfeld: Wir sind es aus dem Alltag gewohnt, dass Nahrungsmittel vor dem Verzehr aufbereitet werden.

Zielstellung: In Analogie zur Aufbereitung einer Kartoffel erschließt sich die notwendige Aufbereitung biblischer Texte.

Voraussetzung: keine

Aufgabe:
Welche Arbeitsschritte sind nötig, um eine Kartoffel essbar zu machen?
Welche Zusatzstoffe werden für diesen Prozess benötigt?
Welche Gerätschaften dienen dem Zweck der Aufbereitung?

Ablauf: Die Lehrende beginnt die Methode ohne Erläuterungen mit dem Hochzeigen einer nicht mehr ganz frischen Kartoffel und fragt danach, wer diese Kartoffel hier und sofort in diesem Zustand verspeisen möchte. (Dem Charakter einer Performance gemäß muss hier das Augenzwinkern bereits mittransportiert werden. Je mehr Spaß dieses Element macht, desto besser wird es zukünftig erinnert werden.) Natürlich werden Lernende dieses Ansinnen ablehnen. Mit Humor und in showähnlicher Gestaltung werden jetzt die drei Fragen geklärt und deren Antworten notiert.

Das Element schließt ab mit einem Analogieschluss: Was für Kartoffeln gilt, ist auch für biblische Texte erforderlich. Wer Bibeltexte unbearbeitet aufnimmt, wird Verdauungsprobleme bekommen – richtig zubereitet entfalten sie jedoch ihre nährende Wirkung.

Die aufgeführten Antworten werden nun auf das Vorgehen der historisch-kritischen Exegese bezogen. Auch hier sind bestimmte Arbeitsschritte nötig, Zusatzstoffe (z.B. Zeitgeschichte) werden ebenso benötigt wie „Gerätschaften", z.B. Übersetzungen, Fachlektüre o.ä.

Erwartung:

Arbeitsschritte	Zusatzstoffe	Gerätschaften
schälen, waschen, kochen, braten ...	Wasser, Salz, Strom ...	Topf, Messer, Herd ...
Gattung, Kontext bestimmen ...	zeitgeschichtliches Fachwissen	Fachlektüre, syn. Vergleich

Hinweise: Die historisch-kritische Exegese ist für die grundsätzlich naturwissenschaftlich denkenden Lernenden eine Möglichkeit der Horizonteröffnung – wenn sie vom Lehrenden didaktisch reduziert (!) eingeführt wird. Manche ihrer Schritte sind auch von Lernenden einfach und mit reichlich Erkenntnisgewinn anwendbar, beispielsweise der synoptische Vergleich, die Erfassung des Kontextes und der Literaturgattung. Lehrende sollten sich deshalb die Mühe machen, mit ihren Schülern auf Entdeckungsreise zu gehen und sie mit der eigenen Begeisterung anstecken zu wollen.

Anschluss: Historisch-kritische Methode
Zwei-Quellen-Theorie
Verfassertheorien des AT an Hand von Ex 14
Synoptische Vergleiche (z.B. Passionsgeschichte; Bergpredigt)

1 Prüfungswissen Religion, München 2018, 44–49. Kursbuch Religion, Sekundarstufe II, Stuttgart 2014, 168.

Phase: Erarbeitung / Vermittlung

Methode: Textarbeit / Visualisierung

Material: Kopien Text Bultmann **M 1**, PPT Mythisches Weltbild, Bibeln

Erfahrungsfeld: Bei der Lektüre biblischer Texte kommt es immer wieder zu Befremden oder gar Blockaden, weil das Gelesene mit dem eigenen naturwissenschaftlichen Weltbild kollidiert.

Zielstellung: Lernende sollen das mythologische Weltbild als Paradigma kennenlernen, die systeminterne Logik nachvollziehen können und Übertragungen in existentiale Interpretationen einüben.

Voraussetzung: Paradigmatisches Denken und plurale Wahrheiten müssen bewusst sein.

Aufgabe:
1. Lesen Sie den Text. Markieren Sie dabei wesentliche Inhalte.
2. Skizzieren Sie das von Bultmann beschriebene dreischichtige Weltbild.
3. Überprüfen Sie an Hand der PPT Ihre eigene Skizze.

Ablauf: Der Arbeitsprozess beginnt mit der selbstständigen Erarbeitung des Textes und dessen Visualisierung. Die Lehrende steht ausschließlich für Fragen zur Verfügung.

Die dann folgende Präsentation wird mit einem Lehrervortrag kombiniert. Die Lernenden korrigieren dabei individuell ihr bisheriges Verständnis. Eventuell muss im Gespräch die innere Logik dieses Weltbildes noch mehrfach eingeübt werden. Je nach Unterrichtsplanung kann dabei das christologische Schaubild der PPT noch in den Hintergrund treten und im Zusammenhang mit den Glaubensbekenntnissen erneut thematisiert werden.

Es könnte sich eine Vertiefungsphase anschließen mit eigenen Entdeckungen im Text. Dazu eignen sich:
- dreischichtiges Weltbild: Gen 1, Psalm 139
- Kampf dämonischer und göttlicher Kräfte: Mk 5,1–20

Wenn möglich, endet diese Gesprächsphase mit Vorschlägen und Versuchen, wie die „kosmologischen Elemente" in „anthropologische" übertragen werden können.

Erwartung:

Je nach Struktur der Lerngruppe werden die Diskussionsschwerpunkte variieren:
- Mythisches Weltbild vs. naturwissenschaftliches Weltbild: Welche Vorstellungen müssen in der Vergangenheit zurückgelassen werden? Wie lässt sich die Weisheit des Textes heute verstehen?
- Bisherige „Selbstverständlichkeiten" können jetzt in einem anderen Licht erscheinen. Das betrifft besonders christologische Elemente.
- Bisher als „nicht mehr zeitgemäß" verstandene Aussagen (Dämonen, Himmelfahrt) werden in ihrer Metaphorik wahrgenommen und innerhalb des mythischen Paradigmas als logisch akzeptiert.

Hinweise: Dieses als wissenschaftlich empfundene Vorgehen bietet den Lernenden ein Erklärungsmodell für mehrere als Probleme empfundene Denkfiguren: Wunder, Dämonen, Engel, Auferstehung, Himmelfahrt und Glaubensbekenntnis lassen sich so erklären. Wichtig ist die Erkenntnis: der Glaubensvollzug ist nicht unauflösbar an das damalige Weltbild gekoppelt.

In der Folge bietet sich die Analyse von Zeitungs- oder Magazinartikeln zu den Themen Religion und Glaube an, deren Verfasser bzw. Journalisten die Differenzierung der Weltbilder nicht vornehmen und daher bereits in der Fragestellung einer falschen Ausgangsannahme unterliegen (z.B. „Glauben Sie an Engel und Dämonen?").

Anschluss:
Auferstehung „Entstehung der Auferstehungstexte" S. 116
Heilungswunder „Vier Mann – vier Ecken" S. 62
Dämonen „Ergriffen werden wider Willen" S. 45
Naturwunder „Über den Tiefen des Seins" S. 57
Gottes Sohn „Sohn Gottes" S. 110, PPT Sohn Gottes
Messias „Messiastraditionen" S. 94, PPT Messias

M 1 Bultmann: Das mythische Weltbild des Neuen Testaments

Rudolf Bultmann (1884–1976)

Rudolf Bultmann war seit 1916 Professor für Neues Testament. Seine Forschungen zur Zeitgeschichte des NT und seine theologischen Beiträge sind bis in die Gegenwart hinein wichtig. In Gesprächen mit dem Philosophen Martin Heidegger entwickelte er den Gedanken der existentialen Interpretation mythischer Elemente weiter und veröffentlichte dazu 1941 den Aufsatz „Neues Testament und Mythologie". Wegen des Krieges kamen die Auseinandersetzungen mit seinen darin veröffentlichten Gedanken zum Erliegen. Seine Auffassungen sind für ein modernes Christentum jedoch bis heute bedenkenswert.
Bultmann engagierte sich während der NS-Zeit in der regimekritischen Bekennenden Kirche.

Das mythische Weltbild und das mythische Heilsgeschehen im Neuen Testament

„Das Weltbild des Neuen Testaments ist ein mythisches. Die Welt gilt als in drei Stockwerke gegliedert. In der Mitte befindet sich die Erde, über ihr der Himmel, unter ihr die Unterwelt. Der Himmel ist die Wohnung Gottes und der himmlischen Gestalten, der Engel; die Unterwelt ist die Hölle, der Ort der Qual. Aber auch die Erde ist nicht nur die Stätte des natürlich-alltäglichen Geschehens, der Vorsorge und Arbeit, die mit Ordnung und Regel rechnet; sondern sie ist auch der Schauplatz des Wirkens übernatürlicher Mächte, Gottes und seiner Engel, des Satans und seiner Dämonen. In das natürliche Geschehen und in das Denken, Wollen und Handeln des Menschen greifen die übernatürlichen Mächte ein; Wunder sind nichts Seltenes. Der Mensch ist seiner selbst nicht mächtig; Dämonen können ihn besitzen; der Satan kann ihm böse Gedanken eingeben; aber auch Gott kann sein Denken und Wollen lenken, kann ihn himmlische Gesichte schauen lassen, ihn sein befehlendes oder tröstendes Wort hören lassen, kann ihm die übernatürliche Kraft seines Geistes schenken. Die Geschichte läuft nicht ihren stetigen, gesetzmäßigen Gang, sondern erhält ihre Bewegung und Richtung durch die übernatürlichen Mächte. Dieser Äon steht unter der Macht des Satans, der Sünde und des Todes (die eben als ‚Mächte' gelten); er eilt seinem Ende zu, und zwar seinem baldigen Ende, das sich in einer kosmischen Katastrophe vollziehen wird; es stehen nahe bevor die ‚Wehen' der Endzeit, das Kommen des himmlischen Richters, die Auferstehung der Toten, das Gericht zum Heil oder zum Verderben.

Dem mythischen Weltbild entspricht die Darstellung des Heilsgeschehens, das den eigentlichen Inhalt der neutestamentlichen Verkündigung bildet. In mythologischer Sprache redet die Verkündigung: Jetzt ist die Endzeit gekommen; ‚als die Zeit erfüllt war', sandte Gott seinen Sohn. Dieser, ein präexistentes Gotteswesen, erscheint auf Erden als ein Mensch; sein Tod am Kreuz, den er wie ein Sünder erleidet, schafft Sühne für die Sünden der Menschen. Seine Auferstehung ist der Beginn der kosmischen Katastrophe, durch die der Tod, der durch Adam in die Welt gebracht wurde, zunichte gemacht wird; die dämonischen Weltmächte haben ihre Macht verloren. Der Auferstandene ist zum Himmel erhöht worden zur Rechten Gotte; er ist zum ‚Herrn' und ‚König' gemacht worden. Er wird wiederkommen auf den Wolken des Himmels, um das Heilswerk zu vollenden; dann wird die Totenauferstehung und das Gericht stattfinden; dann werden Sünde, Tod und alles Leid vernichtet sein. [...]

Mit dem modernen Denken, wie es uns durch unsere Geschichte überkommen ist, ist die Kritik am neutestamentlichen Weltbild gegeben. Welterfahrung und Weltbemächtigung sind in Wissenschaft und Technik so weit entwickelt, dass kein Mensch im Ernst am neutestamentlichen Weltbild festhalten kann und festhält. Welchen Sinn hat es, heute zu bekennen: ‚niedergefahren zur Hölle' oder ‚aufgefahren gen Himmel', wenn der Bekennende das diesen Formulierungen zugrunde liegende mythische Weltbild von den drei Stockwerken nicht teilt? Ehrlich bekannt werden können solche Sätze nur, wenn es möglich ist, ihre Wahrheit von der mythologischen Vorstellung, in die sie gefasst ist, zu entkleiden, – falls es eine solche Wahrheit gibt. [...]

Man kann nicht elektrisches Licht und Radioapparat benutzen, in Krankheitsfällen moderne medizinische und klinische Mittel in Anspruch nehmen und gleichzeitig an die Geister- und Wunderwelt des Neuen Testaments glauben. Und wer meint, es für seine Person tun zu können, muss sich klar machen, dass er, wenn er das für die Haltung christlichen Glaubens erklärt, damit die christliche Verkündigung in der Gegenwart unverständlich und unmöglich macht."

Aus: Bultmann, Rudolf, Neues Testament und Mythologie, in: Hans-Werner Bartsch (Hg.), Kerygma und Mythos, Bd. 1, Hamburg [3]1954, 15–48, hier 15–18.

M 2

Das mythische Weltbild

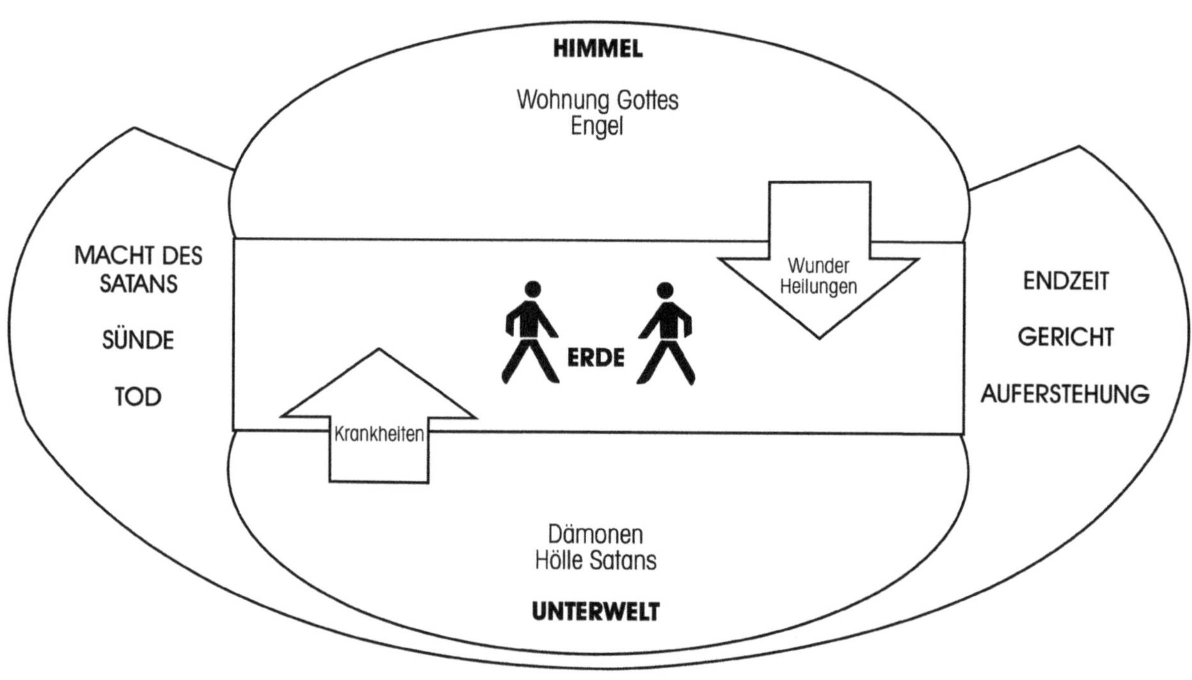

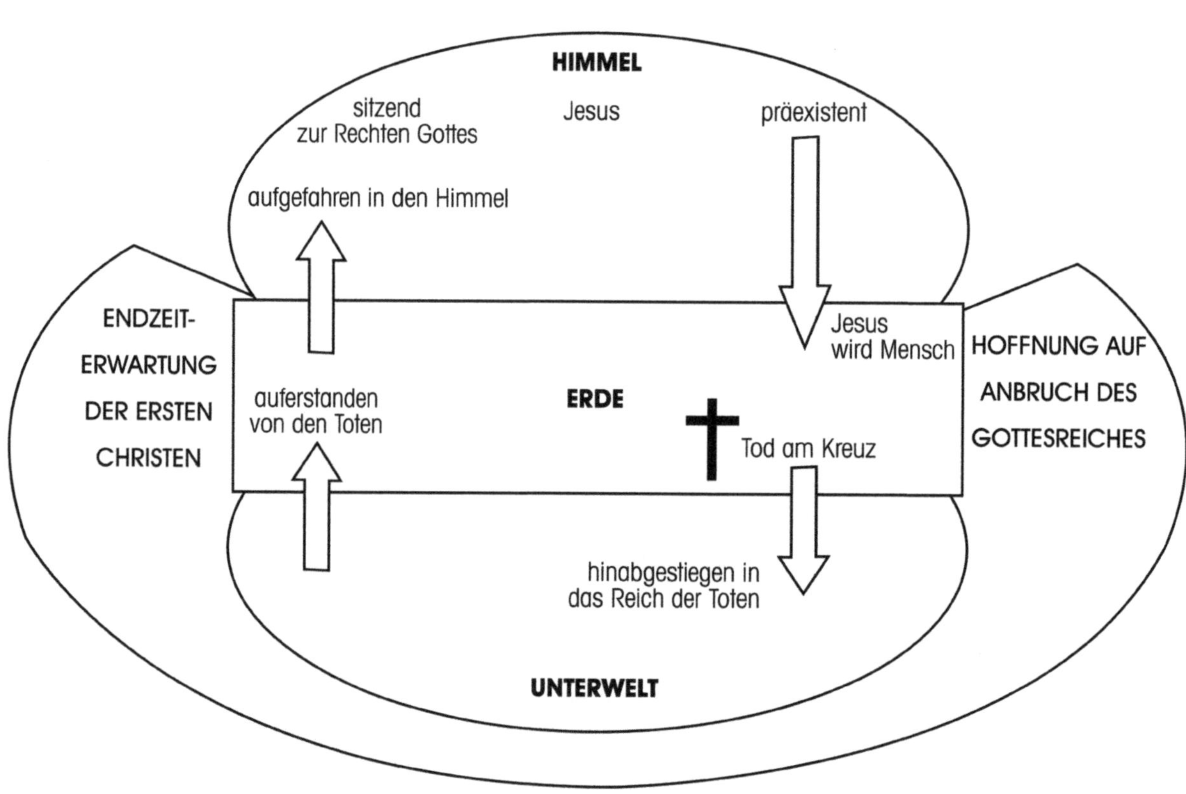

Phase: Erarbeitung

Methode: Interaktiver Lehrervortrag / Unterrichtsgespräch

Material: PPT Mahltraditionen mit **M 1** und **M 2**, Bibeln

Erfahrungsfeld: Unsere Gepflogenheiten beim Essen sagen viel über uns aus: Mit wem wir uns an einen Tisch setzen, wen wir zur Party einladen, wie das Essen in unserer Familie abläuft, bestimmen wir selbst.

Zielstellung: Die Mahl-Geschichten über und von Jesus enthalten zentrale Aussagen und sind sowohl in ihrer jüdischen Herkunft verankert als auch in der sich später entwickelnden Abendmahlstradition zu verstehen.

Voraussetzung: Kenntnis der Speisefeste des Judentums: Sabbat und Passah.

Aufgabe:
Siehe Verlauf **M 1**

Ablauf: Der Erarbeitungsprozess bewegt sich zwischen eigenen Erfahrungsfeldern, zeitgeschichtlichem Fachwissen des Lehrenden sowie dem Nachschlagen und Erlesen der relevanten Texte. Das Endbild baut sich mit Hilfe der PPT nach und nach auf. Durch die Übersicht erschließen sich Zusammenhänge.

Erwartung:

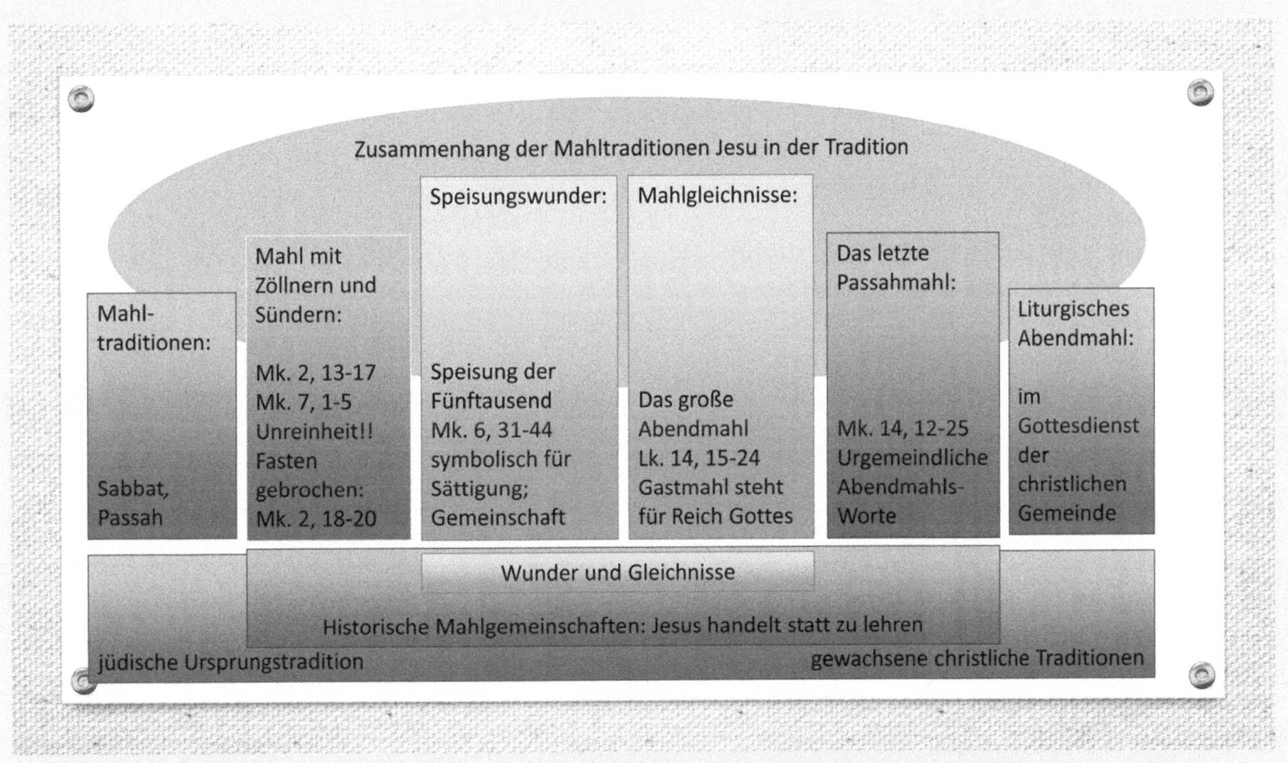

Hinweise: Diese Methode kann sich – inklusive Eingangsreferat über die jüdischen Feste – durchaus über 90 Minuten erstrecken, wenn sie abwechslungsreich gestaltet wird.

Anschluss: Wunder „Wunderbare Wunder" S. 43; „Vier Mann – vier Ecken" S. 62;
„Männersache – Frauenkram" S. 64
Passion Jesu ab letztem Passahmahl
Frauen z.Zt. Jesu „Jesus und die Frauen" S. 74

M 1 Material für die Hand des Lehrenden: PPT Mahltraditionen Jesu

Möglicher Verlauf des Arbeits- und Gesprächsprozesses zur PPT Mahltraditionen Jesu

1. Sabbat und Passah:
Schülerreferat mit Bildmaterial empfehlenswert

2. Mahl mit Zöllnern und Sündern: Mk 2,13–17; Mk 7,1–5; Mk 2,18–20
Gespräch: Worauf achte ich, wenn ich jemanden zu meiner Feier / Party einlade? Wer kommt als Gast gar nicht in Frage?
Aufschlagen und laut lesen; evtl. im Begriffsverzeichnis „Sünder" und „Zöllner" nachschlagen
Gespräch: Worin besteht das damals Unmögliche, der Bruch gegen die Regeln? Warum tut Jesus dies?

3. Speisungswunder: Mk 6,31–44
Geschichte **M 2** *vorlesen*
Gespräch: Welche Sättigungen gibt es?
Aufschlagen und lesen; Sättigungsaspekte diskutieren

4. Mahlgleichnisse: Lk 14,15–24
Aufschlagen und lesen
Partnerarbeit (mdl.): Übertragt das Gleichnis in die heutige Zeit!
Gespräch: Schieben wir auch gelegentlich etwas vermeintlich Wichtiges vor, vergessen aber das Entscheidende?

5. Das letzte Passahmahl: Mk 14,12–25
Aufschlagen und lesen
Gespräch: an jüdisches Passahmal erinnern (s.o.) – jüdisches Ritual als Ursprung des christlichen Abendmahls
Informieren: urgemeindliche Einsetzungsworte (Mk 14,22–24)

6. Liturgisches Abendmahl im Gottesdienst:
Informieren: Abendmahl in der Urgemeinde – später reduziert in Liturgie aufgenommen; urgemeindliche Einsetzungsworte

7. Zusammenhang:
Informieren: Bedeutung erschließt sich nur im Zusammenhang (wirkungsgeschichtliches Vorgehen)

8. Wunder und Gleichnisse:
Zentral sind die christologischen Überhöhungen. Sie sind nicht historisch zu verstehen, sondern als Bekenntnisse zu lesen: Jesus sättigt den Hunger nach Sinn. Wir sind zu einem erfüllteren Leben eingeladen.

9. Sündermal und Passahmahl:
Mahle mit historischen Anhaltspunkten. Jesus handelt zeichenhaft, statt zu lehren. Diese symbolhaften Handlungen sind deutlich wirkungsvoller für die damals anwesenden Menschen als abstrakte Lehren.

10. Jüdische und christliche Traditionen:
Christologische Überhöhungen und zeichenhafte Handlungen Jesu sind nur vor dem Hintergrund der jüdischen Tradition denkbar. So wächst aus dieser Tradition das typisch Christliche heraus.

M 2 Material für die Hand des Lehrenden: Trotz Hunger gesättigt

Vorlesegeschichte

Vorlesegeschichten wirken noch besser, wenn es persönliche Erzählgeschichten sind. Sollten Sie selbst eine ähnliche Geschichte erlebt haben, dann nehmen Sie diese und erzählen Sie frei.

Trotz Hunger gesättigt

Es ist unser erster Landesjugendtag und einige von uns wurden erst vor wenigen Wochen konfirmiert. Wir sind zu fünft unterwegs, reisen mit dem Zug an und schlafen auf Matten in einer Turnhalle. Es ist ungewohnt viel los. Zahlreiche Eindrücke strömen auf uns ein: der Jugendturm mit dem halb verfallenen Kirchenschiff, viele Bekannte, die Bands, die unterschiedlichen Workshops, zu denen wir uns je nach Interesse trennen ... Wie war das jetzt gleich noch mit der Essensversorgung? Wir holen uns die Verpflegungsbeutel fürs Abendbrot und tauchen wieder im Getümmel unter.

Am nächsten Morgen treffen wir uns vor dem Eingang zum Jugendturm. Hier soll es doch wohl die Frühstücksverpflegung geben? Aber die Tür ist verschlossen. Verpflegungsbeutel für den Morgen hätten wir schon gestern Abend mitnehmen müssen, sagt uns jemand schulterzuckend. Und nun? Wir haben ernsthaft Hunger! Besonders unsere zwei Jungen schauen sehr unglücklich drein. Am Sonntagmorgen aber haben alle Geschäfte geschlossen, auch die Bäckereien. Wir stehen ratlos vor der verschlossenen Tür.

Dann holen einige von uns ein paar Reste aus den Taschen. Die beiden ständig hungrigen Jungen haben noch einen zerfetzten Kanten von dem gestern erstandenen frischen Brot. Sie hatten sich schon immer Stücke abgerissen. Ein Mädchen holt eine Tafel Schokolade aus der Tasche, ein weiteres einen Apfel. Ich habe nichts. Diese Nahrungsmittel breiten wir auf einem umgestürzten Baumstamm aus und teilen sie gerecht durch fünf. Das ist nicht wirklich ein Frühstück, eher ein symbolisches Essen. Danach gehen wir in den Jugendgottesdienst und in die folgenden Konzerte. Wir sind begeistert, mitgerissen, ein Teil der Menge – und wir haben keinen Hunger! Zum ersten Mal in meinem Leben mache ich die Erfahrung: Begeisterung kann Hunger stillen.

Gundula Rosenow

Phase: Erarbeitung

Methode: Gruppenarbeit / Literaturrecherche

Material: PPT Sohn Gottes, Kopien **M 2–M 4** Gruppenarbeitsmaterial, Bibeln

Erfahrungsfeld: Die Frage nach der Gottessohnschaft Jesu – und hier vor allem die falsche Vorstellung einer leiblichen Sohnschaft – stellt eines der größten intellektuellen Probleme für Lernende dar.

Zielstellung: Die Lernenden erfassen an Hand der Gruppenarbeit das Vorgehen begriffsgeschichtlichen Arbeitens und üben mit dem doppelten Verständnis der Gottessohnschaft Jesu kriteriologisches Denken ein.

Voraussetzung: Bisheriges Verständnis des Begriffs „Sohn Gottes".

Aufgabe: Siehe **M 2–M 4**.

Ablauf: Die Gruppenarbeit wird – mit einem Augenzwinkern – als Rollenspiel gestaltet. Mit Hilfe der PPT wird zu einer Mittelmeerkreuzfahrt eingeladen. Die Teilnehmenden dürfen sich für einen „Ausflug" eintragen, der im Reisepreis enthalten ist. Die Lehrperson stellt anhand der Folien die Ausflüge nach Medinet Habu, Jerusalem und Rom vor. An der leeren Folie wird die PPT unterbrochen und die Gruppeneinteilung eingeschoben. Es wird ein „Reiseleiter" pro Gruppe festgelegt, der das Material bekommt. Die Gruppen arbeiten in der Folge völlig selbstständig. Evtl. können Schwierigkeiten beim Satzbau der Hieroglyphenübersetzung entstehen.

Der Vorstellung der Arbeitsresultate der drei Reisegruppen folgt je eine Folie. Die Auswertung geht in einen Lehrervortrag über, der interaktive Elemente enthält (**M 1**). Das Endbild stellt die Zusammenfassung dar.

Erwartung:

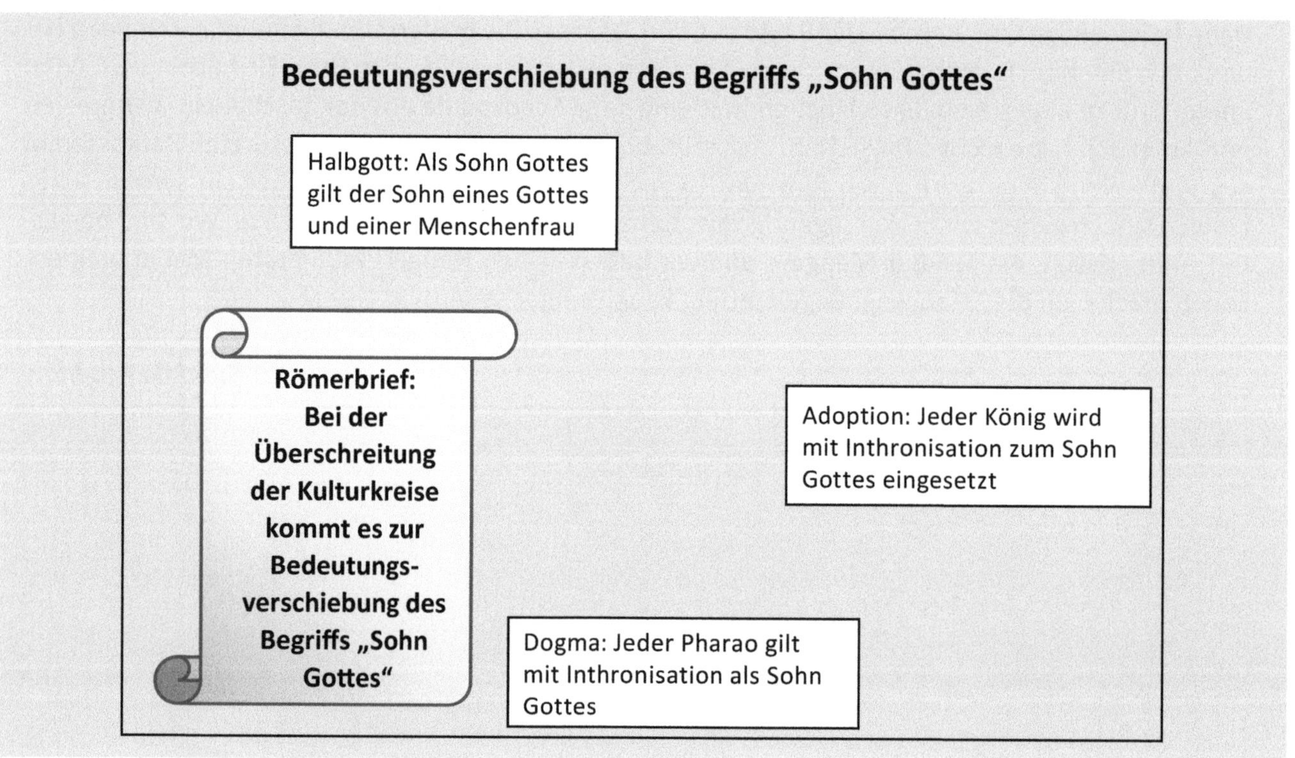

Hinweise: Erfahrungsgemäß setzt diese Gruppenarbeit einen Umdenkprozess bei den Lernenden in Gang. Dem entstehenden Diskussionsbedarf ist daher unbedingt Rechnung zu tragen.

Anschluss: christologische Hoheitstitel; „Messiastraditionen" S. 94
Bekenntnisse „Bekennen und Bekenntnisse" S. 93
Biblische Texte als Bekenntnistexte „Die Entstehung der Auferstehungstexte" S. 116

Hintergründe für in der Gruppenarbeit verarbeitetes Fachwissen:

Im alten Ägypten galt der Kronprinz des Pharaos als Sohn seines leiblichen Vaters, seit der 4. Dynastie (um 2500 v.Chr.) wurde er von seiner Inthronisation an „Sohn des Re" genannt. Seit der 18. Dynastie (1500–1000 v.Chr.) bildet sich folgende mythologische Vorstellung heraus: Der höchste Gott (zumeist der Sonnengott Re) geht in Gestalt des Pharaos zur (noch jungfräulichen) Gattin des Regenten ein. Das Kind gilt dann als Sohn Gottes und der Königin, wird jedoch erst bei seinem Amtsantritt als solcher proklamiert.[1]

Dem Judentum ist die Vorstellung von einem physischen Vater-Sohn-Verhältnis zwischen Jahwe und Menschen grundsätzlich fremd. Gleiches gilt auch für die an drei Stellen im AT als Sohn Gottes bezeichneten Könige. Ein Textbeleg hierfür ist der aus der Krönungsliturgie stammende Psalm 2. Bei der Formulierung „Mein Sohn bist du, heute habe ich dich gezeugt", handelt es sich um einen protokollarisch festgelegten Spruch, der bei der Inthronisierung des Königs feierlich verlesen wurde. Parallelen zum ägyptischen Krönungsritual wurden eindeutig nachgewiesen. Im Gegensatz zur ägyptischen Mythologisierung wird der altisraelische König jedoch durch *Berufung und zugesprochene Einsetzung* zum Sohn Gottes. Die Sohnschaft wird also in einem *Adoptionsvorgang* begründet. Der israelische König ist deshalb nicht von Natur aus göttlich, sondern er tritt erst durch die Thronbesteigung in die Sphäre des Göttlichen ein. Der Gebrauch der Vokabel „gezeugt" darf dabei nicht irritieren: Sie wurde im alten Israel auch dann verwendet, wenn ein Mann beispielsweise den von einer Sklavin stellvertretend für seine Ehefrau geborenen Sohn legitimierte. Synonym könnte daher auch „geschaffen" oder „gemacht" übersetzt werden, wie die „Gute Nachricht" dieses tut: „Du bist mein Sohn, heute habe ich dich dazu gemacht." Im **Neuen Testament** spielt die von den Synoptikern verwendete Formulierung „Du bist mein lieber Sohn, an dir habe ich mein Wohlgefallen gefunden" auf diese Tradition an: Die Taufe fungiert hier als Einsetzung Jesu zum „endzeitlichen König"; der Satz wird als Adoptionsformel verstanden.[2]

Im hellenistischen Raum galt bereits zur Zeit Homers der Ausdruck „hyios" im Gegensatz zu „pais" als Bezeichnung nicht nur für leibliche Kinder, vielmehr wurde er von Homer selbst in der Kombination „Söhne des Zeus" verwendet. Seit Alexander dem Großen, der bei seinem Zug zum Ammonorakel als „Sohn des Ammon" bezeichnet worden war, wurde diese Form des Herrschertitels auch in Griechenland vereinzelt gebräuchlich.[3] Sie wird später in den Ostprovinzen des Römischen Reiches besonders von Augustus wieder aufgenommen, in der Breite der Bevölkerung, besonders der der Westprovinzen jedoch nicht akzeptiert. Versuche, beispielsweise von Domitian, ein absolutistisches Gottkaisertum durchzusetzen, blieben Episode. Ohnehin stellte dieser Kultus keine offizielle Religion dar, vielmehr galt er als Staatsangelegenheit, denn es galt der römische Grundsatz, dass die göttliche Verehrung eines Kaisers erst auf Senatsbeschluss nach seinem Tode erfolgen konnte. Die Vorstellung, die sich im hellenistisch dominierten Römischen Reich mit dem Begriff „Sohn Gottes" verband, war daher eine mythologisch geprägte. So konnten im Alten Griechenland z.B. starke und tapfere Menschen zu Halbgöttern werden und nach ihrem Tod in die Sphäre der Götter eingehen (z.B. Herkules). In der römischen Mythologie galt der „Sohn Gottes" als Halbgott, Sohn eines Gottes und einer menschlichen Jungfrau, wie z.B. in der Sage von Romulus und Remus. Im Römischen Reich um die Zeitenwende herum bestand jedoch besonders bei intellektuellen Römern zu den klassischen Göttermythen kein inneres Verhältnis mehr.

1 Brunner-Traut, Emma in: Halbfas, Hubertus, der Glaube, Bonn 2010, 320; Karrer, Martin, Sohn Gottes, RGG[4], Tübingen 2004, Bd. 7, Spalte 1416–1418; Schmidt, Werner H., Alttestamentlicher Glaube in seiner Geschichte, Neukirchen-Vluyn 1987, 218–219.

2 Kittel, Gerhard, Theologisches Wörterbuch zum Neuen Testament, Stuttgart 1969, Bd. 8, 348–351,369-370.

3 Kittel, Gerhard, Theologisches Wörterbuch zum Neuen Testament, Stuttgart 1969, Bd. 8, 335; Leipold / Grundmann, Umwelt des Urchristentums, Berlin 1965, 141; Opitz, Helmut, Die Alte Kirche, Ein Leitfaden durch die ersten fünf Jahrhunderte, Berlin 1983, 27.

➢ *Röm 1,1–6 nachschlagen lassen*

Paulus eröffnet im Jahre 57 den Brief an die ihm unbekannte christliche Gemeinde in Rom mit einem Doppelbekenntnis (Röm 1,3–4), das bereits so vorgelegen haben muss. Die verwendete Formel bietet eine durch alttestamentliches Gedankengut geprägte Theologie, die in Parallelen zu dem bereits aufgeführten Psalm 2 die Einsetzung Christi als messianischen König verkündet. Der irdisch als Messiaskönig (Nachkomme Davids) Gekennzeichnete wird in die Gottessohnschaft eingesetzt, indem er vom Tod erweckt wird. Die Parallelen zum jüdischen Adoptionsverständnis der Gottessohnschaft sind offensichtlich. Deshalb nimmt man das hellenistische Judenchristentum als Ursprungsort dieser Christologie an.[1]

➢ *Zwischenfrage: Wie ist diese Formulierung vom Juden Paulus gemeint und wie wird sie höchstwahrscheinlich in Rom verstanden?*

Der Absender des Briefes verwendet diese Formel mit dem Wissen um die alttestamentliche Tradition der Einsetzung israelischer Könige durch Adoptionsformeln. Die Empfänger lesen ihn vor dem Hintergrund des mythologischen Verständnisses vom „Sohn Gottes“ als einem von einer Jungfrau geborenen Halbgott bzw. einem nach seinem Tod als göttlich proklamierten Menschen. Hier wird ein und derselbe Begriff von einem Kulturkreis in den anderen transportiert und dabei in seiner Bedeutung verändert. In der Folge verliert die Auffassung des Adoptianismus immer mehr an Bedeutung, besonders durch die Ausrufung des Christentums als Staatsreligion und auch in den Diskussionen innerhalb der Konzilien zur Christologie. Der Glaube an die Jungfrauengeburt – religionswissenschaftlich durch die inhaltliche mythologische Nähe belegt; neutestamentlich in mehreren Perikopen nachweisbar – wird bereits im 2. Jahrhundert zum festen Lehrbestand der Kirchenväter.[2]

Zusammenfassend ist also festzustellen, dass es sich traditionsgeschichtlich bei dem Begriff „Sohn Gottes“ um eine mythologisch geprägte Denkfigur handelt, die im Mittelmeerraum in Variationen und gegenseitigen Übernahmen als Allgemeingut vorausgesetzt werden konnte. In der Anwendung dieses Hoheitstitels auf Jesus Christus kam es bei der Überschreitung vom jüdischen in den römisch-hellenistischen Kulturkreis zu Bedeutungsverschiebungen, die sich folgenreich auf die weitere dogmatische Entwicklung auswirkten.

Zusätzliche Fakten:

- Bei dem Begriff „Sohn Gottes“ handelt es sich nicht um eine singuläre Bezeichnung, er wird ebenfalls für das Volk Israel verwendet (Ex 4,22) oder auch für besonders fromme Menschen (s.a. Mt 5,45–48).[3]
- In der paulinischen Theologie wird der Sohn-Gottes-Begriff auch auf die Glaubenden ausgeweitet, die „in Christus“ sind und damit an diesem Verständnis teilhaben.[4]

Literaturtipp:

Halbfas, Hubertus, Der Glaube, Ostfildern 2010, Exkurs: das Alte Ägypten und die Christologie, 318–325.
Küng, Hans, Credo. Das Apostolische Glaubensbekenntnis – Zeitgenossen erklärt, München [4]1993, 51–87

1 Käsemann, Ernst, An die Römer, Kommentar zum Paulusbrief, Tübingen 1974, 9.
2 Beinert, Wolfgang, Jungfrauengeburt, RGG 4, Bd. 4, Spalte 707–708.
3 Berger, Klaus, Theologiegeschichte des Christentums, Tübingen 1994, 60.
4 Kittel, Gerhard, Theologisches Wörterbuch zum Neuen Testament, Stuttgart 1969, Bd. 8, 394.

M 2	Gruppenarbeit Sohn Gottes: Ägyptische Reisegruppe

Der Pharao als „Sohn Gottes"

1. Übersetzen Sie die altägyptischen Schriftzeichen in der Mitte, die sich auf den Pharao Ramses II. beziehen. Nutzen Sie dazu die Übersetzungshilfen weiter unten.
   Hinweis: Der Satzbau muss im Deutschen verändert werden. Das Ankh ist ein Zeichen der Göttlichkeit.
   Beginnen Sie den Satz so: Ramses der II. ist ...
2. Lesen Sie die Erläuterungen zur Thronbesteigung.
3. Diskutieren Sie in der Gruppe folgende Fragen:
   In welcher Weise wird hier vom „Sohn Gottes" geredet?
   Welche Erklärung vermuten Sie für diese Bezeichnung?

Sohn des Gottes Ra

göttlich

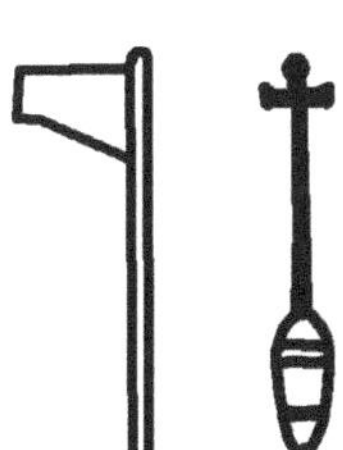

Guter Gott – lebender König

Solange der spätere Pharao Kronprinz ist, solange gilt er als Sohn seines irdischen Vaters, des regierenden Königs. Erst wenn mit seiner Thronbesteigung die Erwählung durch den Himmel offenbar wird, heißt er „Gottes Sohn". Und dann erst wird seine Geburt als wunderbar berichtet. ... Das heißt aber auch, dass Pharao als Kind Sohn seiner Mutter, der Königsgemahlin, ist und erst im Augenblick seiner Inthronisation als von der „Jungfrau" geboren gilt, der Gottesgemahlin. Moralische oder irgendwie ethische Gründe, wie sie im Hellenismus mit verstiegener Phantasie konstruiert werden, sind deshalb für die Jungfrauenschaft ganz und gar abwegig. Die Jungfrau ist einzig Ausdruck dafür, dass der Pharao von keinem anderen als Gott gezeugt sein kann. ... Der Stammbaum des Pharao nach seinen irdischen Vorfahren steht neben der Zeugung aus Gott.

Emma Brunner-Traut, in: Hubertus Halbfas, Der Glaube, S. 320

M 3 **Gruppenarbeit Sohn Gottes: Israelische Reisegruppe**

Der „Sohn Gottes" im alten Israel

1. Lesen Sie den Psalm 2, der zu den Feierlichkeiten der Königskrönungen im Israel vor unserer Zeit verlesen wurde, einschließlich der Erläuterungen.
   Hinweis: Das in Vers 7 benutzte Verb „gezeugt" kann auch mit „gemacht" übersetzt werden.
2. Lesen Sie nun in Lukas 3,21–22 die „Taufe Jesu".
3. Diskutieren Sie in der Gruppe folgende Fragen:
   In welcher Weise wird hier vom „Sohn Gottes" geredet?
   Welche Parallelen erkennen Sie?
   Welche Schlussfolgerungen lassen sich zum Verständnis des Begriffs „Sohn Gottes" ziehen?

Dieser Psalm ist ein (liturgisches?) Lied anlässlich der Inthronisation des judäischen Königs in Jerusalem. Zunächst ist von Unzufriedenheit und beginnendem Widerstand die Rede (V. 1–3), dessen Ziel ist, das „Joch" Gottes und seines Königs abzuschütteln (V. 3). Dem Aufruhr der Völker wird die überlegene Reaktion in der himmlischen Welt (V. 4–6) gegenübergestellt. In eigener Rede (V. 6) verweist Gott auf den von ihm eingesetzten neuen Zionskönig. Darauf ergreift der König das Wort, beruft sich auf seinen göttlichen Herrschaftsauftrag (V. 7–9) und fordert die Völker zur Unterwerfung unter den Herrn auf (V. 10–12). Mit dem dabei zitierten „Ratschluss des Herrn" (V. 7) ist ganz konkret das „Königsprotokoll" gemeint, eine Urkunde, die der König bei der Inthronisation erhielt und die wohl seine Thronnamen, seine im Augenblick der Thronbesteigung erfolgte Annahme zum Sohn Gotts („heute habe ich dich gezeugt") und seine Berufung zum Weltherrscher (V. 8f, zum „Bitten" vgl. 1. Kön 3,5–15) enthielt. Der hier angeredete „göttliche König" unterscheidet sich von den ebenfalls so bezeichneten Königen der altorientalischen Großreiche dadurch, dass er es nicht durch mythisch-göttliche Abstammung ist, sondern durch Gottes geschichtliche Erwählung und Adoption (vgl. 2. Sam 7,14; Ps 89,27–30). – Dieser Königspsalm ist in höfischer Sprache gedichtet und hat Formulierungen von den Höfen der benachbarten Großreiche (besonders Ägyptens) entlehnt. Eine Weltherrschaft der judäischen Könige hat es in Wirklichkeit nie gegeben; sie weist aber auf den Herrschaftsbereich Gottes hin, als dessen irdischer Statthalter der König von Juda verstanden wurde. Darum hat er auch richterliche Vollmacht (im Bild V. 9b ausgedrückt), die vornehmlich Rechtshilfe für die Unterdrückten und Armen betrifft (z.B. 72,1–14). Nach anderen Aussagen (Sam 9,9f) wird der erwartete König der Zukunft selbst arm und machtlos sein. Diese Erwartungen führen geradewegs ins Neue Testament (vgl. Mt 28,18; 21,38).

1 Warum toben die Heiden
und murren die Völker so vergeblich?
2 Die Könige der Erde lehnen sich auf, /
und die Herren halten Rat miteinander
wider den HERRN und seinen Gesalbten:
3 „Lasset uns zerreißen ihre Bande
und von uns werfen ihre Stricke!"
4 Aber der im Himmel wohnt, lachet ihrer,
und der Herr spottet ihrer.
5 Einst wird er mit ihnen reden in seinem Zorn,
und mit seinem Grimm wird er sie schrecken:
6 „Ich aber habe meinen König eingesetzt
auf meinem heiligen Berg Zion."
7 Kundtun will ich den Ratschluss des HERRN.
Er hat zu mir gesagt:
„Du bist mein Sohn, heute habe ich dich gezeugt.
8 Bitte mich, so will ich dir Völker zum Erbe geben
und der Welt Enden zum Eigentum.
9 Du sollst sie mit einem eisernen Zepter zerschlagen,
wie Töpfe sollst du sie zerschmeißen."
10 So seid nun verständig, ihr Könige,
und lasst euch warnen, ihr Richter auf Erden!
11 Dienet dem HERRN mit Furcht
und küsst seine Füße mit Zittern,
12 dass er nicht zürne
und ihr umkommt auf dem Wege;
denn sein Zorn wird bald entbrennen.
Wohl allen die auf ihn trauen!

Aus: Baltzer u.a., Das Alte Testament mit Erläuterungen, Bd. 2, Berlin 1986, 68.

M 4	**Gruppenarbeit Sohn Gottes: Römische Reisegruppe**

Die Sage von Romulus und Remus

1. Lesen Sie die Sage von Romulus und Remus.
2. Diskutieren Sie in der Gruppe folgende Frage:
   Welches Verständnis von einem „Sohn Gottes“ hatte man im antiken Rom?

Die Söhne der Wölfin

Die Kapitolinische Wölfin

In Alba Longa regierte Numitor, einer der Nachkommen des Aeneas. Sein Bruder Amulius entriss ihm den Thron und zwang Rea Silvia, die Tochter Numitors, Vestalin zu werden, da sie sich als Priesterin der Vesta nicht vermählen durfte. So sollte die Geburt eines rechtmäßigen Thronerben verhindert werden. Rea Silvia aber gebar dem Kriegsgott Mars die Zwillinge Romulus und Remus. Als Amulius das erfuhr, ließ er seine Nichte ins Gefängnis werfen und befahl, die beiden Knaben im Tiber auszusetzen. Der war jedoch gerade über die Ufer getreten, als die Diener ankamen. So schoben sie die Wanne, in der die Kinder ausgesetzt werden sollten, in das flache Uferwasser. Bald darauf trat der Strom in sein gewöhnliches Bett zurück. Die Wanne aber blieb an einem Feigenbaum hängen und kippte um, so dass die beiden Knaben in den Schlamm fielen. Ihr Geschrei lockte eine Wölfin herbei, die sich barmherziger als die Menschen zeigte. Sie trug die Zwillinge behutsam in ihre Höhle, leckte sie sauber und säugte sie, so dass sie dem sicheren Tod entgingen. Auch ein Specht hütete die Kinder und trug ihnen Speise zu.

Das sah einer der königlichen Hirten, und voller Staunen rief er seine Genossen herbei. Schließlich brachten sie die Knaben zu Faustulus, dem Schweinehirten des Königs, und dessen Frau nahm sich der Kleinen an und zog sie auf. So wuchsen sie unter den Hirten des Landes zu tüchtigen jungen Männern heran.

Die Gründung Roms

Eines Tages aber gerieten sie mit den Hirten ihres entthronten Großvaters Numitor in Streit. Sie wurden ergriffen und vor Numitor gebracht. Der ließ sich alles erzählen, was Faustulus von ihnen wusste, betrachtete wieder und wieder ihre Gesichtszüge und erkannte sie schließlich als seine Enkel. Nun erfuhren Romulus und Remus, wie schändlich Amulius an ihnen und ihrer Mutter gehandelt hatte, und sie beschlossen, unverzüglich Rache zu nehmen. Sie stürmten in den Palast von Alba Longa, erschlugen den ungerechten Amulius und setzten ihren Großvater wieder auf den Thron. Zum Dank erhielten sie die Erlaubnis, an der Stelle, an der sie ausgesetzt worden waren, eine Stadt zu gründen. Als sie aber die Götter durch Vogelflug entscheiden lassen wollten, wer die neue Stadt benennen und beherrschen solle, entzweiten sie sich, und nur die größere Zahl seiner Anhänger ließ Romulus siegen. Sofort machte er sich ans Werk: Er zog die heilige Furche, die den Umkreis der Siedlung bestimmte, und ließ notdürftig Mauer und Graben anlegen. Spöttisch betrachtete Remus das Beginnen des Bruders, und um ihn zu verhöhnen, sprang er über die noch niedrige Mauer in das Innere der Anlage. Das war eine schmähliche Verletzung von Gesetz und Recht, denn jede Mauer einer Stadt galt als heilig. Da ließ Romulus sich von seinem Zorn hinreißen und erschlug seinen Bruder. „So möge es jedem ergehen“, rief er, „der über meine Mauern springt!“

Phase: Erarbeitung

Methode: Interaktiver Lehrervortrag

Material: PPT Entstehung der Auferstehungstexte, Kopiervorlagen **M 1–M 2**, Material für die Hand der Lehrenden **M 3**

Erfahrungsfeld: Die Frage nach der Auferstehung trägt existentiellen Charakter. Wie gehen wir damit um, dass uns Verstorbene schmerzlich fehlen? Die Ostertexte lösen dagegen Befremdung aus. Ein Text, der so quer zum naturwissenschaftlichen Denken steht, kann nicht als Hilfe empfunden werden.

Zielstellung: Aus eigenem Erleben nachvollziehbar soll die Erkenntnis entstehen, dass es sich bei den Ostertexten der Evangelien um metaphorische Manifestationen existentieller Emotionen handelt.

Voraussetzung:
Kenntnis des mythischen Weltbildes „Das mythische Weltbild" S. 104
Symbolische und nichtsymbolische Rede über Gott „Tod und Auferstehung" S. 41
Kenntnis der Trauerphasen
Entstehung der Evangelien/Zwei-Quellen-Theorie

Aufgabe:
1. Ziehen Sie Analogieschlüsse nach dem Muster: Wenn für alle Menschen gilt, dass sie in Trauersituationen ..., dann kann auch für die Jünger Jesus gelten ...
2. Schlagen Sie das älteste Auferstehungsbekenntnis 1. Kor 15,3–5 nach!

Ablauf: Da vor diese Methode sicher eine Motivationsphase des individuellen Symbolisierens gesetzt wurde, geht es nun darum, Analogieschlüsse zu ziehen und diese in die bisherigen Kenntnisse einzuordnen (**M 2**).

Dabei ist die Verbindung zwischen historisch (annähernd) gesichertem Wissen, den Textbefunden sowie den Vermutungen herzustellen, gleichzeitig aber wissenschaftlich zwischen den verschiedenen Methoden zu unterscheiden.

Erwartung:

M 1 PPT Die Entstehung der Auferstehungstexte in den Evangelien

Hinweise: Die Lernenden sind darauf hinzuweisen, dass die Erfahrungen der ersten Christen hier durch zwei Methoden *vermutet* worden sind.[1] Möglich ist das mit Analogieschlüssen, die als Mittel historisch-kritischer Arbeit wissenschaftlicher Standard sind. Gleichzeitig lassen sich die Metaphern der Ostergeschichten in *mögliche* Ursprungserfahrungen zurückübersetzen.
Je nach Lerngruppe muss die Intensität bei der Beschäftigung mit dem Thema variieren. Grad der nötigen Erläuterungen, Anbindung an eigene Erfahrungen sowie persönliches Verständnis der Metaphorik müssen auf die Lerngruppe abgestimmt werden. Im Zentrum sollte der Verstehensprozess der Lernenden stehen, nicht die Vermittlung dogmatischen Wissens durch die Lehrenden.
Erfahrungsgemäß stellen zwei Erkenntnisse eine große Erleichterung für die Lernenden dar: Es geht hier nicht darum, etwas gegen naturwissenschaftliches Verständnis zu glauben. Und: Die metaphorische Deutung eröffnet für die persönliche Lebensdeutung (individuelle Symbolisationen) ganz neue Dimensionen.
Diese Methode erhebt nicht den Anspruch, der Komplexität der Texte gerecht zu werden – sie stellt einen Zugang zu ihnen dar.

Anschluss: „Berührungen" S. 70
Übertragungen biblischer Texte in die heutige Zeit
Auferstehung ins Kerygma, Bultmann (**M 1**)
Gespräch über eigene Auferstehungserfahrungen ins Kerygma (**M 2**)
Synoptischer Vergleich der Auferstehungsgeschichten
Ausbreitung und Geschichte des Urchristentums

1 Troeltsch, Ernst, Über die Absolutheit des Christentums und die Religionsgeschichte, Berlin 1998. In seinem 1902 veröffentlichten Aufsatz formuliert Troeltsch drei Kriterien der historischen Methode: 1. Wahrscheinlichkeit historischer Überlieferungen, 2. Analogien mit in der Zeit üblichen Vorgehensweisen, 3. Korrelationen innerhalb des zeitgeschichtlichen Lebens.

M 1

Schaubild PPT: Entstehung der Auferstehungstexte

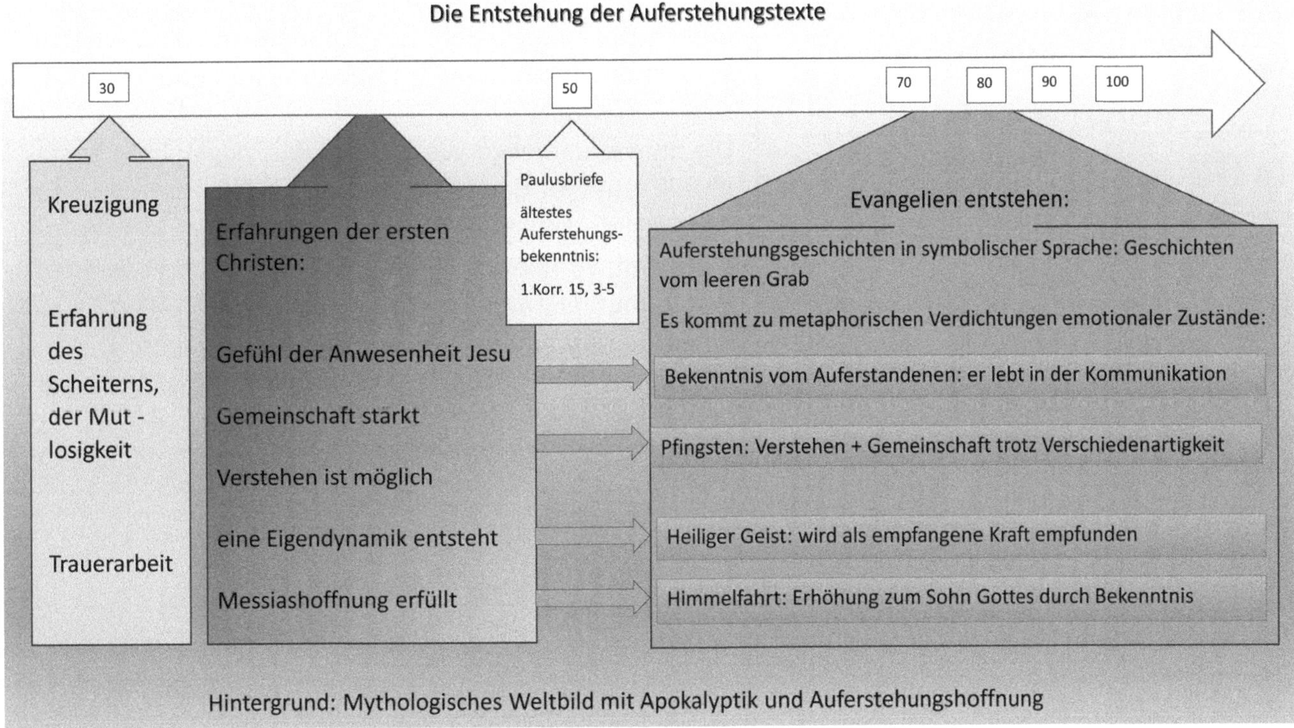

Skizze einer möglichen Arbeit mit der animierten PPT

1. Zeitliche Einordnung der Entstehung der Auferstehungsbekenntnisse mit Zeitstrahl
2. Situation der Jünger nach der Kreuzigung
   - Diskussion: Analogieschluss (Aufg. 1)
3. Ältestes Auferstehungsbekenntnis – nachschlagen und lesen (Aufg. 2)
   - Diskussion: Warum sind hier keine Metaphern zu finden? Warum handelt es sich hier nicht um eine Geschichte, sondern um ein – wahrscheinlich von Paulus schon vorgefundenes – Bekenntnis?
   - Was mag in der Zeit zwischen Kreuzigung und Entstehung der Evangelien emotional geschehen sein? Vermutungen äußern, Analogieschlüsse ziehen.
4. Mögliche Erfahrungen der Jünger/Urgemeinde – Resultat aus Analogieschluss und Rückübersetzung
5. Entstehung der Texte, die diese existentiellen Erfahrungen in starke Metaphern fassen, die innerhalb des mythischen Weltbildes verortet werden müssen.
   - Je nach Vorwissen Erläuterung der Metaphorik einfügen (Stein, Engel, Licht, leeres Grab usw.).
   - Persönliche Deutungen der Metaphorik vornehmen (evtl. mit Rückgriff auf Motivationsphase).
   - Diskussion: Welche bisherigen Vorstellungen und Fragen verschieben sich jetzt bzw. werden beantwortet?

M 2 Bultmann: Auferstehung ins Kerygma

Rudolf Bultmann (1884–1976)

Dieser Text entstammt dem Aufsatz „Neues Testament und Mythologie", in dem sich Bultmann mit dem Weltbild zur Zeit der Entstehung des Neuen Testamentes beschäftigt.
Die an das damalige Weltverständnis angelehnte Metaphorik muss für den heutigen Leser existential – also auf eigene tiefe Erfahrungen hin – interpretiert werden, so Bultmann. Vor diesem Hintergrund formuliert er sein Auferstehungsverständnis: Christus ist in die Verkündigung hinein auferstanden. Wir würden heute sagen: Da, wo Menschen über Christus kommunizieren, geschieht Auferstehung.

Die Auferstehung ins Kerygma

„Hier scheint es mir nur eine Antwort zu geben: [...] Christus, der Gekreuzigte und Auferstandene, begegnet uns im Worte der Verkündigung, nirgends anders. Eben der Glaube an dieses Wort ist in Wahrheit der Osterglaube. [...]
Der verstehende Glaube an das Wort der Verkündigung ist der echte Osterglaube; [...] Das Osterereignis, sofern es als historisches Ereignis neben dem Kreuz genannt werden kann, ist ja nichts anderes als die Entstehung des Glaubens an den Auferstandenen, in dem die Verkündigung ihren Ursprung hat. Das Osterereignis als die Auferstehung Christi ist kein historisches Ereignis; als historisches Ereignis ist nur der Osterglaube der ersten Jünger fassbar. Der Historiker kann seine Entstehung bis zu einem gewissen Grade begreiflich machen durch Reflexion auf die ehemalige persönliche Verbundenheit der Jünger mit Jesus; für ihn reduziert sich das Osterereignis auf ihre visionären Erlebnisse.

Der christliche Osterglaube ist an der historischen Frage nicht interessiert; für ihn bedeutet das historische Ereignis der Entstehung des Osterglaubens wie für die ersten Jünger die Selbstbekundung des Auferstandenen, die Tat Gottes, in der sich das Heilsgeschehen des Kreuzes vollendet."

Aus: Bultmann, Rudolf, Neues Testament und Mythologie, in: Hans-Werner Bartsch (Hg.), Kerygma und Mythos, Bd. 1, Hamburg ^{3}1954, 15–48, hier 46–47.

Erklärung:
Kerygma (griech.): Predigt, Verkündigung, Kommunikation

M 3	**Material für die Hand der Lehrenden – Rosenow: Auferstehungsgeschichte**

Vorlesegeschichte

Vorlesegeschichten wirken noch besser, wenn es persönliche Erzählgeschichten sind. Sollten Sie selbst eine ähnliche Geschichte erlebt haben, dann nehmen Sie diese und erzählen Sie frei.

Eine Auferstehungsgeschichte

Immer wenn meine Mutter Hefekuchen buk, tat sie das in einer großen brauen Schüssel, die sie auf den Küchentisch stellte. Als kleines Kind schob ich mir dann den Stuhl an den Tisch, um knieend über den Schüsselrand schauen zu können. In immer gleichen Knetbewegungen wurde aus dem Mehlgemisch bald eine große weiche Teigkugel. „Wenn ich auf meine Hände schaue", so sagte meine Mutter jedes Mal „dann sehe ich die Hände von Oma Ilse, die schon tot ist. Ich habe ihre Hände geerbt." Und während sie weiter knetete, stellte ich mir meine Oma Ilse vor, die ich nie kennengelernt hatte. Und ich stellte mir vor, wie es wäre, wenn sie jetzt dabei wäre, und ich redete mit ihr in Gedanken. Und jedes Mal, wenn meine Mutter Hefeteig buk, schob ich wieder meinen Stuhl an den Tisch und hörte ihr zu, wie sie beim Kneten von meiner Oma erzählte.

Als ich erwachsen geworden war, knetete ich den Hefeteig in meiner eigenen Küche und meine Tochter schob sich den Stuhl an den Küchenblock, um über den Schüsselrand schauen zu können. Ich habe die Hände meiner Mutter geerbt. Und ich sah, während ich knetete, in meinen Händen die ihrigen und die meiner Oma. Und ich erzählte meiner Tochter von meiner Mutter, die mir von Oma Ilse erzählt hatte.

Meine Tochter ist inzwischen erwachsen. Sie backt einen wunderbaren Hefekuchen ...

Gundula Rosenow

Übertragung Psalm 22

Kl. 9–12, Konfi, Jugend

Phase: Erarbeitung / Anwendung

Methode: Kreatives Schreiben

Material: Bibeln

Erfahrungsfeld: Jeder kennt Situationen der Verzweiflung, der Ausweglosigkeit, des Scheiterns, in denen wir unsere Klage hinausschreien möchten.

Zielstellung: Der Psalmtext erschließt sich im Vorgang des Übertragens, weil durch die Suche nach moderner Metaphorik eigene Erfahrungen erinnernd eingebracht werden.

Voraussetzung: Ästhetischer Zugang zum Psalmtext, etwa durch wechselndes Lesen der Klageabschnitte durch Jungen-, der Lobabschnitte durch Mädchenstimmen.

Aufgabe:
Übertragt einen Klageabschnitt des Psalms in Worte, wie sie ein heute lebender Mensch sprechen könnte. Wählt dazu zwischen den Versen 2–9 oder 13–19.

Ablauf: Dieser Arbeitsprozess benötigt Zeit und intensive Einzelbetreuung durch die Lehrende. Die Lernenden müssen sich erst in die Metaphorik des Psalms hineinfühlen, um sie dann in heutige Metaphorik übertragen zu können. Sie entscheiden dabei selbst, wie eng sie am Text bleiben oder wie frei sie sich entfalten. Während des Arbeitens entsteht unweigerlich die Frage nach der Anrede. Von vielen Lernenden wird sie als heute nicht mehr zeitgemäß empfunden. Sie wollen einen Klagepsalm ohne Anrede schreiben, merken dann aber, dass das schwierig wird. Ist ein Gebet ohne Adressat noch ein Gebet, eine Klage ohne Ziel möglich?

Dem Lehrenden kommt die Aufgabe zu, diese Arbeits- und Denkprozesse der Lernenden individuell zu betreuen. Er wird damit ununterbrochen beschäftigt sein. Es lohnt sich jedoch, über die auftretenden Fragen mit den Einzelnen zu reden, weil die Dialoge deutlich tiefgründiger geführt werden als im allgemeinen Unterrichtsgespräch.

Erwartung:

Siehe **M 1** „Klagepsalm eines Unzufriedenen“, auch als Ausgangstext für eine Einheit oder als Korrelation zu verwenden, wo in Lerngruppen die intellektuelle Leistung einer Übertragung nicht möglich ist.

Hinweise: Es kann vorkommen, dass Lernende bei dieser Gelegenheit das verbalisieren, was sie schon länger einmal „herausschreien“ wollten und die Aufgabe deshalb als befreiend empfinden.

Anschluss: Theodizee-Frage
Erlösungssehnsucht „Befreiung und Erlösung“ S. 36
Entstehung biblischer Texte „Text als Textilie“ S. 60; „Lebens-Lob-Psalm“ S. 27
Leiderfahrungen „Über den Tiefen des Seins“ S. 57

M 1

Psalm 22 – Übertragung durch einen Abiturienten

Klagepsalm eines Unzufriedenen

Warum, Natur, hast du mich so geschaffen?
Alleine steh' ich hier und schreie mein Leid zu dir hinaus.
Am Tag schreie ich, und auch in der Nacht,
denn den Schlaf finde ich nicht,
jedoch auch keine Änderung, egal wieviel ich auch schreie.
Ich werde verspottet und bin einsam,
Respekt bekomme ich nicht,
und das nur, weil ich anders bin.
Warum hast du mich so geschaffen?
Wo ich doch so unzufrieden bin mit mir,
nicht akzeptiert werde.
Warum bin ich nicht wie alle anderen auch?
Normal.
Ich komme mir vor wie ein Ausgestoßener,
jeden Morgen stehe ich auf und fürchte mich vor dem,
was der Tag wohl bringen mag.
Doch trotz meiner Klagen ist der nächste Tag wie der vorherige.
Ein Tag voller Verachtung.
Warum, Natur, änderst du mich nicht?
Weil du mich nicht ändern willst, nicht kannst?
Bin ich etwa so, wie du mich geschaffen hast?
Bin ich etwa so, wie du mich willst?
So muss ich mich wohl selbst akzeptieren:
ich bin wie ich bin
ich werde sein, der ich sein werde.

Theodor Jelen (Kl. 12)

Übertragung eines Gleichnisses

Kl. 9–12, Konfi, Jugend

Phase: Verarbeitung / Transfer

Methode: Kreatives Schreiben

Material: Bibeln, **M 1** (für die Hand der Lehrenden)–**M 3**

Erfahrungsfeld: Im Allgemeinen ist uns klar, wie etwas zu machen ist, an welche Regeln man sich zu halten hat und dass Gnade und Geduld (auch die der Eltern) ihre Grenzen hat.

Zielstellung: Das Unerhörte der Gleichnisse Jesu erschließt sich erst in voller Intensität, wenn sie in der heutigen Zeit angesiedelt werden.

Voraussetzung: Zeitgeschichtliche Informationen (siehe Kästchen **M 1**)

Aufgabe: Übertragt das Gleichnis in die heutige Zeit, indem ihr es hier in der Gegend ansiedelt. Wählt aus zwischen dem Gleichnis vom verlorenen Sohn (Lk 15,11–32) und dem Gleichnis vom barmherzigen Samariter (Lk 10,30–35).

Ablauf: Der gemeinsamen Lektüre des Gleichnisses müssen zeitgeschichtliche Informationen durch die Lehrenden folgen (vgl. **M 1**), ohne die sich die Bedeutung des Gleichnisses nicht erschließt.

Es empfiehlt sich, eins der Gleichnisse zu erläutern und gemeinsam im Gespräch zu übertragen, um deutlich zu machen, worum es geht. Für das zweite Gleichnis werden dann nur noch Text und Informationen ausgegeben und dem Lernenden zur alleinigen Bearbeitung überlassen.

Erwartung:

Siehe auch **M 2** und **M 3**

Hinweise: Eine weitere Variante ist es, ein neues Gleichnis zu formulieren, wie Jesus selbst es in der heutigen Zeit getan hätte. Diese Aufgabe setzt voraus, dass die Lehre Jesu im Kern erfasst worden ist. Es entsteht dabei eine völlig neue Analogie (siehe **M 3**).

Anschluss: Gleichnis vom verlorenen Sohn[1]
Gleichnis vom barmherzigen Samariter[2]

1 Kursbuch Religion Elementar 3, Stuttgart/Braunschweig 2020, 27.
2 Kursbuch Religion Elementar 3, Stuttgart/Braunschweig 2020, 120f.

M 1

Barmherziger Samariter / Verlorener Sohn
(Material für die Hand der Lehrenden)

Information: Barmherziger Samariter

Nächster: Angehöriger des eigenen Volkes
Räuber: Zeloten, die in den Bergen hausten (schwere soziale Not; z.T. Mundraub)
Priester + Levit (Tempeldiener): würden sich verunreinigen, wenn sie Blut oder Leichen berühren, könnten deshalb keinen Tempeldienst mehr ausführen, halten sich also an die Regel, als sie Verletzten nicht versorgen
Samariter: Angehöriger eines von den Juden verachteten Volkes; damals abfällig betrachtet
Öl + Wein: Wundversorgung (Linderung und Desinfektion)

Kern der Übertragung:

Angehörige von gesellschaftlich geachteten Berufsgruppen (Arzt, Polizist, Pastor ...) verhalten sich juristisch richtig (Dienstplan ...), dabei aber unmenschlich. Ein gesellschaftlich kaum Angesehener (obdachloser Alkoholiker etc.) handelt menschlich.

Information: Verlorener Sohn

Erbteil auszahlen: eigentlich erst nach Tod
fremdes Land: Entfernung vom Volk Israel, von allen guten Regeln und Lebensumständen (Gegenteil von Auslandsaufenthalten heute!) = erste Entfernung
Schweine hüten: unreine Tiere! Durften nicht gegessen werden, wurden in Israel gar nicht gezüchtet = zweite Entfernung
Schweinefutter essen wollen: tiefer konnte man nicht mehr sinken in Israel = dritte Entfernung
Vater läuft entgegen: nicht ehrwürdig
Gemästetes Kalb: sehr teure Delikatesse, man aß sonst (selten) Lamm und Ziege

Kern der Übertragung:

Kind verhält sich Eltern gegenüber so unmöglich, dass es von den Eltern in keinem Fall mehr unterstützt werden würde (Drogen, Prostitution, freiwillig zum IS ...), kommt dann nach Hause und wird mit Allem überschüttet.

M 2	Das Gleichnis von der verlorenen Tochter

Eine Frau hatte zwei Töchter, eine Ehrgeizige und eine, welche sich alles kaufen ließ.
Eines Tages kam die Jüngere zu ihrer Mutter und sprach: Mama, gib mir mein Geld! Ich will nach Hamburg gehen und dort mit meinem Freund leben!
Nach langem Zögern gab sie ihrer Tochter das Geld und die 16-Jährige verschwand ohne Abschluss mit ihrem 25-jährigen Freund nach Hamburg, wo sie in eine Wohnung zogen.
Nach langer Zeit, in welcher sie das Geld für Partys und Drogen nur so aus dem Fenster warfen, gerieten sie in einen Streit. Sie trennten sich und er setzte sie auf die Straße.
Sie hatte all ihr Geld und ihre Bleibe verloren, so blieb ihr nichts Anderes übrig, als ihren Körper für ihre Drogensucht und eine Bleibe zu verkaufen.
So hangelte sie sich von einer Nacht mit einem Kunden zur nächsten, blieb die ganze Nacht bei ihm und suchte sich am nächsten Tag, als sie all das verdiente Geld für Drogen ausgab, einen Mann.
Eines Tages wurde sie schwanger, sie kannte den Vater nicht, wahrscheinlich einer ihrer Kunden, jedoch wusste sie, dass sie sich weder eine Abtreibung leisten, noch sich um ein Kind kümmern konnte.
So wurde sie sich bewusst, dass sie die Hilfe ihrer gottesfürchtigen Mutter brauchen würde.
Sie machte sich auf den Weg, um zu ihr zu gehen. Als ihre Mutter sie jedoch auf das Grundstück kommen sah, ging sie schnell zu ihr, schloss sie in die Arme und rief den Angestellten zu, sie sollen ihr altes Zimmer wiederherrichten und einen Fünf-Sterne-Koch holen lassen.
Sie schenkte ihrer Jüngsten einen Flügel des Hauses, neue Kleider und einen privaten Lehrer.
Als die Ältere, welche mit viel Arbeit die Firma übernommen hatte, dies erfuhr, wurde sie zornig.
Da sie sich die feiernden Leute nicht antun wollte, kam ihre Mutter zu ihr und redete mit ihr.
Mutter, ich habe mein ganzes Leben in der Schule hart gearbeitet, deine Firma habe ich erfolgreich übernommen und nun gibst du ihr alles, was sie will und ich konnte nicht mal meinen sehr gut bestandenen Abschluss feiern.
Daraufhin sagte die Mutter: Meine Tochter, ich gab dir die Firma, da ich dir vertraue, allerdings braucht deine Schwester nun unsere Hilfe und diese will ich ihr nicht verwehren, denn sie war fort und nun ist sie für uns zurückgekommen, ich will ihr helfen, bis sie für sich selbst sorgen kann.

Lina Dargatz (Kl. 9)

M 3 **Modernes Gleichnis**

Vom Boomerang

Als Jesus durch verschiedene Dörfer gepilgert war, folgten ihm viele Leute, Unterstützer sowie Neugierige. An einem Wald angekommen, stoppte er und sprach: „Ich muss euch etwas beibringen." Jesus griff in seine Tasche und nahm einen Boomerang heraus. Er warf ihn in den Wald und wartete kurz. Zur Verwunderung der Menschengruppe, die sich inzwischen um ihn herum versammelt hatte, flogen aus dem Wald nicht nur einer, sondern zwei Boomerangs wieder heraus. Noch bevor sich die Verwunderung gelegt hatte, warf er nun eine leere Redbull-Dose, die er auf dem Boden gefunden hatte, in den Wald, und auch diese verdoppelte sich und kam zweifach zurück. Während er die Boomerangs noch problemlos fangen konnte, gelang ihm dies nur mit einer der beiden Dosen. Es dauerte nicht lange, bis die ersten Leute auf die Idee kamen, ihren Reichtum verdoppeln zu können, sodass nacheinander Schmuck, Handys, Uhren und weitere wertvolle Besitztümer den Weg in den Wald fanden. Voller Vorfreude schauten die Leute in den Wald hinein, auf eine Rückkehr ihrer Wertgegenstände warteten sie jedoch vergebens. Mit großer Enttäuschung schauten sie zu Jesus, der sprach: „Wartet einige Jahre und ihr werdet verstehen".

Analyse des Gleichnisses:

Das Gleichnis „Vom Boomerang" befasst sich mit der Fragestellung, welche Lehren Jesus Christus verbreiten würde, wenn er im Jahre 2019 leben würde. Der Name ist an die der Gleichnisse aus der Bibel angelehnt, wie man am charakteristischen „Vom" erkennen kann. Absichtlich wurde das Gleichnis nicht außerordentlich gestaltet oder formatiert, um den Fokus vollständig auf den Inhalt zu legen. Im Gleichnis, welches ich geschrieben habe, kritisiert Jesus die heutige Konsum- und Wegwerfgesellschaft und die mit ihr zusammenhängende Umweltverschmutzung. Jesu Kritik beginnt in Zeile drei, in der er, was in der Bibel normalerweise untypisch ist, die Leute um ihn herum direkt darauf aufmerksam macht, dass er sie etwas lehren möchte. Dies ist insofern zu deuten, dass es wirklich dringend zu sein scheint. Der Boomerang wurde symbolisch gewählt, da er, wirft man ihn einmal, wieder zu einem zurückkommt. Jesus möchte verdeutlichen, dass jeder Müll, den man auf den Boden, in die Meere oder eben in den Wald wirft, am Ende auf den Menschen zurückkommen wird, indem zum Beispiel das Grundwasser verschmutzt wird oder Fische in den Meeren durch Plastikmüll sterben. Dass sich die in den Wald geworfenen Gegenstände verdoppeln und Jesus später eine Dose nicht fangen kann, ist insofern zu deuten, dass die Folgen so immens sind, dass der Mensch nicht in der Lage sein wird, sie zu bewältigen. Dass es sich beim Schauplatz des Gleichnisses um einen Waldrand handelt, liegt am Sprichwort „Wie man in den Wald hineinruft, so schallt es heraus". Auch die Redbull-Dose ist eine Anspielung auf den bekannten Werbespruch „Redbull verleiht Flügel" und ist gleichzeitig symbolisch für die heutige Konsumgesellschaft. Bewusst habe ich zudem das Wort „Boomerang" nicht in der deutschen Form „Bumerang" geschrieben, um so ein Wortspiel mit einem Wirtschaftsboom zu erreichen, der immer wieder Krisen und Verschmutzungen als Folgen hat. Anstatt ihren Reichtum zu verdoppeln, bekommen die Leute, zu denen Jesus spricht, also eine Lehre, die ihre Ignoranz gegenüber der Umwelt beseitigen soll.

Ole Taudt (Kl. 11)

Phase: Verarbeitung / Transfer

Methode: Kreatives Schreiben

Material: Bibeln

Erfahrungsfeld: Urknall- und Evolutionstheorie erklären wissenschaftlich die Entstehung des Lebens, sie sagen jedoch nichts über das aus, was uns wichtig ist: unsere Beziehungen zur Natur und zu den Tieren, zum Verhältnis zwischen Mann und Frau, zur Ehrfurcht vor dem Leben überhaupt.

Zielstellung: Mythen sind befremdliche Texte. Indem Lernende selbst Mythen schreiben und die ihnen wichtigen Aussagen über die Weltbeziehung des Menschen in metaphorische Bilder fassen, erschließt sich ihnen diese Textsorte als Ausdrucksform emotionaler Beziehungen.

Voraussetzung:
- Entstehung der beiden Schöpfungsbekenntnisse Gen 1,1–2,4 und Gen 2,4–25
- Modi der Weltbetrachtung; Schöpfungsbekenntnis als emotionale Aussage
- Mythos als Textsorte
- Symbolische und nichtsymbolische Rede über Gott

Aufgabe: Entwerfen Sie, ohne Ihre eigenen Interessen zu verschweigen, ein Schöpfungsbekenntnis, wie es heute formuliert werden könnte. Bedienen Sie sich dabei der Textsorte eines Mythos.

Ablauf: Die Lernenden arbeiten allein, benötigen jedoch gelegentlich einen Diskussionspartner. Im Wesentlichen entstehen im Arbeitsprozess Fragen nach der Darstellung Gottes im Mythos. Kann man einen Mythos ohne Gott schreiben? Wie kann man ihn beschreiben, ohne ihn zu benennen? Wie klingt ein Mythos aus anthropologischer Perspektive (siehe **M 1**)? Kann ein Atheist seine Auffassung auch in einen Mythos fassen? (**M 2** stellt einen ironischen Versuch dar.) Kann ich – im Sinne der negativen Theologie – Gott umschreiben, ohne ihn zu benennen? Kann ich ihn in Paradoxien erfassen? Wie schreibe ich, wenn Gott kein Geschlecht zugeschrieben werden soll (**M 3**)?

Dazu kommt die Erfahrung der Lernenden, dass das, was ihnen wichtig ist, was also das Wesen ausmacht (z.B. die Gleichrangigkeit von Mensch und Tier, die Ehrfurcht vor der Natur), sich besser in die Form von Mythen kleiden lässt.

Erwartung:

Siehe **M 1–M 3**.
Die Texte sind auch als eigenständige Elemente einsetzbar, beispielsweise als Einstiege oder Diskussionsgrundlagen.

Hinweise: In kurzen flüsternden Nebengesprächen mit einzelnen Lernenden entstehen tiefe Gespräche über ihr Gottesverständnis.

Anschluss: Negative Theologie, „Über die Leere schweigen“ S. 59
Gottesverständnisse in der Geschichte Israels
Entstehung von Schöpfungspsalmen „Lebens-Lob-Psalm“ S. 27
Entstehung von Gen 1 im babylonischen Exil[1]

1 Schauß, Religion, 102–105.

M 1 Schöpfungsbekenntnis eines modernen Menschen

Es war still.

Nichts erfüllte den Raum.

Dunkelheit gestaltete das Nichts.

Alles war leer, weder der Mensch noch Tier noch die Welt an sich existierte.

Aber langsam und vorsichtig breitete sich das Licht aus. Es kämpfte gegen die Dunkelheit und erfüllte allmählich das große Nichts des Raumes. Jedoch war das Licht nicht allein: Aus der Energie und Wärme des Lichtes entwickelte sich die Erde, indem sich die Kraft und die Energie des Lichtes bündelte und eine große, runde Kugel formte. Die Erde bildete nun den Lichtpunkt in der Dunkelheit, dem grenzenlosen Kosmos. Auf einmal wuchsen plötzlich zeitgleich Mann und Frau, Pflanzen und Tiere aus der Erde empor. Sie nahmen die weiten Flächen der Erde ein und das ehemalige Nichts beugte sich der Vitalität des Lebens. Dieses Leben war geprägt von Gleichheit, Toleranz und Gerechtigkeit, denn Mann und Frau, sowohl Pflanzen als auch Tiere entstanden zeitgleich. Niemand konnte sagen, er war zuerst da. Niemand konnte sagen, er ist mächtiger. Niemand war das Haupt der Schöpfung. Alle waren gleich.

Trotz der Gerechtigkeit und Gleichheit war ihr Leben sinnlos. Sie vegetierten. Während die Pflanzen die Erde bewuchsen und die Tiere sich fortpflanzten, kannten Mann und Frau nicht ihren Sinn des Lebens. Aber diese Einstellung veränderte sich bald. Während sie auf der Erde lebten, gewannen sie an Erkenntnissen, begingen Fehler und lernten von ihnen. Je mehr Erfahrungen sie sammelten, desto bestrebter waren sie, diese Erfahrungen zusammenzuführen. Bei dem Vernetzen ihrer Erfahrungen veränderte sich ihr Gefühl: Es schien, als wäre das Leben doch nicht sinnlos, als würde sich alles zusammenhängend erklären lassen. Der Mann und die Frau hatten ihren Sinn des Lebens gefunden und nannten ihn: Gott. Nicht Gott gab den Menschen den Sinn, sondern nur die Menschen selber schaffen es, durch das Hinterfragen ihrer eigenen Erfahrungen einen Sinn in ihrem Leben zu begründen. Das Gefühl von Sinn motivierte sie zum Leben und auch nach Misserfolgen, den Sinn dahinter zu erfragen. Schließlich blieben dem Mann und der Frau nur noch eine Frage offen: Wer hat sie, die Pflanzen, die Tiere und die Erde erschaffen? Und die Antwort darauf hieß: ihre Vorstellungskraft selbst. Mit dieser Antwort führten sie ihr Leben weiter, in dem niemand überlegen war und alle einander ein Leben in Frieden ermöglichten.

Lea-Sophie Funk (Kl. 12)

M 2 Schöpfungsbekenntnis eines Atheisten

Am Anfang wollte Gott Himmel und Erde schaffen.
Doch zu seiner Verwunderung existierte die Erde bereits und mit ihr der Himmel, da Jahrmillionen die Erde aus Sternenstaub formten.
Gott sprach: Es werde Licht!
Doch es war bereits Licht, sowie die Gestirne des Himmels, denn ohne sie wäre die Erde gar nie entstanden, und Tag und Nacht waren bereits und aus ihnen der erste Tag.
Und Gott sprach: Es entstehe Land!
Doch es war bereits Land, das viele Jahre aus Feuer speienden Bergen entstand. Und auch Pflanzen und Bäume existierten schon, die über Jahrtausende alleine aus dem Wasser entstanden und das Land bewucherten. So verlief der dritte Tag.
Und Gott sprach: Es sollen Tiere im Wasser und auf dem Land leben!
Doch es lebten bereits Tiere überall auf der Erde, die im Laufe vieler Jahre über Evolution und Anpassung alle Lebensräume eroberten. So war der 5. Tag vorbei.
Und Gott sprach: Dann schaffe ich den Menschen, nach meinem Abbild!
Doch es gab den Menschen bereits, der über und mit der Natur herrschte.
Und Gott fragte sich: Wieso sind sie nach meinem Abbild?
Doch dabei war er nach ihrem Abbild, und da er ihre Schöpfung war und keinen Platz mehr in der modernen Welt hatte, verschwand er. So geschah der sechste Tag.
Am siebten Tag ruhte der moderne Mensch. Nur heute hatte er ein wenig Platz für seine Kreation namens ‚Gott', jedoch nicht als Schöpfer der Welt, sondern als Mittel zum Lindern seiner Sorgen.
Und der Mensch sah, dass es so, und nur so, sehr gut war.

Constantin Beddies (Kl. 12)

M 3 Moderner Schöpfungsmythos

gott
erschaffen aus einem gedanken der zukunft
das erste leben aus der vergangenheit
fühlte sich einsam
die welt
war kalt, tot und ungenutzt
von dunkelheit umhüllt
ein wesen, das ewig war, ewig alleine schien
gott
sah sie
und verliebte sich in die welt
es sah ihre reine schönheit und hauchte ihr leben ein, indem es sich zu ihr gesellte
die zeit
tag und nacht entstanden
doch ihre liebe währt ewig
gott schuf sonne und mond, licht und hoffnung
es schob das nichts hinfort
damit die welt sehen konnte
und sie mochte es
die welt
wurde gestreichelt
und
es formten sich pflanzen
gott
nahm weiße steine von der erde und es waren eier
die stille verstummte und vögel flogen von baum zu baum
die welt
erblühte vor schönheit und
gott
schuf tiere, die sie bewundern konnten
am ende
erzeugte gott aus seinem fleisch den mann
damit dieser in gottes abwesenheit
der erde seine eigene liebe schenken konnte
und für die vielen wunder
die gottes liebe schuf
sorge
da es wusste
was es bedeutet alleine zu sein
nahm gott
fruchtbare erde von der welt sowie einen teil seines fleisches
und schuf die frau
der mann sah
dass sie sein gegenstück ist
und verliebte sich in sie
und sie sich in ihn

Jonas Nostitz (Kl. 12)

Modernes Glaubensbekenntnis

Kl. 11/12, Jugend

Phase: Erarbeitung

Methode: Kreatives Schreiben

Material: Apostolisches Glaubensbekenntnis

Erfahrungsfeld: Traditionelle Glaubensbekenntnisse lösen tiefes Befremden aus. Christlich sozialisierten Lernenden fällt es schwer, sie persönlich nachzuvollziehen, bei konfessionslosen Lernenden lösen sie Unverständnis aus.

Zielstellung: Das Glaubensbekenntnis wird als Bekenntnis in seiner Zeit kontextualisiert. Elemente des mythischen Weltbildes werden identifiziert und – ganz nach Bultmann – in existentielle Formulierungen übertragen.

Voraussetzung:
- Kenntnis des mythologischen Weltbildes (vgl. S. 104)
- „Bekennen und Bekenntnisse" S. 93 – möglich, aber nicht nötig
- Symbolische und nichtsymbolische Rede über Gott (Tillich) S. 38

Aufgabe:
1. Lesen Sie das Glaubensbekenntnis gründlich.
2. Identifizieren Sie alle mythischen Elemente, indem Sie sie unterstreichen/markieren.
3. Übertragen Sie diese Passagen in existentiell-emotionale Aussagen, wie Sie ein aufgeklärter Mensch heute mitsprechen könnte.

Ablauf: Der (gemeinsamen) Lektüre des Glaubensbekenntnisses folgt die Identifizierung der mythischen Elemente durch die einzelnen Lernenden. Danach werden die Arbeitsergebnisse noch einmal verglichen und eventuelle Fragen geklärt. Der Übertragungsprozess in ein modernes Glaubensbekenntnis benötigt Ruhe und Zeit. Wichtig ist das Angebot der Lehrenden, als Gesprächspartner jederzeit zur Verfügung zu stehen. Während des Arbeitsprozesses entstehen unweigerlich Fragen. Manchen Lernenden fällt es schwer, sich ganz aus den mythischen Vorstellungen zu lösen.

Erwartung:

M 1 Modernes Glaubensbekenntnis
(auch als eigener Text und Diskussionsgrundlage oder zur Korrelation einsetzbar)

Hinweise: Bei einem hohen Anteil an Konfessionslosen empfiehlt es sich, die Aufgabe 3 zu differenzieren: „Übertragen Sie diese Passagen in existentiell-emotionale Aussagen, wie ein aufgeklärter *Christ* sie heute mitsprechen könnte." Damit wird eine Distanzierungsmöglichkeit geschaffen. Der Lernende übernimmt die Rolle eines Christen und „denkt probehalber" (Dressler).

Erfahrungsgemäß möchten Lernende jedoch lieber ihr eigenes Verständnis formulieren. So entstehen dann eventuell auch Glaubensbekenntnisse von Atheisten. Diesem Bedürfnis nach individuellen Symbolisationen ist unbedingt nachzugeben. Oft wird dazu das Gespräch mit der Lehrperson benötigt.

Anschluss: Entstehung christologischer Denkfiguren in der Urgemeinde, z.B. Sühneopfer Jesu[1]

1 Halbfas, Hubertus, Glaubensverlust. Warum sich das Christentum neu erfinden muss, Ostfildern [5]2013, 47–56.

M 1 Modernes Glaubensbekenntnis

Ich glaube an ein Gefühl,
für mich unbegreiflich und unfassbar.
Doch hält und bewegt es mich.

Und an Jesus von Nazareth,
der auch eine Energie gespürt haben muss.
Vielleicht hat es sich anders für ihn angefühlt,
aber es hat ihn bewegt.
Es hat ihn in schwerster Zeit angetrieben,
selbst als er unter Pontius Pilatus litt,
selbst als er gekreuzigt wurde und starb.
Seine Bewegung löste weitere aus.
Er beeinflusste dieses Gefühl und stärkte es,
diese helfende und bewegende Energie.

Ich glaube an die Bewegung und Dynamik,
die durch dieses Gefühl,
leitend und unbegreiflich,
in einem Jeden ausgelöst werden kann,
das Gemeinschaft schafft,
zu Mut und Kraft verhilft und zur Vergebung,
das mich dazu aufrafft, immer weiter zu gehen,
über das Leben hinaus.

Sarah Kallies (Kl. 12)

Das Evangelium nach Mandy

Phase: Verarbeitung

Methode: Kreatives Schreiben

Material: Bibel

Erfahrungsfeld: Biblische Texte wirken – besonders durch zeitgeschichtliches Kolorit sowie durch mythische Elemente – befremdlich.

Zielstellung: Biblische Texte werden in die heutige Zeit übertragen, indem zeitgeschichtlich bedingte Umstände sowie mythische Elemente übertragen werden. Die Botschaft des Textes bleibt jedoch erhalten und tritt vor dem Hintergrund heutiger Lebensumstände sogar noch deutlicher hervor.

Aufgabe: Stellen sie sich der Frage: „Jesus Christus – auch heute noch aktuell?", indem Sie sie in einer kreativen Leistung bearbeiten, die Ihrer Begabung entspricht.

Ablauf: Die Aufgabenstellung wird über einen längeren Zeitraum als Hausaufgabe aufgegeben. Zum Arbeitsresultat gehört eine Erklärung der Arbeit von ca. einer Seite. Für Rückfragen zur Ideenfindung und während des Arbeitsprozesses steht die Lehrende jederzeit zur Verfügung.

In diesem Fall hatte die Schülerin die Idee, selbst ausgewählte Perikopen des Lukas-Evangeliums zu übertragen.

Erwartung:

Als Ziele der Übertragung formuliert die Schülerin folgende Anliegen:

Es sollen keine „Wunder" mythischer Art vorkommen, vielmehr sollen Wunder des Alltags eine Rolle spielen.
In den ersten Abschnitten wurde mit Parallelen zur damaligen Welt (z.B. Hirten – Taxifahrer) und damit recht eng am Lukastext gearbeitet.
Die Jesusfigur verkörpert persönliche Idealwerte, zu denen sie die Menschen aufruft. Sie wendet sich dabei damals wie heute den Ausgestoßenen zu.
Die Übertragung des Heilungswunders entfernt sich weiter vom Ursprungstext, fragt jedoch danach, welche Lähmungen die Menschen heute quälen.

Hinweise: Die Texte eignen sich hervorragend als Zugänge oder Korrelationen zu den Ursprungstexten. Sie motivieren zu dem Denkexperiment: Was wäre, wenn Jesus heute käme?, bieten ungewohnte Zugänge zu den Perikopen und regen eine Diskussion darüber an, inwiefern die Botschaft Jesu auch heute noch eine gesellschaftlich relevante Anfrage ist.

Anschluss: exegetische Arbeit an neutestamentlichen Texten
Inhalte der Bergpredigt – heute noch relevant?
Botschaft Jesu heute – Idealismus, zu abgehoben, dringend nötig?

---

1 Halbfas, Hubertus, Glaubensverlust. Warum sich das Christentum neu erfinden muss, Ostfildern [5]2013, 47–56.

M 1	Evangelium nach Mandy: Geburtsankündigung

Die Ankündigung der Geburt Jesu

26 Und im sechsten Monat wurde der Engel Gabriel von
Gott gesandt in eine Stadt in Galiläa, die heißt Nazareth, 27 zu einer Jungfrau, die vertraut war einem Mann
mit Namen Josef vom Hause David; und die Jungfrau
hieß Maria. 28 Und der Engel kam zu ihr hinein und
sprach: Sei gegrüßt, du Begnadete! Der Herr ist mit
dir! 29 Sie aber erschrak über die Rede und dachte:
Welch ein Gruß ist das? 30 Und der Engel sprach zu ihr:
Fürchte dich nicht, Maria! Du hast Gnade bei Gott gefunden. 31 Siehe, du wirst schwanger werden und einen
Sohn gebären, dem sollst du den Namen Jesus geben.
32 Der wird groß sein und Sohn des Höchsten genannt
werden; und Gott der Herr wird ihm den Thron seines
Vaters David geben, 33 und er wird König sein über das
Haus Jakob in Ewigkeit, und sein Reich wird kein Ende
haben. 34 Da sprach Maria zu dem Engel: Wie soll das
zugehen, da ich doch von keinem Manne weiß? 35 Der
Engel antwortete und sprach zu ihr: Der Heilige Geist
wird über dich kommen, und die Kraft des Höchsten
wird dich überschatten; darum wird auch das Heilige,
das geboren wird, Gottes Sohn genannt werden. 36 Und
siehe, Elisabeth, deine Verwandte, ist auch schwanger
mit einem Sohn, in ihrem Alter, und ist jetzt im sechsten Monat, sie, von der man sagt, dass sie unfruchtbar
sei. 37 Denn bei Gott ist kein Ding unmöglich. 38 Maria
aber sprach: Siehe, ich bin des Herrn Magd; mir ge-
schehe, wie du gesagt hast. Und der Engel schied von
ihr.

Lukas 1,26–38

Die Geburt des Jungen Ole wird angekündigt

26 Als Lena unverhoffter Weise das zweite Trimester
ihrer Schwangerschaft überstanden hatte, sollte in
Nassenheide 27 ihre Cousine, die junge Marie, eine
versteckte Botschaft erhalten. Die schüchterne junge
Frau war derzeitig mit ihrem Freund Martin zusammen, einem Nachkommen Herberts. 28 Marie lief die
Straße entlang und stieß auf ein Werbeplakat, worauf
Uncle Sam zu sehen war mit dem Banner „We want
you!". 29 Marie war verwundert über diese amerika-
nische Anzeige und ging weiter. 30 Doch kurz darauf
ertönte aus einem Schaufenster: „Jetzt neu: der Clear
Blue Schwangerschaftstest!" 31 Und Marie schaute zu
Boden und fand ein Armbändchen mit dem Schriftzug
‚Ole'. Sie wusste nicht warum, doch sie nahm das Band
mit. 32 Marie stellte sich kurz vor, wie es wäre, ein eigenes Kind zu haben, wie es aufwachsen würde 33 und
was es im Leben erreichen könnte. Die junge Frau rief
ihren Partner an und fragte, ob er bereit für Kinder
wäre. 34 Martin antwortete: „Wie stellst du dir das vor?
Wie sollen wir das schaffen?" 35 Doch Marie war sich
sicher und sagte: „Ich glaube, wenn wir es wirklich
wollen, können wir es schaffen. 36 Lena bekommt auch
ein Baby, obwohl alle sagen, dass sie es nie allein be-
werkstelligen könnte. 37 Wahrer Liebe steht nichts im
Weg. Keine Geldsorge oder ähnliches." 38 Martin verstummte kurz und sagte daraufhin: „Marie. Mit dir an
meiner Seite ist nichts unmöglich, und wenn du dir ein
Baby wünschst, werden wir das hinkriegen." Marie war
glücklich, legte ihr Handy weg und dachte noch den
ganzen Tag über ihre Zukunft nach.

Mandy 1,26–38

M 2 Evangelium nach Mandy: Geburtsgeschichte

Jesu Geburt

1Es begab sich aber zu der Zeit, dass ein Gebot von dem Kaiser Augustus ausging, dass alle Welt geschätzt würde. 2Und diese Schätzung war die allererste und geschah zur Zeit, da Quirinius Statthalter in Syrien war. 3Und jedermann ging, dass er sich schätzen ließe, ein jeglicher in seine Stadt. 4Da machte sich auf auch Josef aus Galiläa, aus der Stadt Nazareth, in das judäische Land zur Stadt Davids, die da heißt Bethlehem, darum dass er von dem Hause und Geschlechte Davids war, 5auf dass er sich schätzen ließe mit Maria, seinem vertrauten Weibe; die war schwanger. 6Und als sie daselbst waren, kam die Zeit, dass sie gebären sollte. 7Und sie gebar ihren ersten Sohn und wickelte ihn in Windeln und legte ihn in eine Krippe; denn sie hatten sonst keinen Raum in der Herberge.

Lukas 2,1–7

Ole, der Knabe wird geboren

1Vor Ewigkeiten wurde in Deutschland das Gesetz eingeführt, sich und seinen Nachwuchs melden zu müssen. 2Die aktuelle Zählung in Berlin und Umkreis wurde durchgeführt, als Wowereit Bürgermeister Berlins war. 3Alle Bürger meldeten sich rechtmäßig in ihren Heimatstädten. 4Auch Martin reiste aus Nassenheide, einem Vorort Berlins, in die Hauptstadt, um seinen Vater zu besuchen, der dort lebt. 5Seine hochschwangere Marie begleitete ihn selbstverständlich. 6Sie war zu der Zeit in der 39. Schwangerschaftswoche und hatte sich bereits einen Termin zur Entbindung in der Charité geholt. 7Marie gebar wie erwartet einen Sohn. Jedoch konnte sie ihn lediglich in ihre Jacke wickelt, da sie ihren Sohn auf dem Weg zum Krankenhaus in einem Taxi gebar. Ein Stau sorgte dafür, dass sie nicht rechtzeitig an ihr Ziel gelangten.

Mandy 2,1–7

... von Engeln verkündet ...

8Und es waren Hirten in derselben Gegend auf dem Felde bei den Hürden, die hüteten des Nachts ihre Herde. 9Und des Herrn Engel trat zu ihnen, und die Klarheit des Herrn leuchtete um sie; und sie fürchteten sich sehr. 10Und der Engel sprach zu ihnen: Fürchtet euch nicht! Siehe, ich verkündige euch große Freude, die allem Volk widerfahren wird; 11denn euch ist heute der Heiland geboren, welcher ist Christus, der Herr, in der Stadt Davids. 12Und das habt zum Zeichen: Ihr werdet finden das Kind in Windeln gewickelt und in einer Krippe liegen. 13Und alsbald war da bei dem Engel die Menge der himmlischen Heerscharen, die lobten Gott.

Lukas 1,8–13

... in aller Munde ...

8Es war abends spät, als die Fahrer Berlins ihre Nachtschicht absaßen. 9Da erhielten sie alle durch ihre Funkgeräte eine frohe Botschaft, die sie zunächst verwunderte. 10In allen Wagen kam die Nachricht „Ein Wunder ist geschehen! 11Heute hat ein kleiner Junge das Licht der Welt in einem Taxi erblickt! Ole heißt der kleine Mann. 12Ein Neugeborenes umwickelt von der Jacke in den Armen der glücklichen Mutter.“ 13Und daraufhin sprachen alle Arbeiter ihre Glückwünsche aus und so mancher dankte Gott für dieses kleine Wunder. Sie waren sich sicher, dass nur Gott ein derartig schönes Wunder hervorbringen könne.

Mandy 2,8–13

M 3 Evangelium nach Mandy: Heilung eines Aussätzigen

Die Heilung eines Aussätzigen

12Und es begab sich, als er in einer der Städte war, siehe, da war ein Mann voller Aussatz. Als der Jesus sah,
fiel er nieder auf sein Angesicht und bat ihn und sprach:
Herr, willst du, so kannst du mich reinigen. 13Und er
streckte die Hand aus, rührte ihn an und sprach: Ich
will's tun, sei rein! Und sogleich wich der Aussatz von
ihm. 14Und er gebot ihm, dass er's niemandem sagen
sollte. Geh aber hin und zeige dich dem Priester und
opfere für deine Reinigung, wie Mose geboten hat, ihnen zum Zeugnis.

15Aber die Kunde von ihm breitete sich immer weiter
aus, und es kam eine große Menge zusammen, zu hören und gesund zu werden von ihren Krankheiten. 16Er
aber entwich in die Einöde und betete.

Lukas 5,12–16

Ole hilft einem Ausgestoßenen

12In einem Stadtteil traf Ole einen Mann, der am ganzen Körper Lumpen trug. Als er Ole sah, warf er sich
vor ihm nieder, das Gesicht zur Erde, und flehte ihn an:
„Bitte junger Mann, bitte gib mir etwas zu essen um
zu überleben." 13Jesus gab ihm seine Hand und sagte:
„Steh auf! Du musst nicht flehen für dein Überleben."
Im selben Augenblick verschwand für ein paar Sekun-
den das Klagen aus dem Gesicht des Mannes. 14Ole
forderte ihn auf, aufzustehen und sagte: „Geh zur Tafel und iss dich satt. Suche Ämter auf und gib deinem
Leben eine Chance. Du kannst es schaffen, wenn du an
dich glaubst. Du wirst erfahren, was Glück bedeutet."
15Darauf verbreitete sich die Nachricht von Ole unter
den Armen. Scharenweise kamen die Menschen, in der
Hoffnung, seinen Worten lauschen zu können. 16Aber
Ole suchte nicht die Öffentlichkeit. Er kostete jede ru-
hige Minute aus, um seinen Geist zu stärken und seiner
Seele Freiheit zu schenken.

Mandy 5,12–16

M 4 Evangelium nach Mandy: Berufung des Zolleinnehmers

Die Berufung des Levi und das Mahl mit den Zöllnern

27Und danach ging er hinaus und sah einen Zöllner mit
Namen Levi am Zoll sitzen und sprach zu ihm: Folge mir
nach! 28Und er verließ alles, stand auf und folgte ihm
nach. 29Und Levi richtete ihm ein großes Mahl zu in seinem Haus, und viele Zöllner und andre saßen mit ihm
zu Tisch. 30Und die Pharisäer und ihre Schriftgelehrten
murrten und sprachen zu seinen Jüngern: Warum esst
und trinkt ihr mit den Zöllnern und Sündern? 31Und
Jesus antwortete und sprach zu ihnen: Die Gesunden
bedürfen des Arztes nicht, sondern die Kranken. 32Ich
bin nicht gekommen, Gerechte zu rufen, sondern Sünder zur Buße.

Lukas 5,27–32

Ole gibt jedem eine Chance

27Als Ole danach die Stadt verließ, sah er einen glatz-
köpfigen Mann am Bahnhof sitzen. Er hieß Kevin. Ole
sagte zu ihm: „Komm und folge mir." 28Und Kevin ließ
sein Dosenbier zurück, stand auf und folgte Ole. 29Spä-
ter lud Ole Kevin und ein paar seiner Freunde zum Essen ein. 30Die friedfertigen Bürger, besonders Linksori-
entierte unter ihnen, murrten darüber und sagten zu
Oles Anhängern: „Warum esst und trinkt ihr mit den
Faschisten und ähnlichem Volk?" 31Aber Ole antwortete ihnen: „Nicht die Gesunden brauchen den Arzt,
sondern die Kranken. 32Ich bin nicht gekommen, gute
Menschen zu bekehren, sondern um Menschen zu helfen, die vom richtigen Weg abgekommen sind. Ich will
sie dazu aufrufen, nicht nur ihre Einstellung, sondern
auch ihr Leben zu ändern."

Mandy 5,27–32

M 5 Evangelium nach Mandy: Heilung eines Gelähmten

Die Heilung eines Gelähmten und die Vollmacht zur Sündenvergebung

17 Und es begab sich eines Tages, als er lehrte, dass
auch Pharisäer und Lehrer des Gesetzes dasaßen, die
gekommen waren aus allen Dörfern in Galiläa und Ju-
däa und aus Jerusalem. Und die Kraft des Herrn war
mit ihm, dass er heilen konnte. 18 Und siehe, einige
Männer brachten einen Menschen auf einem Bett; der
war gelähmt. Und sie versuchten, ihn hineinzubringen
und vor ihn zu legen. 19 Und weil sie wegen der Menge
keinen Zugang fanden, ihn hineinzubringen, stiegen sie
auf das Dach und ließen ihn durch die Ziegel hinunter
mit dem Bett mitten unter sie vor Jesus. 20 Und als er
ihren Glauben sah, sprach er: Mensch, deine Sünden
sind dir vergeben. 21 Und die Schriftgelehrten und die
Pharisäer fingen an zu überlegen und sprachen: Wer ist
der, dass er Gotteslästerungen redet? Wer kann Sünden vergeben als allein Gott? 22 Als aber Jesus ihre Gedanken erkannte, antwortete er und sprach zu ihnen:
Was denkt ihr in euren Herzen? 23 Was ist leichter, zu
sagen: Dir sind deine Sünden vergeben, oder zu sagen:
Steh auf und geh umher? 24 Damit ihr aber wisst, dass
der Menschensohn Vollmacht hat auf Erden, Sünden zu
vergeben – sprach er zu dem Gelähmten: Ich sage dir,
steh auf, nimm dein Bett und geh heim! 25 Und sogleich
stand er auf vor ihren Augen und nahm das Bett, auf
dem er gelegen hatte, und ging heim und pries Gott.
26 Und sie entsetzten sich alle und priesen Gott und
wurden von Furcht erfüllt und sprachen: Wir haben
heute seltsame Dinge gesehen.

Lukas 5,17–25

Ole schenkt Elan und Hoffnung

17 Während dieser Zeit geschah einmal Folgendes: Ole
redete gerade zu den Menschen und vor ihm saßen
Konservative und Gesetzeshüter und alle waren aus
allen Orten gekommen, ihm Gehör zu schenken. In Ole
war ein Feuer entfacht und er machte es sich zur Aufgabe, den Menschen Hoffnung und Liebe zu schenken.
18 Da kam unbemerkt eine stark übergewichtige Frau
herbei. Sie wollte Oles Worten lauschen, 19 doch sie
blieb im Hintergrund, da sie sich schämte. So blieb sie
hinter der Menge und erhaschte einen direkten Blick
auf Ole. Und Ole sah genau in ihre Augen. 20 Als er sah,
wie vertrauensvoll ihr Blick war, sagte er zu ihr: „Schö-
ne Frau, ich glaube an dich." 21 Die anderen dachten
sich: „Was redet er für wirres Zeug? Dieses Weib hat
jegliche Maße verloren. Wie kann er sich anmaßen,
sie als schön zu bezeichnen?" 22 Aber Ole sah an ihren Gesichtern, was sie dachten und fragte sie: „Was
macht ihr euch für missgünstige Gedanken? 23 Was ist
leichter: Gesagt zu bekommen ‚Verschwinde aus meinen Augen' oder ‚Ich glaube an dich'?" 24 Aber ihr sollt
sehen, dass sie mein Vertrauen verdient." Und er sagte
der Frau: „Komm zu mir, meine Liebe! Zeig ihnen, wie
schön du bist. Lass ihnen keinen Zweifel an deinem
Glanz." 25 Sofort nahm die Frau allen Mut zusammen
und ging vor aller Augen zu Ole. Sie schaute in die Menge und in die Augen derer, die sie verurteilten. Und
ihr Gesicht begann zu strahlen wie noch nie zuvor. Ihr
Lächeln erfüllte die Menschen mit Wohlgefallen. Sie
dankte Ole: „Danke, dass du mir gezeigt hast, dass ich
mich frei bewegen und stolz auf mich sein kann."

Mandy 5,17–25

Mandy Rachow (Kl. 11)

Segen

Wer in Schule oder Gemeinde religionspädagogisch tätig ist, muss immer wieder – sei es nach der Konfirmation oder dem Abitur – junge Leute loslassen, die er oder sie jahrelang begleitet hat. Manchmal hat man dann das Bedürfnis, ihnen etwas auf den Weg zu geben. Der alte Brauch des Segens bietet uns dazu eine Möglichkeit.

Segen

Mögen sich dir Weiten eröffnen,
die dich befreien und beleben und begleiten
über diesen Schritt ins Neue hinaus.
Lebe in dieser Weite.

Mögest du die Erfahrung machen,
dass es neben den Dingen, die du besitzen kannst,
Wirklichkeiten gibt, die dir geschenkt sind.
Sei von ihnen getragen.

Mögest du die Weisheit haben zu erkennen,
dass andere Anderes
aus verschiedenen Perspektiven sehen.
Ertrage es in Gelassenheit.

Mögest du in schweren Zeiten spüren,
dass dir in den Tiefen des Seins und des Leidens
Kraft und Sinn zuwachsen.
Sie werden dich stärken.

Mögest du in Zeiten des Alleinseins spüren,
dass es Menschen um dich gibt,
die für dich da sein können.
Sie werden dich begleiten.

Möge dir das Gefühl gegeben sein,
dass dein Leben ein Geschenk ist,
übervoll mit Glück.
Verschenke dich aus dieser Fülle heraus.

So sei es.

Gundula Rosenow

Segen für Religionspädagogen

ReligionspädagogInnen sind Menschen, die stets an andere zu denken scheinen. Wie kann ich meinen Anbefohlenen etwas erklären, wie es interessant gestalten? Wo bekomme ich Material her? Für wen kann ich diesen Text, diese Idee oder dieses Spiel verwenden? Liebe KollegInnen, dieser Segen ist einmal ausschließlich für Sie persönlich bestimmt:

Segen für Religionspädagogen

Mögest du gelassen bleiben,
wenn die Planung mal wieder nicht aufgeht,
wenn sie dir deine Vorbereitungen zunichte machen,
wenn sie dir auf den Nerven herumtrampeln
und deine Mühe keine Früchte trägt.

Mögest du die Geduld nicht verlieren,
wenn sie oberflächlich bleiben,
wenn kein wirkliches Gespräch entsteht,
wenn sie deine Beziehungssignale nicht wahrnehmen
und du ihnen gleichgültig bist.

Möge dir der Mut nicht sinken,
wenn sie überfordert sind mit allem,
wenn sie anderes interessanter finden,
wenn sie nicht nachvollziehen können,
was dir wichtig ist.

Möge dir die Gewissheit geschenkt werden,
dass du Samen legen und Spuren hinterlassen kannst,
dass vieles von dem, was du gegeben hast,
in späteren Jahren zu wachsen beginnt
und übervolle Früchte trägt.

Viel mehr, als du es je zu hoffen wagtest.
So sei es.

Gundula Rosenow

Bibelstellenregister

Altes Testament

Genesis 1 28, 83, 104, 126
Genesis 1,1–2,4 126
Genesis 2 28, 126
Genesis 2,4–25 126
Genesis 3,1–13+21–24 29, 76

Exodus 3 100
Exodus 3,1–15 70
Exodus 4,22 112
Exodus 14 79, 103
Exodus 14,1–30 79
Exodus 15,1–18 79
Exodus 15,22–25 79
Exodus 16,2–21 79
Exodus 19,1–9 79
Exodus 20,1–17 51, 79

Levitikus 15,19–33 65

1. Samuel 16,1–13 95

Psalm 2 111, 112, 114
Psalm 22 120, 121
Psalm 104 28
Psalm 137 83
Psalm 139 104

Jesaja 7–14 95

Jeremia 1,4–10 70

Micha 5,1 95

Neues Testament

Matthäus 2,1–12 95
Mt 5,45–48 112
Mt 10,34–39 75
Mt 12,46–50 75
Mt 17,14–20 45
Mt 26,14–16 81
Mt 27,27–31 81
Mt 27,32 81
Mt 28,1–10 41

Markus 1,21–34 45
Mk 2,13–17 108
Mk 2,18–20 108
Mk 4,35–41 57, 58
Mk 5,1–20 66
Mk 5,21–43 65
Mk 6,31–44 108
Mk 7,1–5 108
Mk 7,24–30 75
Mk 14,1–2 81
Mk 14,12–25 108
Mk 14,29–31 81
Mk 15,1 81
Mk 15,2–15 81
Mk 16,1–8 41

Lukas 1,26–31 133
Lk 1,46–55 70
Lk 2,1–21 95
Lk 3,21–22 114
Lk 5,12–16 135
Lk 5,17–25 136
Lk 5,17–26 62
Lk 5,27–32 135
Lk 7,37–39 75
Lk 8,1–3 63, 75
Lk 10,30–35 122
Lk 10,38–42 63, 75
Lk 13,10–14 75
Lk 14,15–24 108
Lk 15,8–10 75
Lk 15,11–32 122
Lk 23,6–12 81
Lk 23,26–34 63
Lk 24,1–11 41, 63
Lk 24,13–35 34

Johannes 4,1–9 75
Joh 6,16–21 44
Joh 8,1–11 63, 75

Römer 1,1–6 112

1. Korinther 15,3–5 116
1. Kor 13,8–13 90
1. Kor 13,11+12 37

2. Kor 1,5–11 70

Stichwort- und Autorenregister

Abendmahl 107f.
Adam und Eva 23, 29, 55, 76
Analogie 9, 14, 18, 22, 24, 37, 52, 59, 60, 76, 81, 83, 93, 103, 116
Angst 17, 23, 32, 39, 40, 41, 44, 49, 50, 56, 61, 63, 65, 68
Angsterfahrungen 32
Anonymisierung 17, 26, 33, 45, 76
Anthropomorphismen 37, 100
Apostolisches Glaubensbekenntnis 133
Auferstehung 19, 41, 42, 57, 64, 104, 105, 116, 118
Auferstehungstexte 34, 41, 57, 62, 90, 104, 110, 116, 117
Ausschlag 40
Ausweglosigkeit 41, 120

Baumert 27, 28, 90
Befreiung 18, 36, 51, 61, 62, 81, 120
Bekennen 93, 94, 105, 110, 130
Bekenntnisse 93, 94, 108, 110, 130
Berührungen 19, 70, 116,
Beziehungssignal 31, 100, 138
Bibelkenntnis 41
Blindheit 40
Blockaden 14, 19, 20, 21, 41, 104
Böse 52, 54f., 89
Bultmann, Rudolf 20, 65, 66, 104, 105, 116, 118, 130

Dämonen 20, 45, 63, 66, 75, 80, 104, 105
Denken 9, 10, 11, 13, 14, 16, 18, 19, 20, 22, 23, 44, 85, 92, 94, 96, 97, 99, 100, 101, 104, 105, 110, 116

Ehebruch 63, 75
Ekel 40
Emmausjünger 34
Emotionen 17, 22, 40, 47, 58, 61, 62, 63, 64, 83, 116
Empirismus 100, 102
Entfremdung 52, 53
Erfahrungsdeutungen 61
Erlösung 18, 19, 36, 62, 64, 66, 81, 120
Erlösungswunsch 36
Essen 55, 71, 107, 109
Euphorie 79
Evolutionstheorie 126
Existenz 9, 12, 13, 20, 37, 39, 41, 43, 48, 49, 50, 53, 59, 87, 92, 101
Exodus-Legenden 79

Faktizität 90, 92
Fluchtmechanisme n 33
Frauen 9, 63, 64, 65, 74, 75, 107

Frauenrolle 74
Freiheit 9, 13, 14, 19, 51, 52, 54, 55, 79, 89, 135
Fremdbild 31

Gefühle 11, 18, 22, 41, 61, 63, 64, 67, 99, 102
Geschenk 9, 12, 13, 18, 27, 50, 54, 137
Gespräch 7, 9, 11, 13, 14, 19, 21, 22, 28, 32, 34, 37, 43, 44, 45, 46, 52, 57, 64, 76, 81, 85, 93, 94, 104, 105, 108, 116, 122, 126, 130, 138
Glaube 9, 10, 11, 12, 13, 14, 16, 18, 19, 20, 21, 23, 28, 39, 48, 50, 62, 89, 96, 101, 104, 105, 111, 112, 113, 118, 136
Glauben 18, 49, 64
Glaubensbekenntnis 2, 90, 93, 94, 95, 104, 112, 130, 131
Gleichnis 23, 61, 75, 108, 122, 124, 125
Gleichnis vom barmherzigen Samariter 92, 122, 123
Gleichnis vom verlorenen Sohn 92, 122
Gott über Gott 37, 39
Gotteserfahrungen 37, 70, 85
Gottesvorstellungen 21, 37, 70, 96, 100

Halbfas, Hubertus 20, 23, 59, 98, 111, 112, 113, 130, 132
Handeln 9, 10, 11, 12, 44, 47, 105
Heilung 18, 19, 40, 45, 65, 66, 74, 94, 135, 136
Heilungswunder 20, 40, 43, 45, 62, 64, 104, 132
Himmelfahrt 104
historisch-kritische Exegese 20, 103

Idealismus 100, 101, 132
Identität 31, 85, 87

Jeremia 22, 31, 70, 73,
Jesus 19, 22, 41, 44, 53, 61, 63, 67, 74, 75, 94, 95, 107, 108, 112, 116, 118, 122, 125, 131, 132, 133, 135, 136
Jesus Christus 112, 125, 1325
Jona 17, 22, 23, 33, 77, 79
Jona-Novelle 77
Jungfrau 95, 111, 112, 133

Kerygma 20,105, 116, 118
Kinderbilder 28
Klagepsalm 120,121
Kohärenz 85
Konsequenzen 29,77
Konstruktivismus 100, 102
Kontingenz 85, 89
Körpererfahrung 29
Körpermetaphern 4 0, 61, 98
Kraft 32, 53, 57, 61, 96, 105
Krankheit 19, 20, 40, 45, 62, 66, 94
Kreuzigung 81, 117
Küng, Hans 23, 90, 92, 95, 112

Lähmung 40, 65
Lebenserfahrungen 15, 46, 60, 85
Lebenssituationen 39, 41
Leere 21, 59, 126
Leiden 20, 49, 53, 58, 71

Mahl 107, 108, 135
Mahlgleichnisse 108
Maria und Martha 63, 75
Materialismus 100, 102
Menschenwürde 87, 88, 89
Messias 95, 104
Messiasbekenntnisse 18, 62
Messiassymbolik 94
Messiastraditionen 62, 94, 95, 104, 110
Metaphorik 18, 22, 23, 27, 41, 44, 45, 61, 63, 64, 99, 116, 117, 118, 120
Metaphysik 10, 11, 47, 53, 96, 97
Modi der Weltbegegnung 27
Moral 10, 11, 47, 89
Multiperspektivität 37
Mut zum Sein 37, 39
Mythen 53, 126 mythisches Weltbild 104

Naturwissenschaft 96, 97
Negation 59
negative Theologie 59, 126
Neuanfang 79
Neubeginn 79
Nichts 37, 49, 54, 59, 61, 126, 127, 129
nichtsymbolisch 38

Ontologie 53, 96, 97

Perspektiven 20, 23, 28, 37, 90, 91, 100
Prophet 33, 95
Prophetentum 33
Psalm 3, 5, 31, 32, 87, 108, 115, 116, 118, 124, 125, 129
Pubertät 33, 51, 63, 64

Rationalismus 100, 101
Rede über Gott 38, 85, 116, 126, 130
Reden 9, 10, 11, 12, 13, 22, 34, 35, 38, 44, 47, 58
Relationen 99
Religion 9, 10, 11, 12, 13, 14, 15, 18, 19, 20, 21, 23, 38, 47, 48, 49, 50, 53, 62, 96, 97, 99, 104, 111
Rückübersetzung 22, 63, 64, 70, 117

Safranski, Rüdiger 52, 54, 55, 89
Scham 17, 29, 30, 55, 76, 81
Schauß, Uwe 34, 44, 57, 64, 83, 126
Schleiermacher, Friedrich 9, 11, 47
Schöpfungsbekenntnis 126, 127, 128
Schöpfungsmythen 22, 126
Schöpfungspsalmen 126
Schöpfungstexte 27
Schuld 17, 18, 19, 23, 29, 39, 52, 54, 55, 62, 76, 81
Schutzraum 24, 28, 41, 46
Segen 18, 19, 137, 138
Selbstschutzreflex 36
Selbstzweifel 22, 31, 70
Sinneswandel 34
Sinnsuche 85
Sohn Gottes 18, 23, 104, 110, 111, 112, 113, 114, 115
Sölle, Dorothee 46, 49, 115
Speisungswunder 108
Sprachspiel 90, 92
Stille 12, 41, 85
Strukturanalogien 22, 60, 93, 93
Stummsein 40
Sünde 17, 19, 29, 52, 53, 55, 61, 62, 65, 81, 105
Sündenfallgeschichte 29, 54, 55, 76
symbolisch 38, 40, 125
Symbolisieren 10, 11, 12, 13, 14, 21, 37, 46, 52, 56, 59, 99

Theißen, Gerd 10, 19, 20, 21, 50, 142
Theodizee 19, 120
Tillich, Paul 18, 19, 37, 38, 39, 46, 48, 52, 53, 58, 70, 81, 85, 130
Tod 13, 19, 41, 48, 52, 56, 57, 61, 89, 92, 95, 105, 111, 112, 115, 116, 123

Ursprungserfahrung 70, 116

Verbot 54, 55
Verlassen 28, 45, 76, 83, 84, 85, 89, 101
Verschweigen 40, 126
verstehen 7, 11, 12, 13, 17, 21, 22, 24, 34, 35, 41, 46, 48, 49, 50, 56, 61, 64, 80, 99, 100, 104, 107, 108
Vertrauen 9, 16, 18, 19, 49, 61, 64, 79, 80, 96, 99, 136
Vorlesegeschichte 30, 98, 109, 119

Wahrheit 18, 20, 49, 53, 58, 90, 92, 100, 105, 118
Wahrheiten 20, 90, 100, 101, 104
Wegschauen 40
Weihnachtsgeschichte n 94, 95
Weltbild 20, 45, 57, 93, 94, 104, 105, 106, 116, 118
Wesen 9, 10, 12, 17, 38, 47, 48, 53, 54, 8 9
Wirklichkeit 11,14, 16, 18, 38, 50, 55, 56, 89, 91, 92, 94, 101, 102
Wittgenstein, Ludwig 90, 92
Wunder 18, 19, 43, 44, 57, 62, 64, 67, 94, 101, 94, 100, 104, 105, 107, 108, 129, 132, 134
Wundergeschichte n 34, 43, 61

Zweifel 7, 39, 73

Literatur

Baldermann, Ingo, Die Bibel – Buch des Lernens, Göttingen 1980
Beinert, Wolfgang, Jungfrauengeburt, RGG[4], Bd. 4
Berger, Klaus, Theologiegeschichte des Christentums, Tübingen 1994
Brunner-Traut, Emma in: Halbfas, Hubertus, der Glaube, Bonn 2010
Bultmann, Rudolf, Neues Testament und Mythologie, in: Hans-Werner Bartsch (Hg.), Kerygma und Mythos, Bd. 1, Hamburg [3]1954
Chibici-Revneanu, Nicole, Überraschende Wege auf dem See, in: Zimmermann, Wundererzählungen I, 716–724
Dalferth, Ingolf U., Die Wirklichkeit des Möglichen, Tübingen 2003
Damasio, Antonio R., Ich fühle, also bin ich. Die Entschlüsselung des Bewusstseins, [10]2013
Deutsche Bibelgesellschaft. Stuttgarter Erklärungsbibel, Stuttgart 1992
Domsgen, Michael, RU in konfessionsloser Mehrheitsgesellschaft – didaktische Herausforderungen und Ansätze, in: Theo Web 12/2013 Heft 1, 150–163
Drewermann, Eugen, Tiefenpsychologie und Exegese II, Freiburg [3]1992, 277–309
Drewermann, Eugen, Tiefenpsychologie und Exegese, Bd.I, Traum. Mythos, Märchen, Sage und Legende, Freiburg [3]1992
Ebeling, Gerhard, Beobachtungen zu Schleiermachers Wirklichkeitsverständnis, in: Wort und Glaube, Band 3, Tübingen 1975, 96–115
Ebner, Martin, Wessen Medium willst du sein? in: Ruben Zimmermann (Hg.), Kompendium der frühchristlichen Wundererzählungen Bd. I. Die Wunder Jesu, Gütersloh 2013, 266 –277
EKD, Engagement und Indifferenz. Kirchenmitgliedschaft als soziale Praxis. V. EKD-Erhebung über Kirchenmitgliedschaft, Hannover 2014
EKD, Kirche im Umbruch. Zwischen demografischem Wandel und nachlassender Kirchenverbundenheit. Eine langfristige Projektion der Kirchenmitglieder und des Kirchensteueraufkommens der Universität Freiburg in Verbindung mit der EKD, Hannover 2019
EKD, Religiöse Bildung angesichts von Konfessionslosigkeit. Ein Grundlagentext der Kammer der EKD für Bildung und Erziehung, Kinder und Jugend, Leipzig 2020
Englert, Rudolf, Religion gibt zu denken, München 2013
Halbfas Hubertus, Religiöse Sprachlehre. Theorie und Praxis, Ostfildern 2012
Halbfas, Hubertus, Der Glaube, Ostfildern 2010.
Halbfas, Hubertus, Das Welthaus. Ein religionsgeschichtliches Lehrbuch, Düsseldorf 1983
Halbfas, Hubertus, Der Herr ist nicht im Himmel. Sprachstörungen in der Rede von Gott, Gütersloh 2013
Halbfas, Hubertus, Glaubensverlust. Warum sich das Christentum neu erfinden muss, Ostfildern [5]2013
Hertzsch, Klaus-Peter, Die Geschichte von Jona und der schönen Stadt Ninive, Stuttgart 2005
Jonas, Hans, Der Gottesbegriff nach Auschwitz, Berlin [15]2016
Kant, Immanuel, Die Religion in den Grenzen der bloßen Vernunft, Königsberg 1793
Käsemann, Ernst, An die Römer, Kommentar zum Paulusbrief, Tübingen 1974
Karrer, Martin, Sohn Gottes, RGG[4], Tübingen 2004, Bd. 7
Kittel, Gerhard, Theologisches Wörterbuch zum Neuen Testament, Stuttgart 1969
Küng, Hans, Credo. Das Apostolische Glaubensbekenntnis – Zeitgenossen erklärt, München [4]1992
Küng, Hans, Christ sein, München 1974
Kunstmann, Joachim, Religionsdistanz und religiöse Bildung, in: Thomas Heller (Hg.), Religion und Bildung interdisziplinär (StRB 17), Leipzig 2018, 461–473
Kunstmann, Joachim, Subjektorientierte Religionspädagogik, Plädoyer für eine zeitgemäße religiöse Bildung, Stuttgart, 2018
Lauster, Jörg, Interview mit dem Deutschlandfunk, 1.11.2018. https://www.deutschlandfunk.de/liberale-theologie-und-kirche-nicht-fuer-wellness-zustaendig.886.de.html?dram:article_id=430920
Leonhardt-Balzer, Jutta, Warum nicht gleich so? in: Zimmermann, Ruben (Hg.), Kompendium der frühchristlichen Wundererzählungen, Bd. 1, Gütersloh 2013, 474–484
Leipold/Grundmann, Umwelt des Urchristentums, Berlin 1965
Opitz, Helmut, Die Alte Kirche. Ein Leitfaden durch die ersten fünf Jahrhunderte, Berlin 1983
Platon, Der Staat, hg. von Karl Vretska, Stuttgart 2000
Reckwitz, Andreas, Die Gesellschaft der Singularitäten. Zum Strukturwandel der Moderne, Berlin 2017
Rienecker, Fritz (Hg.), Lexikon zur Bibel, Wuppertal [3]1992
Roloff, Jürgen, Neues Testament, Neukirchen-Vluyn [7]1999
Rosa, Hartmut, Resonanz. Eine Soziologie der Weltbeziehung, Berlin [4]2016
Rosa, Hartmut, Unverfügbarkeit, Wien/Salzburg [3]2019
Rosenow, Gundula, Individuelles Symbolisieren. Zugänge zu Religion in konfessionslosem Kontext, Leipzig [2]2018
Roth, Heinrich, Zum pädagogischen Problem der Methode, in: Nohl, Hermann (Hg.), Die Sammlung 4 (1949)
Safranski, Rüdiger, Das Böse oder das Drama der Freiheit, München [6]2004
Schauß, Uwe, Sag, wie hast du's mit der Religion?, Stuttgart, [2]2017
Schmidt, Werner H., Alttestamentlicher Glaube in seiner Geschichte, Neukirchen 1987
Schleiermacher, Friedrich, Der christliche Glaube, auf Grund der zweiten Auflage 1931 hg. von Martin Redeker, Berlin [7]1960, enthalten in: KGA I, 13/1, Berlin 2003
Schleiermacher, Friedrich, Über die Religion. Reden an die Gebildeten unter ihren Verächtern, Berlin 1799, enthalten in: KGA I,12, Berlin 1995
Slenczka, Notger, Schleiermacher heute – ein Plädoyer, in: Grosse, Sven, Schleiermacher kontrovers, Leipzig 2019, 15–39
Theißen, Gerd, Argumente für einen kritischen Glauben oder: Was hält der Religionskritik stand? München [2]1978
Theißen, Gerd, der Schatten des Galiläers, Gütersloh [25]2013
Theißen, Gerd, Erleben und Verhalten der ersten Christen. Eine Psychologie des Urchristentums, Gütersloh 2007
Theißen, Gerd, Zur Bibel motivieren, Gütersloh 2003

Tillich, Paul, Die Sprache der Religion, in: Tillich, Paul, Die verlorene Dimension, Berlin 1969, 39–55
Tillich, Paul, Der Mut zum Sein, Stuttgart 1968
Tillich, Paul, In der Tiefe, in: In der Tiefe ist Wahrheit, Stuttgart [7]1978
Tillich, Paul, Systematische Theologie, Band I, Stuttgart 1956
Tillich, Paul, Systematische Theologie Band II, Stuttgart [3]1958
Tillich, Paul, Von der Tiefe. In: Tillich, Paul, In der Tiefe ist Wahrheit. In: Tillich, Paul, Religiöse Reden, Berlin/New York, 1985
Troeltsch, Ernst, Über die Absolutheit des Christentums und die Religionsgeschichte, Berlin 1998.
Werner Kahl, Glauben lässt Jesu Wunderkraft heilsam überfließen, in: Ruben Zimmermann (Hg.), Kompendium der frühchristlichen Wundererzählungen Bd. I. Die Wunder Jesu, Gütersloh 2013, 278–293
Wiesel, Elie, Die Nacht, Freiburg [5]2013
Wittgenstein, Ludwig, Philosophische Untersuchungen, Frankfurt, 2003
Zimmermann, Ruben (Hg.), Kompendium der frühchristlichen Wundererzählungen, Bd. 1, Gütersloh 2013

Schulbücher:
Hoffnung lernen 5/6, Stuttgart 1999
Kursbuch Religion Elementar 1, Stuttgart / Braunschweig 2016
Kursbuch Religion Elementar 2, Stuttgart / Braunschweig 2018
Kursbuch Religion Elementar 3, Stuttgart / Braunschweig 2020
Das Kursbuch Religion 1, Stuttgart / Braunschweig 2015
Das Kursbuch Religion 2, Stuttgart / Braunschweig 2016
Das Kursbuch Religion 3, Stuttgart / Braunschweig 2017
Kursbuch Religion Oberstufe, Stuttgart / Braunschweig 2004
Kursbuch Religion Sekundarstufe II, Stuttgart / Braunschweig 2014
Lebenszeichen 5/6, Göttingen 1988
Ortswechsel 7/8, München 2014
Ortswechsel Standpunkte 8, München 2010
Ortswechsel Spiegelungen 11, München 2013
Ortswechsel Spielräume 12, München 2014

Bildnachweise

Seite 38: Paul Tillich, Foto © epd-bild.
39: Paul Tillich, Foto © epd-bild.
47: Friedrich Schleiermacher, Kupferstich. Quelle: Wikipedia.
48: Paul Tillich, Foto © epd-bild.
49: Dorothea Sölle, Foto © picture-alliance / dpa / Probst.
54: Rüdiger Safranski, Foto © picture-alliance / ZB / Klaus Franke.
89: Rüdiger Safranski, Foto © picture-alliance / ZB / Klaus Franke.
92: Ludwig Wittgenstein, Foto Quelle: Wikipedia.
92: Hans Küng, Foto© epd-bild / Friedrich Stark.
105: Rudolf Bultmann, Foto © Bildarchiv Foto Marburg.
115: Foto Quelle Wikipedia.
118: Rudolf Bultmann, Foto © Bildarchiv Foto Marburg.

Alle anderen Illustrationen: Gundula Rosenow.

Uwe Schauß
„Sag wie hast du's mit der Religion?"
Ein didaktischer Leitfaden für den Religionsunterricht in der Oberstufe
Mit einem Geleitwort von Ingo Baldermann
2. erweiterte Auflage 2017.
288 Seiten, broschiert, Format: 16 x 24 cm
ISBN 978-3-7668-4445-3

Der Autor:
Uwe Schauß geb. 1961, unterrichtet Evangelische Religion und Sozialwissenschaften / Politik am Geschwister-Scholl-Gymnasium in Lüdenscheid.

Das Buch, welches bereits in zweiter Auflage erschienen ist, bietet einen profunden Überblick über die Themenfelder des Faches Evangelische Religion in der gymnasialen Oberstufe. Ausgehend von aktuellen Fragen, Alltagserfahrungen und Anforderungssituationen widmet es sich den Themen Grundlagen – Gott – Jesus Christus – Kirche – Liebe und Hoffnung.
Es nimmt einen wichtigen vermittelnden Platz ein zwischen der Literatur der theologischen Fachdisziplinen (besonders Exegetik und systematische Theologie) einerseits und den zahlreich angebotenen Unterrichtshilfen andererseits. Besonders Lehramtsstudierende, Referendarinnen und Referendare sowie junge Unterrichtende erhalten wertvolle Anregungen für die Unterrichtsvorbereitung und -praxis. Die Lektüre regt zum selbstständigen theologischen Denken an und hilft bei der eigenen Positionsbestimmung. In der zweiten Auflage wurde zur besseren Orientierung die Gliederung verfeinert sowie ein Registerteil hinzugefügt.
„Das Buch stellt in meiner Sicht die derzeit beste Gesamtdarstellung des Christentums dar. Es verbindet historische und dogmatische Erkenntnisse zu einem vollkommen plausiblen Bild und ist daher für alle am Christentum Interessierten nachhaltig zu empfehlen". (Prof. Dr. Joachim Kunstmann)

Joachim Kunstmann
Subjektorientierte Religionspädagogik
Plädoyer für eine zeitgemäße religiöse Bildung
Mit einem Geleitwort von Wilhelm Gräb
1. Auflage 2018.
152 Seiten, broschiert, Format: 16 x 24 cm
ISBN 978-3-7668-4463-7

Der Autor:
Dr. Joachim Kunstmann ist Professor für Religionspädagogik an der Pädagogischen Hochschule Weingarten.

Angesichts der spürbar zunehmenden Distanz zur christlichen Religion helfen neue Curricula und innovative Unterrichtsmethoden allein kaum weiter. Allein das beherzte Zugehen auf existenzielle Fragen und Erfahrungen macht religiöse Bildung für junge Menschen nicht nur interessant, sondern lässt sie verstehen, was es mit Religion überhaupt auf sich hat. Religion ist symbolische Lebensdeutung, und genau so muss sie auch unterrichtet werden: als Lebensthemen, die symbolisiert, kommuniziert und erst im nächsten Schritt mit der religiösen Tradition in Verbindung gebracht werden.
Das Konzept einer „Subjektorientierten Religionspädagogik" nimmt einen erkennbaren Trend im Fach auf und geht einen deutlichen Schritt sowohl über die gängige „Problemorientierung" als auch über die eher traditionsgebundene Performative Religionsdidaktik hinaus. Erste praktische Erfahrungen zeigen: Subjektorientiert kann Religion und religiöses Lernen eine neue und hohe Attraktivität gewinnen.